KB244393

다독다독
책·꿈·행복

다독다독
책·꿈·행복

지은이 | 박성배 정희락 김남일 강혜숙 이성배
　　　　김정미 류제옥 남점순 강석진
펴낸이 | 원성삼
책임편집 | 홍순원
본문 및 표지디자인 | 한영애
펴낸곳 | 예영커뮤니케이션
초판 1쇄 발행 | 2018년 4월 21일
등록일 | 1992년 3월 1일 제 2-1349호
주소 | 04018 서울시 마포구 동교로 55 2층(망원동, 남양빌딩)
전화 | (02)766-8931
팩스 | (02)766-8934
홈페이지 | www.jeyoung.com
ISBN 978-89-8350-990-1 (03230)

값 13,000원

이 도서의 국립중앙도서관 출판예정도서목록(CIP)은 서지정보유통지원시스템 홈페이지
(http://seoji.nl.go.kr)와 국가자료공동목록시스템(http://www.nl.go.kr/kolisnet)
에서 이용하실 수 있습니다.(CIP제어번호: CIP2018010503)

모든 인간은 하나님의 형상을 닮은 존귀한 존재입니다. 사람은 인종, 민족, 피
부색, 문화, 언어에 관계없이 모두 다 존귀합니다. 예영커뮤니케이션은 이러한
정신에 근거해 모든 인간이 존귀한 삶을 사는 데 필요한 지식과 문화를 예수 그리스도의
사랑으로 보급함으로써 우리가 속한 사회에 기여하고자 합니다.

다독다독
책·꿈·행복

박성배 정희락 김남일 강혜숙 이성배 김정미 류제옥 남점순 강석진

성경과 책의 보석 같은 지혜를 바탕으로
삶 속에서 느끼는 꿈과 행복을 노래한 소중한 글들

예영커뮤니케이션

책·꿈·행복의 노래

많은 사람이 누군가의 책을 통해 도전을 받고, 위로를 얻고, 눈물을 닦아내고, 새로운 꿈을 꾸고, 마음의 평안을 이어갑니다. 단어 하나가, 한 줄의 글이 가지는 힘이 참 강하다는 것을 느낍니다. 다독다독 작은도서관이 개관한 지 일 년이 조금 지났습니다. 지난 짧은 시간 동안 많은 사람이 이 작은 공간을 통해 마음을 열었고, 시야를 넓혔고, 새로운 만남을 가졌으며 누군가를 좀 더 깊게 이해하고 알게 되었습니다. 이곳을 찾는 아이들은 상상력이 풍부해졌고, 마음이 따뜻해졌으며 누군가로부터 좋은 영향을 받는 기쁨을 누려가고 있습니다. 이 아름다운 모습을 가꾸고 다듬어 가는 일에 기꺼이 마음과 생각과 시간을 내어주고 있는 봉사자들에게 먼저 감사의 마음을 전합니다.

다독다독 작은도서관을 통해 이제 책이 눈에만 가까이 있는 것이 아니라 손에 가까이 있게 되었습니다. 이렇게 책을 가까이 한 사람 중에서 몇 분이 그동안 책을 통해 얻기만 한 것에서 한 걸음 나아가 자기 생각과 마음, 삶의 경험으로 누군가를 다독거려 힘과 용기와 평안과 웃음을 주려고 합니다. 아직은 모두 글쓰기의 초보자입니다. 도화지 위에 조심스레 스케치한 정도입니다. 그러나 이들의 글을 통해 앞으로 덧입혀질 색깔을 상상해 보면 입가에 미소가 번집니다. 이들 모두 다독다독 작은 도서관을 통해 이런 용기를 가지게 되었습니다. 정말 놀라운 일입니다. 아직은 어색하게 들릴지 모르지만, 조심스레 이분들을 '작가'라고 불러 봅니다. 정희락 작가, 김남일 작가, 강혜숙 작가, 이성배 작가, 김정미 작가, 류제옥 작가, 남점순 작가.

이분들이 부르는 책·꿈·행복의 노래를 들어보세요. 입가에 웃음이 피어날 것입니다. 요동치는 마음의 파도가 잔잔해질 것입니다. 캄캄한 터널의 끝을 보게 될 것입니다. 어지러운 생각이 정리될 것입니다. 짓누르던 짐이 벗겨질 것입니다. 어쩌면 어느새 자신도 함께 이 노래를 부르고 싶은 충동을 느끼게 될 것입니다. 아니 이미 함께 흥얼거리고 있는 자신을 발견하게 될지도 모릅니다. 노래는 전염성이 강합니다. 멜로디가 단순할수록 더욱 그렇습니다. 이분들이 부르는 노래가 바로 그런 노래입니다.

책과 함께 소박하고 작은 그러나 진정한 행복이 담겨 있는 꿈을 키워가는, 아직은 왕초보 작가들인 이분들의 글을 통해 우리의 마음이 조금 더 따뜻하고 여유로워져 갈 수 있기를 바랍니다.

리종빈
광주벧엘교회 담임 목사

『다독다독 책·꿈·행복』을 읽고

30년 넘게 글 쓰는 일을 밥벌이로 여기며 살아왔습니다. 1991년 모 일간지의 신춘문예로 등단한 이후, 방송작가로 영화감독으로 코미디와 드라마 시나리오를 쓰는 일을 생업으로 삼았습니다. 바쁘게 살다 보니, 하늘 한 번 제대로 바라본 적이 언제인지 가물가물합니다. 밤하늘 별을 본 기억은 더 하고요. 마음의 그물을 던져 바람을 낚아 보겠다는 분주함 으로 세상을 향해 뛰어다니기만 한 삶이었습니다.

어느 날, 이 책 추천의 글을 부탁받았습니다. 귀한 글들을 읽습니다.

글은 그 사람의 영혼의 결을 담는 그릇입니다. 글을 보면 그 사람의 생각과 마음을 알 수 있습니다. 정직한 글쓰기는 아픈 상처를 보듬고 아 물게도 합니다. 지나온 사랑을 되새김질하고 추억하게도 합니다.

어떤 분은 살아온 삶을, 어떤 분은 어머니를, 어떤 분은 자신을 이야 기하셨습니다. 누구는 인격적인 하나님과 만남을 기록했고, 생명과 축 복을 주신 주님께 감사를 기록했습니다.

정직한 글쓰기에는 생명이 있습니다. 울림이 있습니다. 다른 사람의 마음을 치유하는 사랑이 있습니다. 여러분의 글을 통해 제가 치유받았

습니다. 감사합니다. 이제 여러분은 글 쓰는 삶의 첫걸음마를 시작하셨
습니다. 응원하고 축복합니다.

말하듯 글을 쓰십시오. 쉬운 글쓰기를 말합니다. 또 괴로움을 기록하
면 즐거움이 됩니다. 회개의 글쓰기를 하십시오. 글은 나를 치유하고 다
른 이를 치유합니다.

주님이 이 작업을 통해 여러분께 주신 은밀한 비밀, 사명이 있음을 확
신합니다. 생명을 살리는 글을 써 주셔서 감사합니다.

윤학렬
CBS 아카데미 교수, 영화감독

한 인간의 존재를 결정짓는 것은
그가 읽은 책과 그가 쓴 글이다.

- 도스토엡스키 -

:차 례 · CONTENTS :

추천의 글 **4**

프롤로그 **12**
　　　“책·꿈·행복”이 다독다독 내 인생을 위로한다 _**박성배**

당신의 꿈은 무엇입니까? _**박성배** **16**

　　　인생의 고비 고비마다 만난 책이 내 삶을 만들었다
　　　내 인생의 멘토와 구주 예수 그리스도
　　　당신의 꿈은 무엇입니까?
　　　내가 만난 하나님

나는 기쁨을 유통하며 살고 싶다 _**정희락** **52**

　　　내 나이가 어때서?
　　　나는 크리스천 웃음치료사로 살고 싶다
　　　하나님, 감사합니다!
　　　돈, 넌 누구냐?

하나님을 기쁘시게 하는 내 인생의 꿈 _김남일 74

내 인생에 큰 변화를 준 책

하나님을 기쁘시게 하는 내 인생의 꿈

예수님과 동행하는 행복

말보다는 글

나의 사랑 너는 어여쁘고 아무 흠이 없구나 _강혜숙 102

나의 사랑 너는 어여쁘고 아무 흠이 없구나!

세상을 좀 더 아름답게 만드는 일

그 위로하는 품에서

겨울이 오기 전에

하루하루는 하나님의 처방이다 _이성배 136

하루하루의 삶이 하나님의 처방이다

나의 약함이 내 영혼의 자양분이다

아픔과 기쁨은 서로를 지탱하게 해 주는 힘이다

다른 사람이 모르는 아픔을 가지고 사는 사람

내 인생의 책 _김정미 162

내 인생의 책

내 인생의 꿈

믿음을 고백하기까지

흔들리는 청소년은 이유가 있다

함께 읽고 생각하고 쓰고 소통하면서 성장한다 _류제옥 **190**

글쓰기 강좌를 다녀와서

책 『프레임』을 읽고

묵상을 통해 만난 하나님

함께 읽고 생각하고 쓰고 소통하면서 성장한다

아버지를 추억하며 _**남점순** **212**

아버지를 추억하며

하루하루의 생활

내 인생의 꿈

생각하고 실천하며 행동하자 『시도하지 않으면 아무것도 할 수 없다』

가슴 속에 새겨진 나의 아버지와 어머니의 사랑 이야기 _**강석진** **230**

밤이면 아들의 신발을 숨겨 놓는 나의 어머니

신발과 나의 성장기

시장 보러 가기와 빵떡 먹기

나의 소원을 늘 들어주셨던 고마우신 아버지

에필로그 **278**

우리는 함께 책·꿈·행복을 노래한다 _**박성배**

"책·꿈·행복"이 다독다독
내 인생을 위로한다

내가 10년을 드나들던 도서관 2층 열람실 앞에는 작가 캐서린 노리스Kathreen Norris의 명언이 적혀 있다.

긴 하루 끝에 좋은 책이 기다리고 있다는 생각만으로 그날은 더 행복해진다.

캐서린 노리스의 말대로 나는 지난 10년 동안 고난 중에도 책으로 꿈꾸었고, 책으로 행복했던 시간을 보냈다. 책 속에 담긴 보석 같은 문장들이 지친 나를 다독다독 위로하고 다시 일어나게 하였다.

책은 힘이 있고, 책은 끝이 좋다. 책은 인생 여정을 행복하게 여행할 수 있도록 안내해 주는 친절한 나침판이고, 글쓰기는 고통을 받고 살아가는 인생에 주는 하나님의 가장 큰 은총이라고 할 수 있겠다. 다윗도 인생의 긴 고통의 시간을 보내면서 주옥같은 시편을 기록하여 고통받는 영혼들의 피난처가 되는 글을 남겼다. 사도 바울도 고통 가운데서 옥중서신을 우리에게 신약성경으로 남겨 주었다. 그래서 도스토옙스키도 "한 인간의 존재를 결정짓는 것은 그가 읽은 책과 그가 쓴 글이다."라고 말했을 것이다.

이번에 출간하는 『책·꿈·행복』은 광주의 다독다독 작은도서관을 중심으로 함께 책을 읽고, 책과 함께 꿈을 키워 가는 행복한 사람들의 글 모음이다. 다독다독 작은도서관에서 주관한 책 쓰기 미션 강좌에서 박성배 작가와 강석진 작가가 글쓰기 강좌 후에 강좌에 참여한 일곱 명이 쓴 소중한 원고를 모아 강의자의 글과 함께 출간하게 되었다. 그래서 이 책은 교회와 지역 주민들을 대상으로 운영하는 다독다독 작은도서관이 얼마나 "책이 있고 꿈이 있는 공간으로서 미래의 행복을 만들어 갈 수 있는가?"에 대한 희망을 보여 주는 책이라고 할 수 있다. 그러한 의미에서 여러분은 누구나 여기에 수록된 분들의 글을 읽으면서 나도 글을 쓸 수 있다는 자신감과 희망을 품을 수 있을 것이다.

이 책에 수록된 분들의 글도 처음에는 부족한 초고에 불과했다. 그러나 책 출간을 결정하고 함께 원고를 쓰고, 코칭을 받으면서 원고를 다듬어 가는 과정에서 더욱 읽기 좋은 글이 되는 기쁨을 맛보게 되었다. 시작은 작지만 이러한 시도가 이 땅의 도서관에서 일어난다면 교회와 도서관을 중심으로 좀 더 풍요로운 인문학 독서운동이 일어날 것이다.

어린 시절 지적장애인으로 낙인이 찍혔던 에디슨은 어머니의 독서 지도로 디트로이트 도서관 책을 모두 읽어 가면서 천재로 거듭 태어났다. 독서 내공으로 수많은 창의적 발명품을 만들어 낸 에디슨은 책에 대해서 다음과 같이 술회한 바가 있다.

책은 위대한 천재가 인류에게 남겨 주는 유산이며 그것은 아직 태어나지 않은 자손들에게 주는 선물로서 한 세대에서 다른 세대로 전달된다.

빌 게이츠의 모든 창의력의 바탕에는 독서의 힘이 있고, 우리 역사에서 가장 찬란한 문화의 꽃을 피운 세종대왕의 힘도 "백독백습"의 독서의 힘에서 나왔다.

여기 『책·꿈·행복』에 수록된 아홉 분의 글은 성경과 책의 보석 같은 지혜를 바탕으로 삶 속에서 느끼는 꿈과 행복을 노래하였다. 저자 박성배는 이 글에서 고통 가운데서 자신을 만들어 준 책의 힘과 그 책으로 행복한 꿈을 꾸는 삶을 이야기하였다. 저자 정희락은 크리스천 웃음치료사로서 살아가는 행복을 이야기하였고, 저자 김남일은 하나님을 기쁘시게 하는 인생의 꿈을 이야기하였다. 저자 강혜숙은 삶이 주는 지혜를 믿음과 인문학의 향기로 이야기하였고, 저자 이성배는 고통 가운데서 하나님이 날마다 주시는 은총의 선물을 깊이 있는 글로 이야기하였다. 저자 김정미는 어머니의 삶을 "내 인생의 책"으로 승화시킨 감동적인 이야기를 기록하였고, 저자 류제옥은 독서로 내공을 쌓은 저력을 감명 깊은 내용으로 이야기하였다. 저자 남점순은 "아버지를 추억하며"를 위시한 좋은 글로 깊은 울림을 주었다. 저자 강석진은 가슴속에 새겨진 아버지와 어머니와의 사랑을 이야기하였다.

각자의 저자가 이 책 출간을 계기로 앞으로 좋은 글을 계속 써 나가면서 이 땅에 희망을 만들어 갈 미래를 생각하면 저절로 마음 깊은 곳에서

책 ● 꿈 ● 행복

감사가 터져 나온다. 아무쪼록 이 글을 읽는 여러분에게도 이 책의 저자
들처럼 "책, 꿈, 행복"의 향기가 가득하기를 소망한다.

2018년 4월
박성배 작가

당신의 꿈은
무엇입니까?

– 박성배

저자 **박 성 배** 는

『한 걸음 더』, 『나는 매일 희망을 보며 행복하다』(이상 북셀프), 『아름다운 발걸음』, 『통일을 앞당겨 주소서』(이상 예영커뮤니케이션), 『일어나다』(행복에너지), 『크리스천을 위한 책 쓰기 미션』(청어), 『한국이 온다』(가나북스) 등 다수의 저서 출간과 책 쓰기 코칭을 하고 있는 작가이다.

용문고등학교를 졸업(26회)하였으며, 연세대학교 연합신학대학원에서 교회 역사를 전공(Th.M.)하고, 장로회신학대학교에서 박사 학위(Th.D.)를 받았으며, 영국에서 지도자 과정인 L.A.P.(Leader as a Person)를 하고, 스위스에서 C.D.T.S.(Cross Cultral Dicipleship Training School) 과정을 공부했다.

극동방송에서 "통일을 앞당겨 주소서", "히즈북", "희망 한국이 온다"를 진행하였고 현재, 한국선교교육재단의 "한국 선교 역사" 교수이며, CBS 방송아카데미 교수로 작가를 양성해 내면서 책 쓰기 코칭을 하고 있다.

인천공항 하늘신도시에서 들어오며 나가는 선교사들을 돕는 '한우리 미션밸리(H.M.V: Hanwoori Mission Valley)' 대표와 한우리교회 목사로서 '통일 코리아'와 '미션 코리아'를 준비하고 있다.

■ 이메일 samuel-pk@hanmail.net

인생의 고비 고비마다 만난 책이
내 삶을 만들었다

지독한 절망에 빠진 자에게 한 권의 책은 언제나 고통을 치유해 주는 신비한 능력이 있다. 인간은 누구나 삶의 전환점에 한 권의 책을 손에 쥐고 있다. _이디스 해밀턴

누구나 한 가지의 인생 키워드를 가지고 살아간다. 내 인생의 키워드는 책이다. 책은 내 인생을 만든 최고의 멘토이다. 도스토옙스키는 "한 인간의 존재를 결정짓는 것은 그가 읽은 책과 그가 쓴 글이다."라고 했다.

내가 처음 책을 읽고 마음이 감동을 한 것은 초등학교 5학년 때이다. 경기도 김포의 민통선 마을에서 초등학교에 다니던 내게 처음 책이라고 하는 인생의 소중한 나침판을 알게 해 준 분은 금성초등학교 5학년 담임이었던 한용 선생님이셨다. 그분은 교실 뒤편에 작은 문고를 만들어 놓고 아이들에게 한두 권씩 책을 보게 하셨다. 내게는 『이탈리아 통일 삼걸전』과 『케말 파샤전』을 보게 하셨다.

비록 초등학교 5학년밖에 되지 않은 어린 시절이었지만, D.M.Z. 민

통선 마을에서 읽는 『이탈리아 통일 삼걸전』은 지금까지 내 삶에 영향을 미치고 있다. 오랜 세월 동안 분단되어 있던 이탈리아를 통일한 것은 사상가 마찌니, 정치 지도자 카부르, 군사 지도자 가리발디의 연합이었다. 나는 특히 이탈리아 통일의 사상적 지도자였던 마찌니의 삶에 많은 영향을 받았다. 그래서 마찌니의 책, 『인간의 의무』와 『마찌니 평전』을 정독하면서 마찌니처럼 분단된 내 조국 대한민국을 위해서 사상적 토대를 만드는 사상가가 되고자 하는 목표를 세웠다. 1991년, 영국에서 선교사로 생활하면서 휴가 중에 영국인 친구 마이크와 함께 마찌니의 생가를 찾아가 본 적도 있다.

터키 건국의 아버지인 『케말 파샤전』은 나에게 "지도자는 어떻게 만들어지는가?"에 대한 해답을 주었다. 이 책은 전 근대 국가였던 터키를 현대 국가로 변모시키면서 국가 기반을 튼튼히 만든 터키 건국의 아버지 아타투르크의 일생을 다룬 자서전이다. 나는 『케말 파샤전』을 읽고 오랫동안 아타투르크의 나라, 터키를 가 보고 싶었다. 마침 2007년 교회 건축을 마치고 입당하기 전 한 달 동안 터키를 다녀올 수 있었다. 우리나라 남북한 면적보다 6배나 큰 터키의 구석구석을 2주간 다니면서 바울의 유적지 등을 주의 깊게 살펴보았다. 여행 기간 동안 가장 큰 감동은 터키의 수도 앙카라에 웅장하게 세워져 있는 아타투르크 궁전에서였다. 아타투르크 궁전의 한편에 그가 보던 만여 권이 넘는 책은 관광객들이 열어서 볼 수 있도록 전시되어 있었다. 나는 그중의 몇 권을 펴서 보았다. 아타투르크가 직접 밑줄을 그으면서 본 손때가 묻은 책들이었다. 나는 그때 깨달았다.

당신의 꿈은 무엇입니까? - 박성배

"아! 지도자는 그냥 되는 것이 아니라 수많은 책을 보면서 만들어지는구나!"

그 아타투르크의 장서를 보고 돌아와 건축한 교회 입당을 하면서 목회가 시작되었다. 그러나 빚으로 많은 고난을 겪게 될 때 다시 책을 찾게 되었다. 아타투르크가 터키의 현대화를 위해서 만여 권의 장서를 보면서 나라를 세워 갔듯이 나는 인근 도서관에서 만여 권의 책을 보면서 인생의 문제들을 해결해 보려고 노력하였다. 그 노력의 결과로 책을 통해 마음의 내공을 튼실하게 다지며 다시 일어날 수 있었고, 7권의 책을 쓰면서 내 생각과 꿈을 써 낼 수 있었다.

세 번째로 내 인생에 영향을 준 책은 함석헌의 『뜻으로 본 한국 역사』이다. 재수할 때 청계 고서점에서 사 읽게 된 책이다. 습관처럼 청계천의 고서점을 다니면서 좋은 책을 찾던 나에게 하늘이 준 보석 같은 선물이었다.

1978년 어느 날, 좋은 책을 찾아서 청계천 고서점가를 차례대로 다니던 내게 한 서점 주인이 "이 책을 읽어 보라."며 그때 돈 100원에 건네준 책이었다. 나는 집에 와서 그 책을 읽다가 깜짝 놀랄 만한 두 개의 문장을 발견했다.

"3·8선은 하나님이 이 민족을 시험하려고 낸 시험 문제다."

"우리에게도 세계적 사명이 있다."

어린 시절 북한이 육안으로 보이는 서부전선 애기봉 밑 민통선 마을에서 자라난 나는 무의식적으로 "분단된 한국의 통일은 어떻게 가능할까?"에 대한 해답을 늘 찾고 있었다. 그 해답의 서광을 나는 "3·8선은 하나님이 이 민족을 시험하려고 낸 시험 문제"라는 문장에서 답을 찾았다. 그리고 "우리에게도 세계적인 사명이 있다."라는 문장에서 분단되어 있지만 언젠가는 통일이 되어 세계 속에 우뚝 설 대한민국의 미래를 보았다.

나는 함석헌의 저서에서 발견한 보석 같은 두 문장을 아주 오랫동안 생각하고 또 생각하였다. 그리고 청계천 고서점에서 그 문장을 발견한 지 39년 만인 2017년 2월 15일, 나는 내 인생의 모든 날 동안 생각하고 연구했던 숙제를 한 권의 책으로 출간하였다. 함석헌이 암울했던 역사 속에서도 민족의 희망을 이야기한 『뜻으로 본 한국 역사』를 펴냈던 것처럼, 『한국이 온다』가나북스 는 아직도 분단된 내 사랑하는 조국 대한민국을 향한 나의 "통일 희망 고백서"이다. 한 권의 책, 책 속의 한 문장은 한 사람의 인생을 만들고, 한 사람의 인생을 바꾼다. 나는 『한국이 온다』를 읽는 사람들이 통일 한국과 선교 한국의 꿈을 갖고 그 꿈을 실현해 가기를 바라는 간절한 마음으로 저술하였다. 이렇듯 책과 책 속의 한 문장은 우리 인생을 바꾸는 힘이 있다.

그다음은 사도 바울의 "옥중서신"이다. 나는 신약성경 중에서 바울의 옥중서신을 좋아한다. 에베소서는 교회의 본질을 깨닫게 해 주어서 좋고, 빌립보서는 고난 가운데서도 기쁨을 가지고 주님을 섬길 수 있는 은혜의 내용이 좋고, 골로새서는 예수 그리스도가 누구신지를 바울을 통해 정확히 알 수 있어서 좋다. 니체, 사르트르, 하이데거, 쇼펜하우어 등 철학자들의 사상에 빠져 있던 내게 예수 그리스도가 누구인지를 정확히 알게 해 준 책이 바울의 옥중서신이다. 그러한 의미에서 바울의 옥중서신인 에베소서, 빌립보서, 골로새서는 나를 예수님께로 데려다 준 인생 내비게이션인 셈이다. 특히 에베소서 1장 10절, "하늘에 있는 것이나 땅에 있는 것이 다 그리스도 안에서 통일되게 하려 하심이라."는 구절은 내 인생의 성경 구절이다. 나는 이 말씀대로 분단된 조국이 "그리스도 안에서 하나로 통일되는 그날"을 위해서 늘 기도하면서 "통일 대한만국"을 준비하고 있다.

『완벽에의 충동』은 칼럼니스트 정진홍의 책이다. 특히 제2장의 "고난은 신의 선물이다."라는 부분에서 내 인생이 힘들고 어려울 때 큰 용기를 얻었다. "가혹한 시련이 나를 단련한다."라고 고백하며 인생의 시련을 극복하고 일어난 칭기즈칸의 인생 고백이나 오프라 윈프리, 에이브러햄 링컨, 리처드 닉슨 등의 역경을 딛고 일어난 이야기는 내게 다시 일어날 수 있는 용기와 희망을 주었다.

『그래도 계속 가라』는 유대인 랍비가 쓴 책이다. "폭풍이 몰려오는 것은 너를 쓰러뜨리려고 하는 것이 아니라, 오히려 너를 강하게 하기 위함이다."라는 구절이 특히 마음에 와닿은 책이다. "앞을 향하여 내디딘 한 말이 어떤 폭풍우보다 강하다."라는 구절도 내가 힘들고 어려워 한 걸음도 내디딜 수 없을 때, 한 걸음 더 발걸음을 띠게 하였다. 나는 이 책에서 받은 영감을 바탕으로 페이스북 친구 열한 명과 같이 출간한 첫 책 제목을 『한 걸음 더』로 했다.

앞에 열거한 몇 권의 책 외에 수많은 책이 내 인생의 순간순간마다 이끌어 왔다. 그러한 의미에서 이디스 해밀턴 Edith Hamilton 의 말은 참 설득력이 있다.

책 ● 꿈 ● 행복

지독한 절망에 빠진 자에게 한 권의 책은 언제나 고통을 치유해 주는 신비한 능력이 있다. 인간은 누구나 삶의 전환점에 한 권의 책을 손에 쥐고 있다.

케네디가 갑자기 암살로 죽고 나서 동생 로버트 케네디는 인생의 큰 좌절과 절망을 겪었다. 그동안 믿고 의지하던 형이 갑자기 죽었기 때문이었다. 그때 형수인 제클린이 건네준 책『고대 그리스인의 생각과 힘』을 읽고, 다시 일어났다.

인생의 고비 고비마다 만난 책은 내 인생을 이끌었다. 지난 30여 년의 독서 여행을 생각해 볼 때 확실히 책에 투자하는 것은 최고의 투자이다. 책은 힘이 있고, 끝이 좋다. 인생의 방향을 찾아야 하는 고비 고비마다 책이 있었다.

내 인생의 멘토와
구주 예수 그리스도

우리의 인생은 수많은 멘토를 만나면서 세워져 가고, 마지막에 최고의 멘토 예수 그리스도를 만나므로 모든 방황은 끝난다.

멘토Mentor 라는 말은 현명하고 신뢰할 수 있는 상담 상대, 지도자, 스승, 선생의 의미로 쓰이는 말이다. "멘토"라는 단어는 『오디세이아 *Odyssey*』에 나오는 오디세우스의 충실한 조언자의 이름에서 유래한다. 오디세우스가 트로이 전쟁에 출정하면서 집안일과 아들 텔레마코스의 교육을 그의 친구인 멘토에게 맡긴다. 오디세우스가 전쟁에서 돌아오기까지 무려 10여 년 동안 멘토는 왕자의 친구, 선생, 상담자, 때로는 아버지가 되어 그를 잘 돌보아 주었다. 이후로 멘토라는 그의 이름은 지혜와 신뢰로 한 사람의 인생을 이끌어 주는 지도자의 동의어로 사용되었다.

내 인생의 첫 번째 멘토는 조부 박윤래 님이다. 나는 1959년 12월 14일, 유교의 한 종갓집 종손으로 태어났다. 태어난 곳은 서울 마포구

책 ● 꿈 ● 행복

아현동이었지만, 중학교 2학년까지 자란 곳은 북한이 육안으로 내다보이는 애기봉 밑 민통선 마을이었다. 그곳은 우리 조상이 고려 말, 조선 초부터 600년을 이어 오면서 살아온 곳이다. 어린 시절은 조부님의 지극한 사랑을 받으면서 자랐다. 조부님은 7살에 아버지를 풍랑으로 잃고, 홀어머니를 모시면서 17살에 스스로 쟁기를 만들어 밭을 일구었다. 그래서 가난한 집안을 만석꾼의 집안으로 일구어 세운 부지런하고 지혜로운 농부였다. 집안을 장차 크게 일으켜 세울 기대를 걸고 조부님은 나를 지극히 사랑해 주셨다. 잘 때는 사랑방에서 꼭 안아 주셨고, 집 앞에 6년 근 인삼을 심어 놓고는 초등학교 때부터 내 대학 등록금을 준비하셨다. 내가 박사학위까지 받고 교수가 될 수 있었던 것은 모두 다 조부님의 기대와 사랑 덕분이었다.

나는 지난 10년간 인생에서 가장 큰 시련과 어려움을 겪었다. 그 어려운 시기를 겪을 때마다 늘 조부님의 지극한 사랑을 기억했다. 그리고 수없이 다짐하고 다짐했다.

"할아버지의 기대에 어긋나지 않는 사람이 되어야지."

어려움 가운데서도 내가 인근 도서관에서 10여 년간 만여 권의 책을 보면서 다시 내공을 쌓고 일어날 수 있었던 것도 "머릿속에 들어 있는 지식은 아무도 가져갈 수 없다."라는 조부님의 말씀 덕분이었다. 내 인생의 첫 멘토 조부 박윤래 님의 지극한 사랑이 내가 고난을 견디고 다시 일어설 수 있게 하였다.

이 글을 쓰면서 조부님이 그리워져서 눈시울이 뜨거워진다. 내 인생의 첫 멘토, 나의 할아버지께 지면으로나마 사랑을 고백하고 싶다.

지극한 사랑으로 나를 키워 주신 할아버지 박윤래 님,

사랑하고 존경합니다,

사랑으로 잘 키워 주셔서 고맙습니다.

앞으로도 할아버지 기대에 어긋나지 않게 잘 살겠습니다.

진심으로 감사합니다!

내 인생의 멘토 중의 또 한 사람은 1989년 오엠 선교사로 헌신하여 네덜란드 디브론에서 선교사 훈련을 받을 때 처음으로 만나게 된 오엠 선교회의 설립자 조지 버워 George Verwer 다. 조지 버워는 16살에 예수 그리스도를 만난 이후, 평생을 복음 전도에 열정을 불사르며 전 세계에 복음을 전하는 영원한 청년이다. 나는 그의 복음을 향한 열정에 매료되었다. 그리고 그의 복음을 전하고자 하는 열정처럼, 나도 복음을 위한 열정으로 살아가고자 늘 다짐하고 있다. 2015년 출간한 책『크리스천을 위한 책 쓰기 미션』은 조지 버워가 기회가 있을 때마다 외쳤던 사무엘 쯔웨머 Samuel Zwemer, 1867-1952 의 "문서는 우리가 죽은 후에도 영원토록 남아서 일한다."라는 말 때문에 쓰게 되었다. 나는 앞으로 멘토 조지 버워처럼 전 세계 선교 현장을 다니면서 "책 쓰기 미션과 코칭"으로 선교사들을 세우고 기록을 남기도록 하는 일을 하고자 한다.

로렌 커닝햄은 2000년 스위스 로잔에서 6개월 동안 같은 건물에 살면서 만나게 되었다. 안식년 동안 머물면서 나는 그와 교제하며 그로부터 많은 것을 배웠다. 그는 복음 전도를 위해서 지구상의 모든 나라를 여행한 복음 전도자이고 비전과 꿈의 사람이다. 또한 그는 저술가이기

책 ● 꿈 ● 행복

도 하다. 나는 그가 쓴 『하나님 당신이십니까?』, 『열방을 변화시키는 하나님의 책』, 『벼랑 끝에 서는 용기』 등을 통해서 믿음의 큰 용기를 얻었다. 특히 『벼랑 끝에 서는 용기』는 내가 교회 건축을 하느라 힘들 때 "재정에 대한 하나님의 마음과 원리가 무엇인가?"를 가르쳐 준 귀중한 책이다. 또한 로렌 커닝햄은 북한 선교와 한국의 통일에 대한 남다른 비전과 기도를 하는 지도자이다. 나는 늘 세계 최대의 복음 선교단체인 "국제 예수전도단"의 설립자인 로렌 커닝햄으로부터 배울 수 있었던 것을 감사하게 생각한다. 멘토의 유산은 인생의 가장 큰 재산이 되었다.

한경직 목사님은 예수 그리스도를 만난 군대에서 서울 영락교회 만남지를 통해 알게 되면서 존경하게 된 사랑하는 목자이다. 나는 아직 살면서 그 목사님만큼 훌륭한 목사님을 만나지 못했다. 내가 예수를 믿고 목회자가 되고자 장로회신학대학 신학대학원에 재학하고 있을 때, 한경직 목사님이 채플에 오셔서 설교하셨다. 나는 예배 후 다른 동료 몇 사람과 사진 한 장을 찍었다. 지금도 그 사진은 내 책상 위에 있다. 가끔 한경직 목사님의 그 따스한 모습이 그리울 때면 그 사진을 보곤 한다. 나는 조부님이 하늘나라로 가신 이후에 예수를 믿고 모교인 영락교회에서 만나게 된 한경직 목사님을 조부 님과 연관해서 늘 생각하곤 하였다.

20대 청년 시절, 한경직 목사님이 너무 좋아서 그분이 사시는 남한산성에 찾아가 뵌 적이 있다. 아주 작은 남한산성 기슭의 작은 집에서 기거하시면서 나라와 민족을 위해 기도하시던 모습이 떠오른다. 한경직 목사님 댁을 방문했을 때 목사님이 늘 앉으시는 의자와 책상 옆에는 아주 낡은 영어 성경이 있었다. 수십 년을 살아오면서 보고 또 본 낡은 성경책이었다.

덴마크를 폐허에서 휘게라이프 Hygge Life 를 즐기면서 살아갈 수 있도록 만든 사람이 바로 그룬트비 Grundtvig 목사이다. 그룬트비는 목회자로서 어떠한 삶의 형태로 살아가야 하는가에 대해 모델을 제시해 주는 멘토가 되었다. 그는 덴마크의 한 지교회를 목회한 목회자가 아니라 "살아 계신 하나님의 말씀으로 덴마크라고 하는 나라 전체를 목회한 목회자"였다.

내가 그를 처음 알게 된 것은 1982년 예수님을 처음 인격적으로 만난 때였다. 군종으로 군인교회를 섬겼던 나는 충주의 한 기독 서점에서 정원식 목사가 번역한 『그룬트비』를 읽고 깊은 감동을 받았다. 그리고 앞으로 목회자가 되면 그룬트비와 같은 목회자가 되겠다고 다짐하였다.

그가 국민을 위하여 각성하고 믿음과 사상을 불어넣을 당시 덴마크는 폐허가 된 상태였다. 덴마크는 국토의 대부분이 돌멩이가 밀려와 쌓인 곳이며, 땅이 진흙이며, 전체 면적의 5분의 1은 모래밭이었다. 이러한 상태에서 그는 "하나님을 사랑하자, 이웃을 사랑하자, 땅을 사랑하자."라는 구호를 내걸고 이 척박한 땅을 개척해서 살기 좋고 아름다운 나라로 만든 것이다.

그룬트비를 통해서 배운 것은 나라를 진심으로 사랑하는 애국정신이다. 그는 국회에서 아무 정당에도 속하지 않은 1인 1당적이었다. 국방의 의무, 선거권, 신앙·언론·출판·집회 등의 자유를 위하여 발언하였으며, 전쟁과 평화에 대하여 언제나 지도적 언론을 전개하였다. 그리고 강제 징병제도에 대하여는 강렬한 반대를 표명하며 자유의지를 존중하고, 애국심에 호소하여 조국을 위한 의용군을 편성하는 것이 더욱 중요하다고 주장하였다. 척박한 덴마크를 복지국가로 세운 덴마크의 아버지 그룬트비의 정신을 멘토로 삼아 아직도 분단된 조국 대한민국의 통일과 세계 선교를 위해서 한 알의 밀알이 되고 싶다.

내 인생에서 참 좋은 멘토들을 만났다. 그분들이 내 인생의 토양을 형성했다면, 결정적으로 내 인생의 방향을 정하고 지금도 이끌어 가시는 분은 예수 그리스도이다.

22살 때인 1982년 3월 6일, 조치원의 한 작은 군인 교회에서 요한복음 4장의 우물가 여인의 이야기로 예수님을 내 인생의 주인으로 만났다. 그 후 인생의 방황은 끝났다. 예수님을 내 인생의 영원한 구주로 만나고 난 후, 지금까지 예수님과 함께 날마다 행복한 인생을 살아가고 있다.

다음은 유대인들의 지혜를 모은 『탈무드』에 나오는 이야기이다.

> 어떤 사람이 임금의 부름을 받고 후들후들 떨고 있었다. 임금님의 부름을 받고 가면 살아남지 못하는 시대였기 때문이었다. 그는 한 시간도 떨어져서는 못 사는 가장 가까운 친구에게 부탁했다.
> "친구, 나와 함께 가서 나를 변호해 주게나."
> 그러나 가장 가까운 친구는 "나는 갈 수 없으니 혼자 가게." 하고 거절했다.
> 그래서 두 번째 친구인 떨어져서는 못 사는 친구에게 부탁했다.
> 그런데 그 친구는 "궁궐 문 앞까지는 가 줄 테니, 궁궐 안에는 자네 혼자 들어가게." 하고 말했다. 큰일 난 이 사람은 평상시에 미미하게

당신의 꿈은 무엇입니까? - 박성배

사귀던 친구인, 있어도 좋고 없어도 좋은 친구를 찾아갔다.

"친구, 임금님의 호출이 떨어졌어, 죽게 생겼다고, 나와 함께 가서 나를 변호해 주겠나? 부탁이네."

그러자 그 미미한 친구는 "암, 물론이지. 내가 임금님께 가서 자네가 죄가 없음을 변호해 주겠네."라고 말했다.

어느 친구가 진정한 친구인가? 첫째 친구는 돈이다. 한 시간도 떨어져서는 못 사는 친구이다. 돈 없이는 못 산다고 하지만, 하나님의 부름을 받을 때는 소용이 없다. 둘째 친구는 가족이다. 떨어져서는 못 사는 친구이다. 그러나 하나님의 부름이 올 때 가족은 궁궐 밖까지 가는 친구이다. 세 번째 친구는 예수님이다. 평상시에는 있어도 좋고 없어도 좋은 친구이다. 그러나 마지막에 하나님 앞에서 우리를 변호해 주시는 분은 예수님이다. 예수님은 우리의 가장 좋은 친구이다.

이 『탈무드』에 나오는 친구 이야기처럼 나도 힘들고 어려운 시기를 지나면서 그러한 경험을 했다. 평상시에 사람을 좋아하고, 친구를 좋아해서 늘 주변에 친구가 많다고 생각했다. 그런데 어려운 시기를 지나면서 내 주변의 사람들은 다 떠나갔다. 나는 고통 가운데 닥친 시련을 홀로 견디며 보냈다. 그때 너무 외로운 나머지 홀로 기도 동산에 간 적이 있었다. 기도굴에서 기도하는데 기도가 나오지를 않았다. 그래서 찬송가 1장부터 부르기 시작했다. 그때 불렀던 찬송가 중에 "귀하신 친구 내게 계시니I Have a Friend"라는 찬송가가 있다.

1절을 부르다가 많이 울었다.

귀하신 친구 내게 계시니 나 주 안에 늘 기쁘다

그 피가 내 죄 씻으셨으니 나 주 안에 늘 기쁘다

나 주 안에 늘 기쁘다 나 주 안에 늘 기쁘다

주 나와 늘 동행하시니 나 주 안에 늘 기쁘다

탈무드의 세 친구처럼 나 역시 늘 예수 그리스도와 가깝다고 생각했지만 아니었다. 그때 기도원 기도굴에서 찬송가를 부르면서 예수 그리스도만이 내 인생 여정의 유일한 친구임을 다시 확인했다. 물론 사람이 살면서 친구들이 필요하지만, 어려움을 당하면 역시 마지막 남는 영원한 멘토 친구는 예수 그리스도뿐임을 체험을 통해서 배웠다.

당신의 꿈은
무엇입니까?

오랫동안 꿈을 그리는 사람은 마침내 그 꿈을 닮아 간다. _앙드레 말로

노래를 잘 부르는 사람보다 노래를 잘 할 수 있다는 꿈을 가진 이가 더 아름답다. 지금 공부를 잘하는 사람보다 공부를 더 잘할 수 있다는 꿈을 간직한 이가 더 아름답다. 숱한 역경 속에서 아름다운 삶을 꽃피운 사람들은 한결같이 원대한 꿈을 가졌다. 암울의 시대에 문지기를 자청했던 김구 선생도 대한민국의 독립을 꿈꾸었다. 젊고 나약하기만 했던 간디도 인도 독립의 꿈을 버리지 않았다. 두 귀가 들리지 않는 절망의 늪에서도 베토벤은 위대한 교향곡을 꿈꾸었다. 꿈이 있는 사람은 아름답다. 돈을 많이 가진 사람보다 돈을 많이 벌 수 있다는 꿈을 가진 이가 더 행복하다. 글을 잘 쓰는 작가보다도 글을 잘 쓸 수 있다는 꿈을 안고 사는 이가 더 아름답다.

푸엘렌바흐Fuellenbach의 "불을 놓아라"에 이런 이야기가 나온다.

책 ● 꿈 ● 행복

꿈은 인간의 생각을 평범한 것, 위로 끌어 올려 주는 날개이다. 내일에 대한 꿈이 있으면, 오늘의 좌절과 절망은 아무런 문제가 되지 않는다. 꿈을 가진 사람이 아름다운 것은 자신의 삶을 긍정적으로 바라보기 때문이다. 인생의 비극은 꿈을 실현하지 못한 데 있는 것이 아니라 실현하고자 하는 꿈이 없다는 데 있다. 절망과 고독이 자신을 에워쌀지라도 원대한 꿈을 포기하지 않는다면 인생은 아름답다. 꿈은 막연한 바람이 아니라, 자신의 무한한 능력을 담는 그릇이다.

그러면 내 인생의 꿈은 무엇인가? 내 인생의 꿈 목록을 적어 본다. 사는 날 동안 최고로 행복한 부부로 살다가 천국 가기. 사랑하는 사람과 스코틀랜드 컴브리아 여행하기. 베스트셀러 작가를 넘어 마찌니, 피히테, 사무엘처럼 민족과 세계에 희망을 주는 사상가 되기. 책 쓰기 강좌를 통해서 좋은 작가 양성하기. 다산 정약용이 520여 권의 저서를 남겼던 것처럼 좋은 책을 많이 남겨서 후대에 진리의 등불이 되기. 내 책들을 차 트렁크에 가득 싣고 대한민국 구석구석을 다니며 복음과 희망을 전하는 멘토 되기. 인천공항 비행기를 자가용처럼 타고 세계 열방에 다니면서 전 세계 영혼에게 복음과 희망을 심어 주는 멘토 되기. 통일된 대한민국의 평양에서 세계를 이끌어 갈 글로벌 인재를 키우는 한우리미션센터 시작하기. 사무엘 라이브러리Samuel Library에 10만 권 이상의 양서를 비치해 놓고 각계각층의 최고 전문가들과 대한민국의 희망과 미래를 만들어 가기. 복음 방송과 공영 텔레비전에서 내 이름을 걸고 고정 프로그램 진행하기, KBS "아침마당"에 나가서 "책 쓰기 특강하기" 등의 꿈을 적어 본다.

나는 북 컨설턴트를 꿈꾼다. 어느 분야든지 전문가가 있다. 보험설계사, 자산 관리사, 건강 관리사 등 여러 부류의 전문 관리사들이 있다. 내가 꿈꾸는 전문 영역 중의 하나가 북 컨설턴트다. 북 컨설턴트는 책을 가지고, 사람들을 상담하는 기술이라고 할 수 있다. 나는 내가 읽었던 책 내용 중에 좋은 부분이 있으면, 페이스북에 올려서 여러 사람이 공유할 수 있도록 한다. 그렇게 페이스북에 올렸던 희망의 글을 모아서 2권의 수필집을 출간하기도 했다. 나름대로 그동안 SNS소셜 네트워크 서비스를 통해서 북 컨설팅을 해온 셈이다. 그러나 이제부터는 전문 서적들을 계속 출간하면서 도움이 필요한 사람들에게 구체적으로 북 컨설팅을 하고자 한다.

내게 북 컨설턴트로서 삶의 꿈을 심어 준 다이애나 홍은 『책 속의 향기가 운명을 바꾼다』에서 책이 주는 힘으로 일어나 북 컨설턴트로 살아가는 행복과 보람을 말하고 있다. 서문에 북 컨설턴트가 된 동기를 감동적으로 쓰고 있다.

책이 저를 살렸습니다. 아마도 책이 아니었으면 어떤 분들처럼 자살이라는 끔찍한 선택을 했을지도 모릅니다. 어떤 이는 술잔을 잡고 넘어지고, 어떤 이는 책을 잡고 넘어집니다. 미칠 것만 같은 스트레스가 태풍처럼 몰려왔을 때 술잔 대신 책을 잡고 넘어졌습니다. 책 속의 주인공들은 저보다 훨씬 거친 해일에 휩쓸려 떠내려가고 있었습니다. 그런데도 한결같이 마지막 희망의 끈을 놓지 않았습니다. 세상을 다 삼킬 것 같은 해일도 시간이 지나면 세월의 바닷물에 다다르게 되고 큰 바다를 만나면 소리 없이 다 사라집니다. 책은 제가 혼자 외로이 흘리고 있는 눈물을 닦아 준 손수건이었습니다. 숨이 막힐 때마다 살기 위해 책을 손에 들었습니다. 숨 막히는 가슴을 뻥 뚫어 주는 마법의 힘이 책갈피에서 나왔습니다. 좋은 책은 좋은 세포를 만듭니다. 세포가 건강해집니다. 힘들 때마다 읽었고, 외로울 때마다 읽었고, 고독할 때마다 읽었습니다. 읽고 나면 세포가 웃고 행복해졌습니다. 제게 독서는 행복입니다.

다이애나 홍이 그런 독서의 힘을 체험하고 기업의 CEO들을 돕는 것처럼, 나 역시 같은 체험을 한 사람으로서 다양한 부류의 사람들에게 북 컨설턴트로서 도움을 주고자 한다. 사람이 고난을 겪는 사람들을 도울 방법은 여러 가지가 있을 것이다. 돈 몇 푼을 당장 손에 쥐여 줄 수도 있다. 그러나 이것보다 좀 느려도 책을 통해 힘을 줄 수 있다면 그것이 최고의 도움이 아닐까 싶다. 그러한 면에서 나는 진정 책을 통해서 다시 살아난 힘을 얻었기에, 이 시대의 모든 사람에게 진정한 힘을 주는 북 컨설턴트를 꿈꾼다.

나는 행복하고 멋진 인생 후반전을 꿈꾼다. 평범한 교사로 있다가 은퇴한 이디스 해밀턴은 63세가 된 1930년 어느 날, 『고대 그리스인의 생각과 힘』이란 작품을 발표한다. 그때부터 그녀의 인생의 화려한 2막이 시작되었다. 그녀는 이렇게 고백하였다.

우리의 과거는 그저 서막에 불과할 뿐이다.

평범한 사람에게 환갑이라는 나이는 인생의 뒤안길에 서서 여생을 정리할 시기이다. 60세를 넘긴 나이에 자신이 살아온 과거는 그저 인생의 서막에 불과할 뿐이라고 외칠 수 있었던 용기는 정말 대단하다. 정년 퇴임으로 교장직에서 물러난 직후부터 쓰기 시작했던 한 권의 책이 그녀의 인생을 바꿔 놓을 줄은 아마 그녀 자신도 몰랐을 것이다.

요즘은 정말 100세 시대이다. 벌써 외국에서는 나이에 구애받지 않고 자기 자신을 개발해 가는 사람이 많다. 그리고 그 꿈을 실현해 나가는 사람들이 있다.

미국의 국민 화가 모세스 할머니 Grand Moses 는 놀랍게도 76세부터 그림을 시작해서 101세 되던 해, 세상과 이별하기 전까지 붓을 놓지 않았다. 모세스, 그녀는 시골 농장을 꾸려가는 평범한 시골 주부였다. 10명의 자녀 중 5명을 잃고 자수에 푹 빠져 있었다. 그러나 72세 때 관절염 때문에 바늘을 들지 못하자 대신 붓을 들었다. 우연히 루이스 칼더가 조그만 구멍가게에 있는 그녀의 그림을 사 갔고, 그 그림이 뉴욕의 전시관에 전시되면서 그녀는 일약 스타가 되었다. 그 이후로 유럽 일본 등 세계 각국에서 모세스의 그림 전시회가 열렸다.

1949년에 트루먼 대통령은 그녀에게 "여성 프레스클럽상"을 선사했고 1960년에 뉴욕 주지사는 그녀의 100번째 생일에 "모세스 할머니 날"을 선포했다. 국민 화가가 된 그녀의 그림을 보면, 그녀의 밝은 심성을 읽을 수가 있다. 나이는 꿈을 막을 수 없다. 모세스 할머니처럼 오늘 나의 인생 2막의 멋진 꿈을 꾸어 보는 것은 어떨까?

　심지어 99세에 첫 시집을 낸 일본의 시바타 도요 할머니 시인이 있다. 시바타 도요는 아들의 권유로 틈틈이 써 놓았던 시를 모아 시집을 내게 되었다. 자신의 장례식 비용을 시집을 출간하는 일에 사용한 것이다. 2010년 3월, 99세 도요 할머니는 생애 첫 시집 『약해지지 마』를 냈다. 이 시집은 지금까지 150만 부가 넘게 팔렸다고 한다. 도요 할머니의 시는 사람의 감정을 위로하는 힘이 있어서 절망한 사람에게 큰 사랑을 받고 있다. 그의 시를 보면 늦깎이 시인 도요의 마음을 읽을 수 있다.

> 있잖아 … 불행하다고 한숨짓지 마.
> 햇살과 산들바람은 한쪽 편만 들지 않아.
> 꿈은 평등하게 꿀 수 있는 거야.
> 나도 괴로운 일 많았지만 살아 있어 좋았어.
> 너도 약해지지 마.

　세계 역사상 최대 업적의 35%는 60~70대에 성취되었다고 한다. 23%는 70~80세 노인에 의하여 그리고 6%는 80대에 의하여 성취되었다고 한다. 결국, 역사적 업적의 64%가 60세 이상의 사람들에 의하여 성취되었다는 것이다. 소포클레스가 『클로노스의 에디푸스』를 쓴 것은 80세 때였고, 괴테가 『파우스트』를 완성한 것은 80세가 넘어서였다. 다니엘 드 포우는 59세에 『로빈슨 크루소』를 썼고, 칸트는 57세에 『순수 이성비판』을 발표하였고, 미켈란젤로는 로마의 성 베드로 대성전의 돔을 70세에 완성했다. 베르디, 하이든, 헨델 등도 고희의 나이를 넘어 불후의 명곡을 작곡하였다. 지금 나는 혹여 나이를 핑계로 생의 새로운 도전을 주저하지는 않는가? 100세 시대이니까 우리나라도 이제부터 은퇴 이후의 인생 2막을 준비해야 한다. 65세, 혹은 70세에 은퇴한다 하더라도 30년 정도는 살아가야 하기 때문이다. 그러면 멋진 인생 2막을 위한 준비는 무엇일까? 그것은 역시 자신이 잘하는 일을 찾아 그 일을 발전시켜 가면서 남은 생애를 살아가는 것이 최고의 인생 후반이 아닐까 싶다.

경영학의 아버지라 불린 피터 드러커는 이런 말을 하였다.

내 인생의 전성기는 60세부터 95세까지였다.

실제로 피터 드러커는 매년 새로운 주제를 정해서 연구하면서 새로운 책을 출간했다고 한다. 그래서 60세부터 95세까지 인생의 후반전을 멋진 2막의 인생으로 만들었다. 피터 드러커의 명작은 인생의 후반전인 60세 이후에 지어진 책들이었다. 지금 나이 55세에서 60세이면 벌써 은퇴해서 무엇을 해야 할지 몰라서 인생을 무료하게 지내야 하는 사람들은 깊이 새겨 봐야 할 이야기이다.

나 역시 멋진 인생의 후반전을 꿈꾼다. 70세까지가 공식 은퇴 시기이니 앞으로 많은 날이 남아 있는 것처럼 보이지만, 나는 2011년에 첫 책을 내면서부터 남은 생애의 후반전은 작가로도 살아가야겠다고 다짐하였다. 책을 쓰는 것은 인생 최고의 자기 브랜딩이기 때문이다. 그리고 책을 써서 사회에 내놓는 것은 사회에 콘텐츠를 제공하여 이바지하는 일이기도 하기에 일거양득으로 좋은 일이라고 생각한다.

　인생의 후반전은 어떻게 보낼까? 한번 깊이 생각해 보고 자신이 잘하는 것을 찾아서 조금씩 실천해 보는 것은 어떨까? 가장 좋아하는 일을 위해서 시간과 삶을 드리면서 사는 것이 인생 후반전을 여는 최고의 비결이 아닐까 싶다. 우리의 지난 과거는 서막에 불과하다. 우리의 인생은 소중하다. 100세 시대에 우리의 삶은 은퇴 후에도 계속되어야 한다. 우리 인생은 후반전이 더 빛나는 인생이 되어야 하기 때문이다. 이디스 해밀턴처럼, 시바타 도요처럼, 모세스 할머니처럼, 피터 드러커처럼, 우리도 재능을 발견하고 개발하여 멋진 인생의 2막을 펼쳐가 보자. 결심하고 시작하는 우리 인생에 멋진 내일이 다가오고 있다.

내가 만난
하나님

의로 여기심을 받을 우리도 위함이니 곧 예수 우리 주를 죽은 자 가운데서 살리신 이를
믿는 자니라. _로마서 4장 24절

북한 개성지역을 육안으로도 확인할 수 있는 애기봉, 그곳은 우리 선조들이 600년 이상을 살아온 곳이다. 이곳에서 본 북한의 풍경은 남한의 여느 시골과 별 차이가 없었다. 임진강 가에서 물장구를 치고, 고기를 잡으며 어린 시절을 보냈다. 그러나 임진강을 통해 간혹 간첩이라도 내려올 때면 마을엔 총성이 울렸다. 북에서 쏘아대는 총에 마을 사람이 맞아 숨진 일도 있다. 왜 같은 민족끼리 총질을 하며 싸워야 할까? 저 임진강에는 다리를 놓을 수 없을까? 남과 북이 하나가 되면 얼마나 좋을까? 나는 늘 임진강에 다리가 놓여서 북한 땅에 가서도 마음껏 뛰어놀고 싶었다. 책을 유달리 좋아하던 나는 모든 질문의 답을 주로 책에서 찾았다. 특히 『이탈리아 통일 삼걸전』은 12살 소년이었던 내게 방향과 길을 제시해 준 책이라고 할 수 있다. 『케말 파

샤전』 역시 내게 지대한 영향을 미쳤다.

나는 그야말로 뼈대 있는 집에서 태어났다. 조선 초에 영의정을 지낸 박신의 24대 후손으로 양반가의 종손이었다. 법학을 공부하였던 아버지는 법학을 공부하여 판검사가 되어야 한다며 나를 중학교 2학년 겨울에 서울로 유학보냈다. 대학에 입학한 후 내 꿈은 국회의원이 되는 것이었다. 그 당시 국회의원쯤 되면 출세했다는 말을 들음직했다. 텃밭을 다지기 위해 대학에 입학하자마자 김포지역 대학생들을 모아 "동성회"라는 모임을 조직할 정도니 꿈을 향한 내 발길은 제법 분주했다. 내가 열심히 좇았던 것은 세상이 말하는 성공과 출세였다. 그 꿈들이 다 이루어졌다면 과연 나는 행복했을까?

내가 살던 마을에는 복숭아 과수원이 있었다. 그 안에 자그마한 예배당이 있었고, 입구엔 다음과 같은 구절이 적혀 있었다.

수고하고 무거운 짐 진 자들아 다 내게로 오라 내가 너희를 쉬게 하리라(마 11:28).

초등학교 4학년 때, 친구들과 함께 여름성경학교에 갔다. 그때 여전도사님이 그림을 그려 가며 노아의 방주 이야기를 해 주셨는데, 지금도 기억이 생생하다. 사실 교회를 가게 된 가장 큰 이유는 과수원에서 복숭아를 마음껏 먹을 수 있었기 때문이었다.

그 당시 나는 교회 다니는 사람들을 몹시 싫어했다. 내 눈에 비친 예수쟁이들은 품격도 떨어지고, 가난하고, 광적인 면도 보였기 때문이다.

그러나 여름성경학교를 통해 하나님께서는 미래의 청사진을 보여 주셨다. 이 사실을 훗날에야 깨달았다.

"하나님! 당신이 정말 존재한다면 저를 만나 주소서!"

대학 입학 후 정신적 방황은 가속화되었다. 대학가는 데모가 그치지 않았고 늘 어수선했다. 나름대로 인생의 해답을 찾고 싶어 니체, 사르트르, 하이데거, 쇼펜하우어 등을 파고들었다. 『신은 죽었다』, 『나는 피로써 쓴 책을 좋아한다』에 푹 빠졌다. 그뿐 아니라 교내 불교 모임에도 참석했다. 그곳에서 성철 스님 이야기를 들었다. 나는 성경과 불경 그리고 고시교재를 잔뜩 챙겨 들고 해인사를 향했다.

해인사에 가니 백련암에 거처하신다는 성철 스님은 출타 중이셨다. 수양 중이던 스님과 함께 사흘간 같은 방을 썼다. 한 마디도 안 하던 그에게 물었다.

"어떻게 이런 깊은 산속에 들어오셨나요?"

"인생의 문제 두 가지를 해결하기 위해서지요."

"어떤 문제입니까?"

"죽음과 사랑의 고통에 관한 것이지요."

성경도 읽고, 불경도 읽으면서 많은 생각을 해 보았으나, 불교가 말하는 윤회설은 도무지 이해되지 않았다. 결국 이렇다 할 답도 찾지 못하고, 산업공학이라는 전공도 내 적성과는 많이 동떨어져서 입대를 결심했다.

입대를 위해 고향 집을 방문했다. 우리 땅에서 농사를 짓던 소작인의 딸이 내게 성경책을 선물로 주며 눈물로 호소했다.

책 ● 꿈 ● 행복

"예수를 꼭 믿으세요."

그녀에게 받은 기드온 성경책을 가지고 입대하게 되었다. 논산훈련소에서 틈틈이 그 성경책을 읽었다. 논산훈련소에서 훈련을 마치고 충청남도 조치원 32사단 99연대 자대 배치를 받았다. 연대 안에는 병기 창고를 개조해서 만든 작은 군인 교회가 있었다. 군기가 살벌하고 구타가 많았던 시절, 한 병사의 기도 응답으로 생긴 교회이다. 대공초소에서 새벽 보초를 서고 내려올 때마다 짬을 내서 교회에 들렀다.

"신이시여! 당신이 정말 존재한다면 저를 만나 주소서!"

1982년 3월 6일 새벽, 드디어 내게도 기적이 일어났다. 요한복음 4장 말씀을 통해 답을 들었다. 사마리아 여인이 예수님을 만나서 인생의 영혼의 갈증을 해결했듯이, 나도 요한복음 4장의 예수님을 만남으로 영혼의 갈증을 해결할 수 있었다. 그 갈증이 어떠한지 나는 이미 체험했다. 재수 시절 황달에 걸려 거의 죽게 되었을 때, 한의사의 처방을 받은 적이 있다. 하루에 생수를 두 병씩 마시라는 것이었다. 이제 내 영혼의 황달을 위한 예수님의 처방이 내려졌다. 생수 자체인 그분을 마시라는 것이다. 내 인생의 해답은 곧 예수님이셨다. 그 사실을 깨닫는 순간, 나는 교회 바닥에서 기쁨의 눈물을 흘렸다. 그날 이후 내 삶의 방향은 완전히 바뀌었다.

내가 주는 물을 마시는 자는 영원히 목마르지 아니하리니 내가 주는 물은 그 속에서 영생하도록 솟아나는 샘물이 되리라(요 4:14).

당신의 꿈은 무엇입니까? - 박성배

나는 최근 10여 년간 광야수업을 경험하며 하나님의 음성을 듣는 훈련을 받았다. 광야는 하나님의 세미한 음성이 잘 들리는 곳이다. 평안히 길을 갈 때는 보이지 않아도, 하나님의 음성과 손길은 광야의 길을 걸어갈 때 잘 보이고 들린다. 이스라엘 백성은 광야 40년간 많은 고난도 겪었지만, 많은 은혜도 체험한 특별한 기간이었다. 성경 출애굽기를 보면, 이스라엘 백성은 광야생활을 하는 동안 만나와 메추라기를 체험했고, 하나님은 자기 백성을 구름기둥과 불기둥으로 세밀히 인도하셨다.

2008년 어느 날, 나는 방에서 일어나지 못하고 누워 있었다. 건물을 짓고, 빚이 너무 무겁고, 매달 내는 이자가 버거워 누워 있었다. 그날도 힘에 겨워 누워 있는데, 귓가에 누군가의 음성이 들렸다.

"네 팔을 늘어뜨리지 말아라."

나는 누워 있다가 일어났다. 이것이 무슨 소리지. 분명히 내 귓가에 들린 음성이었다.

"네 팔을 늘어뜨리지 말라."

나는 힘들지만, 간신히 일어나서 성경을 펼쳐 보았다. 성경 어디에 그 구절이 나오는 것 같다는 생각이 들어서 여기저기를 찾아보았다. 아, 그 구절이 스바냐서에 있는 것이 아닌가?

그 날에 사람이 예루살렘에 이르기를 두려워하지 말라 시온아 네 손을 늘어뜨리지 말라 너의 하나님 여호와가 너의 가운데 계시니 그는 구원을 베푸실 전능자시라 그가 너로 말미암아 기쁨을 이기지 못하시며 너를 잠잠히 사랑하시며 너로 말미암아 즐거이 부르며 기뻐하시리라 하리라(습 3:16-17).

"네 팔을 늘어뜨리지 말라."는 스바냐서 3장 16절의 음성을 들었을 때, 나는 정말 팔을 늘어뜨리고 있었다. 더는 내 인생에 희망이 보이지 않았기 때문이었다. 빚은 많고, 매월 이자는 수백만 원씩 내야 하고, 수입은 없고, 정말 모든 것이 끝이었다. 희망이라고는 1%도 없는 것처럼 보였다. 그때 절망 상태에서 누워 있던 나에게 하나님은 "네 팔을 늘어뜨리지 말라."고 격려와 용기의 음성을 들려주셨다.

빚을 지고 재정이 늘 부족했던 나는 재정을 채워 달라는 기도를 하였다. 그런데 하나님은 달라는 재정은 주지 않으시고, "하나님의 살아 계심을 확신하라."라는 말씀을 들려주셨다. 너무나 유명한 히브리서 11장 6절의 말씀이었다. 그 음성을 듣고 재정은 주시지 않았지만, 나는 내가 믿는 하나님이 살아 계신 하나님이심을 다시 한번 확신하게 되었다. 그리고 그날 이후부터 서서히 빚의 고통에서부터 해방되기 시작하면서 믿음도 자라기 시작하였다.

히브리서 11장 6절의 말씀을 듣고 얼마 지난 후에 나는 밤을 새워가며 인생의 절박한 문제를 가지고 기도하였다. 밤을 새워 기도하고, 새벽 6시쯤 방에 올라와서 누웠는데 꿈을 꾸었다. 꿈 속에서 선명한 글씨가 보였다.

내가 세상을 이기었노라(요 16:33).

'아, 예수님이 이미 다 이기셨구나.'라는 깨달음과 함께 평안이 왔다. 현재 나는 여전히 빚진 상태이지만 이미 예수 그리스도는 승리하셨음을 확신했다. "내가 세상을 이겼노라."라는 그 글씨를 보고 많은 것을 느꼈다. 그리고 건물이 경매되는 날 새벽에 시편 말씀을 보여 주셨다.

> 내 영혼을 소생시키시고 자기 이름을 위하여 의의 길로 인도하시는 도다(시 23:3).

이 말씀이 현수막으로 걸려 있었다. 육신의 아버지 재산인 선산을 팔아 지은 것에 대한 결산의 꿈이었다. 내 이름이 아니라 주님의 이름을 위하여 의의 길로 걸어가는 삶을 살아야 함을 깨달았다.

그리고 2014년 가을이었던 것 같다. 나는 혼자 지내면서 힘든 나머지 하나님과 담판을 지으려고 청평에 있는 기도원을 찾았다. 뭔가 하나님의 분명한 음성이 없으면 한 걸음 더 앞을 향해 나갈 수 없을 것 같은 상황이었다. 첫째 날, 기도원에 갔는데 기도가 나오질 않았다. 둘째 날, 아무 생각이나 기대 없이 대성전에서 예배를 드리러 들어가서 앉았다. 그때 귓가에 음성이 들려왔다. 옆에서 누가 말해 주는 것처럼 또렷하게 들려왔다.

"내가 너를 고아와 같이 혼자 두지 않을 것이다."

참 신기한 일이었다. 하나님은 내 형편을 어쩌면 이렇게도 잘 아실까? 그때그때 내게 꼭 맞는 음성을 들려주셨다. 그 음성을 들은 이후에도 많은 일이 있었다. 참 신통하게도 나를 혼자 두지 않으시고, 꼭 필요

책 ● 꿈 ● 행복

한 재정을 채워 주시고, 필요한 사람을 만나게 하셨다. 이 글을 읽는 사람 중에는 다른 종교나 무신론자도 있을 것이다. 그런데 신의 존재를 논하기 전에 나는 그러한 하나님의 음성을 들었노라고 말하지 않을 수 없다. 내가 들은 그 음성은 확실한 음성이었으므로 나는 또 형편을 너무 잘 아시는 주님의 세미한 음성을 기다린다. 광야는 세미한 음성을 듣는 곳이다. 나는 오늘도 광야에서 그 세미한 음성을 듣는다.

성경을 가장 잘 해석하는 주석은 "고난"이라고 하는 말이 있다. 맞는 말이다. 인간은 고난을 겪을 때 영혼이 맑아지고, 이스라엘의 고난 중에 기록된 성경도 고난 중에 읽고 들을 때 비로소 하나님의 말씀으로 들을 수 있다. 교회 건축을 하고 빚 때문에 너무 힘들어서 처음 몇 년간은 누워서 지낸 적이 많았다. 저녁에 잠을 자고 아침에 일어나려고 하면 도저히 힘들어서 일어날 수 없는 경우가 많았다. 그때 누워서 스마트폰에 입력해 놓은 오디오 성경 프로그램으로 성경을 들었다. 그런데 참으로 놀라운 일들이 생겼다. 편안할 때는 잘 들리지 않던 성경말씀이 구구절절 하나님의 말씀으로 가슴에 와 닿는 것이었다. 간절한 마음으로 샤워를 할 때도 스마트폰으로 성경을 듣곤 하였는데, 어느 날 이사야서의 말씀 중 40장부터 듣다가 가슴이 터질 것 같은 감격을 경험하였다. 샤워기에서 떨어지는 물이 내 몸에 부딪혀 오는 것처럼, 스마트폰에서 들려오는 이사야서의 말씀이 샤워기 물줄기처럼 내 심령에 떨어졌다.

야곱아 너를 창조하신 여호와께서 지금 말씀하시느니라 이스라엘아 너를 지으신 이가 말씀하시느니라 너는 두려워하지 말라 내가 너를 구속하였고 내가 너를 지명하여 불렀나니 너는 내 것이라(사 43:1).

　이사야서 40장부터 66장까지 말씀이 거의 다 마음에 물방울처럼 떨어져 왔지만, 그중에 40장 1절 말씀을 다시 보면 마음이 새로워져 온다.

　"야곱아 너를 창조하신 여호와께서 지금 말씀하시느니라."를 들을 때, 바로 지금 하나님께서 내 심령에 말씀하시는 것으로 그 말씀이 다가왔다.

　"이스라엘아 너를 지으신 이가 말씀하시느니라."를 들을 때, '아! 여호와 하나님이 나를 만드신 분이 지금 내게 말씀하시는구나.'라고 하면서 그 말씀을 들었다.

　"너는 두려워하지 말라 내가 너를 구속하였고 내가 너를 지명하여 불렀나니 너는 내 것이라."라고 하는 부분을 들을 때는 재정 빚으로 잔뜩 두려워하고 있는 나를 부르신 분이 여호와 하나님이심을 일깨워 주시면서 나는 하나님의 것임을 확신하게 되었다.

　이사야서 뿐만 아니라 지난 몇 년간 아침에 눈을 뜨면 우선 1시간 정도 스마트폰으로 성경을 들으면서 하루를 시작하였다. 내가 고난 중에 있을 때는 자비하신 하나님께서 돌아온 탕자를 긍휼히 여기시는 아버지의 마음처럼, 가까이서 손 내밀며 기다리시는 하나님임을 느낄 수 있었다. 나는 인생 광야를 지나면서 성경을 하나님의 말씀으로 다시 들었다. 그리고 날마다 들려주시는 성경말씀으로 인생 광야 길을 말씀을 먹으면서 힘을 얻고 지날 수 있었다. 책은 내가 광야 길을 걸을 때 마음의 양식이었고, 성경말씀은 영혼의 양식이었다. 사람들은 내게 묻는다.

"어떻게 지내냐?"

그럴 때면, 내 대답은 이것이다.

"나는 마음의 근육을 튼튼히 하기 위해서 책을 보고, 영혼을 살찌우기 위해서는 성경말씀을 날마다 먹는다."

사람은 밥만 먹고 사는 존재는 아니다. 영혼의 양식인 말씀을 먹고 사는 존재이다. 나는 인생 광야에서 성경을 살아 있는 말씀으로 다시금 들었다.

신약성경 중에서 로마서만큼 교리상으로 정교한 서신은 없을 것이다. 바울의 서신 중에서 단연 최고이다. 로마서에 대한 교리를 논하기 이전에 "로마서가 나를 어떻게 살렸는지"를 말하고자 한다. 로마서에 대해 주석이나 해석서는 서점에 가면 산더미처럼 쌓여 있고, 유명한 신학자들의 주석도 많기 때문이다. 나는 로마서 때문에 다시 살아났고, 복음을 깨달았고, 정체성을 알았고, 믿음을 회복했기에 다시 한번 고백하기는 로마서만큼 중요한 책은 없다.

2010년 가을, 나는 인생에 가장 힘든 시간을 날마다 보내고 있었다. 날마다 절망이었다. 나는 빚을 지고, 게다가 이자가 연체되고, 건물이 경매되어야 하는 일촉즉발의 위기 상황의 날을 지나고 있었다. 정말 하루하루를 버티고 사는 것이 힘들었다. 그렇다고 뒤로 물러설 수도 없었다. 그냥 빚이라는 수렁에 빠져서 인간적인 힘으로는 아무것도 할 수 있는 것이 없었다.

나는 모든 것을 다 포기하고 저녁 무렵 거실의 소파에 앉아 있었다. 너무나 힘들었고, 너무나 외로워서 그냥 앉아 있는데 두 눈에서는 눈물

당신의 꿈은 무엇입니까? - 박성배

이 흘러내렸다. 빚 때문에 주변의 사람들은 다 나를 떠났고, 혼자였다. 아마 그들이 같이 있었으면, 모두가 더 힘들었을 것이다. 나는 방에 들어가 잠을 자려고 했지만, 잠을 잘 수도 없었다. 방에 들어가 무심결에 성경을 앞에 펴놓고 "이것이나 읽고 자야겠다."라는 생각으로 로마서를 읽기 시작하였다. 그런데 정말 충격적인 일을 경험했다.

로마서 4장을 읽어 가다가 24절을 읽을 때였다. 끝부분 "믿는 자니라."라고 하는 다섯 글자가 심장에 믿음의 화살이 되어 날아와 박혔다.

그때까지 나는 믿음이 좋고, 빚 때문에 환경이 안 좋은 것으로만 생각하였다. 그러나 아니었다. 나는 이미 박사학위를 받은 선교학 박사이고, 수많은 설교를 하였고, 신학교에서 강의도 하는 교수라 믿음이 정말 좋은 줄 알았다. 그러나 아니었다. 인간의 한계 상황을 겪어 보니 그동안 믿고 있던 믿음이 별것이 아니었다. 나는 믿지 못했고, 말마다 빚 때문에 걱정하였고, 죽을 것만 같았다.

그런데 그날 로마서 4장 24절 말씀이 나를 구했다. "믿는 자니라."는 다섯 글자가 나를 살렸다. 죽은 자를 살리시며, 없는 것을 있는 것같이 일하시는 아브라함의 믿음이 나에게는 없었다.

그날의 체험 이후에 나는 하나님을 믿는 자가 되었다. 그때부터 서서히 믿음이 자라면서 빚의 문제들도 해결되고 나는 한 단계 큰 믿음의 사람으로 성숙하기 시작하였다.

로마서가 나를 살렸다. 주님의 살아 있는 말씀과 음성이 나를 살렸다. 나는 날마다 삶 속에서 하나님을 만나면서 나의 아빠, 아버지와 함께 살아가고 있다.

책은 위대한 천재가 인류에게 남겨주는 유산이며

그것은 아직 태어나지 않은 자손들에게 주는 선물로서

한 세대에서 다른 세대로 전달된다.

– 토마스 에디슨 –

나는
기쁨을 유통하며
살고 싶다

– 정희락

저자 **정 희 락** 은

농협은행에서 35년간 근무하면서 지점장, 지역본부 부본부장을 역임하였으며, 농협영업점장의 최고 영예인 "총화상"을 수상할 만큼 열정적인 삶을 살았다.

㈜기쁨유통의 웃음치료사로서 웃음강의를 통하여 웃음과 기쁨, 밝음과 건강, 삶의 재미와 활력을 유통하고 있다. 대한민국 웃음치료의 선구자로 기업체, 행정기관, 학교, 은행, 보험사, 병원, 노인대학 평생교육원 등에서 10여 년간 900회 이상의 웃음치료 강의를 통하여 건강하고 재미있는 세상을 만드는 데 힘쓰고 있다. 저서로 웃음치료 현장 지침서인 『웃음행복 디자이너』(쿰란)를 출간하였다.

현재는 도시를 탈출하여 전남 나주로 귀촌해서 한옥을 건축하고 '희락정 민박 펜션'을 운영하는 등 여유만만한 전원생활을 즐기면서 '문화관광해설사'로 관광 안내 봉사활동을 하고 있다.

대한예수교장로회 광주벧엘교회 장로로 섬기면서, 주님의 기쁨이 되는 멋진 인생을 꿈꾸고 있다.

■ 홈페이지 heerakjeong.modoo.at
■ 페이스북 woowajoa@facebook.com
■ 이메일 heerakjeong@naver.com

내 나이가
어때서?

살다 보면 콩닥콩닥 가슴이 뛰는 일이 있다. 내 마음속에 꺼져 있던 불빛이 어떤 계기로 번쩍 빛을 발하는 그런 일 말이다. 책을 보다가 문득 나도 그 주인공처럼 멋진 인생을 살아 보아야겠다는 꿈을 갖기도 한다. 이러한 감정 상태는 마치 남녀 간의 사랑과 비슷하다. 매력적인 이상형을 만났을 때 쿵! 쿵! 심장 박동수가 빨라지는 것처럼 나도 모르는 사이에 내 마음이 알아서 움직이는 본능이 작동된다.

직장생활 35년 정년퇴임하고 동네 도서관을 다니던 시절, 나는 자기계발 분야의 서적에 관심이 많았다. 더 많은 공부와 배움을 통하여 인생 2막을 멋있고 향기 나게 살고 싶은 마음과 정년 이후 멋지게 나이 들고 싶은 욕구가 있었다. 무슨 책을 읽을까? 서가를 살피던 나에게 한 권의 책, 『내 나이가 어때서?』가 쏙 들어왔다. 나이든 여자가 배낭을 메고 걷는 표지 컷에 책 분량도 가벼워 보여서 가져와 열람실에서 잠깐 읽기 시작했다. 쭉 훑어보고 대여할 책을 3~4권을 정하리라 생각했었는데, 그곳 열람실에서 빨려들듯이 계속 읽어 나갔다.

교직에서 정년퇴직하신 할머니가 23일 동안 해남 땅끝에서부터 통일 전망대까지 국토를 혼자 걸어서 종단한 내용의 글이었다. 40년 가까운 교직 생활과 빚 때문에 자유롭지 못했던 시절을 보냈지만 "늦었다고 생각할 때가 가장 빠를 때"라고, 이제부터라도 자유롭게 살고 싶다는 할머니는 자신의 나이 65세를 이렇게 표현했다.

> 나를 얽매게 하는 게 없고, 거칠 게 없는 나이, 어딜 가서 혼자 머물러도 좋은 나이, 아무 옷이나 편하게 걸쳐도 좋은 나이, 아무도 경계하지 않는 나이, 그래서 더없이 편한 나이 … 나는 지금 내 나이가 참 좋다.

아무도 경계하지 않는 나이요, 어딜 가서 혼자 머물러도 좋은 나이라는 표현에 공감이 갔다. 지금 내가 그런 나이 아닌가?

나는 평소에 사진찍기를 좋아하여 지리산을 5박 6일 정도 산행하면서 멋진 산악 사진과 자연 풍경을 카메라에 담고 싶었지만, 주에 6일은 직장생활이요, 주일은 신앙을 위하여 교회에 머무는 나로서는 엄두를 낼 수 없는 삶의 사치라는 생각뿐이었다. 그러나 이제는 잘 나가던 직장도 정년이란 제도에 의하여 물러났지만, 재정의 자유를 위하여 뭔가 생업을 계속해야 하는 당면한 과제가 있었기에 이런 내 삶의 사치는 수년 후로 미룬다는 막연한 생각뿐이었던 때였다.

"와! 이 할머니 멋있다. 그래 바로 이거야!"

나도 언젠가는 도전해 보고 싶은 강렬한 욕구가 일어났다. 이 책은 65세 안나 할머니가 나에게 주는 아름다운 선물이었다. 그녀는 말한다.

오늘은 언제나 내 남은 인생의 첫날이다. 내일을 담보로 오늘을 희생하고 싶지 않다. 무엇을 하기에 '오늘'은 가장 적합한 때다. 지금이 아니면 도대체 언제 자신이 원하는 것을 해 본단 말인가? 고정관념이야말로 세상에서 가장 단단한 것이고, 우리를 가장 무겁게 하는 일이다.

세상은 사람들을 너무 일찍 늙게 만든다. 20대에 제 갈 길을 찾지 못하면 큰일이라도 날 것처럼, 30대에 뭔가를 이루지 못하면 실패한 인생처럼, 40대엔 새로운 뭔가를 시도조차 할 수 없는 듯이 말한다. 50대에 들어서면 "내 나이에 뭘!" 이런 식이다. 이런 사고방식은 새로운 것을 배우고 시도하는 일에 두려움을 갖도록 만든다. 좌충우돌하기도 할 테지만, 거기에서 얻게 될 살아 있는 지혜에 관해서는 관심을 두지 않고 말이다.

가슴 뛰는 삶에 나이가 필요할까? 뒤늦게 가슴 뛰는 일을 발견했지만, 너무 늦었다는 생각에 시작도 하기 전에 포기할 생각을 하고 있다면, 평생 가슴 뛰는 일을 단 한 번도 만나지 못한 채 자기 인생을 마감하는 사람들이 매우 많다는 사실은 무엇을 말하는가? '가슴에 등불이 켜진' 나는 너무나도 운이 좋은 사람이다. 중요한 건 가슴 뛰는 삶을 살고

책 ● 꿈 ● 행복

그것이 가능하다는 것을 믿는 마음이라고 생각한다. 자신을 믿지 않는 사람에게는 하나님도 도움의 손길을 내밀지 않는다고 생각하기 때문이다. 또 이런 말이 있다.

"젊을 때 도전하는 것이 아니라 도전할 때가 젊은 것이다!"

"Long Run 하려면 Long Learn 해야 한다."

나이가 아무리 젊어도 생각이 젊지 않으면, 뒤처질 수밖에 없다. 도전과 창의성은 결코 나이순이 아니며, 열정과 꿈 그리고 성실함이 있다면 나는 청년이다. 열정 없는 젊은이는 20대라도 늙은이일 수 있고, 열정이 가득한 노인은 60대라도 청춘일 수 있다. '나는 젊은이답게 살고 있는가? 온갖 핑계로 자신을 합리화하며 살아가고 있지는 않은가?'라고 스스로 반성하며 나이 들었기에 더 잘 할 수 있는 멋진 일을 찾고 있다.

지금까지의 인생은 30＋30 인생이었다. 30년 동안 부모님 밑에서 자라고 배우고 가정을 이뤄서, 나머지 30년 동안 내가 주인공이 되어 살다가 인생 60이면 제도적 정년의 나이가 되어 퇴직하고 그저 그렇게 살다가 사회적 삶을 마감했다. 보험도 거의 60세 만기 상품이 대부분이었다. 그러나 이제는 의술의 발달과 좋은 먹거리 덕택에 은퇴 후 30년을 더 살아가야 하는 30＋30＋30 인생 시대가 온 것이다.

마지막 30년을 진짜 멋있게 의미 있게 살아야 성공한 인생이 되는 것이다. 이를 위하여 다시 학교에 다녀야 한다. 초등 6년, 중·고등 6년, 대학 4년, 모두 16년을 배워서 60까지 살았다면, 나머지 30년도 잘 살 수 있는 노인대학 교육을 받고 계획을 세우고 치밀하게 준비해야 한다고 생각한다. 그런데 우리 사회에는 그런 것을 가르치는 정식 학교가 없다.

물론 일부 교회에서 노인대학을 운영하고 있기는 하지만 아직 일반화되지 못하고 있다.

그래서 나는 스스로 100세 시대 인생 후반전을 멋있게 사는 인생살이 방법서 쓰기를 하고 있다. 비록 정년제도 때문에 밀려났지만, 60세 이후 인생을 젊게 살아가야 할 청춘들에게 드리는 교과서적인 멋진 책을 쓰고 싶다. 이런 책을 쓰다 보면 나의 인생 후반전도 아름답게 전개되리라는 확신이 든다.

> 말세에 내가 내 영을 모든 육체에 부어 주리니 너희의 자녀들은 예언할 것이요 너희의 젊은이들은 환상을 보고 너희의 늙은이들은 꿈을 꾸리라(행 2:17).

65세 황안나 할머니가 책으로 나에게 도전을 주셨듯이 나도 나의 책 쓰기를 통하여 대한민국에 꿈 없이 살아가고 있는 은퇴자들에게 선한 영향력을 끼치며, 새롭게 도전하는 실버들의 아름답고 역동적인 삶의 솔루션을 제공하는 꿈을 갖고 있다.

한 권의 책을 쓰는 것은 인생을 브랜딩하는 최고의 방법이다.

박성배 작가의 이 말에 동의하고 공감한다.

나는 크리스천 웃음치료사로
살고 싶다

나는 '하나님의 기쁨, 세상의 웃음'을 전하는 크리스천 웃음치료사로 살고 싶다. 그래서 만든 회사가 "주식회사 기쁨유통"으로서 웃음과 기쁨, 밝음과 건강, 삶의 재미와 활력을 유통하는 회사다. 이 주식회사는 하나님의 방법과 성경의 논리로 운영한다는 "主式會社"이다.

인생도, 사업도, 하나님을 신앙하는 일도 즐겁고 재미있어야 한다. 엄숙하게 심각하게 살지 말고, 신나게 웃고, 즐기고, 누리고 살아야 한다. '뻔'한 것도 'Fun'하게 사는 것이다. 인생을 축제처럼 날마다 잔치 Festival 하듯 살자. 항상 기뻐하는 것이 창조주 하나님의 뜻이라 하지 않는가? 창조주의 뜻을 거역하는 것은 피조물의 직무유기라고 생각하며, 세상을 밝고 환하게 하는 위대한 일을 하는 웃음치료사로 살아가게 하신 나의 하나님을 찬양한다.

지금 나의 삶은 무척 재미있고 즐겁고 행복하다. "우와! 신나는 인생이다. 하나님! 나 이렇게 행복해도 되요?"라고 반문할 만큼 즐거운 인생을 살고 있다.

친구가 나에게 물었다.

"야! 요즘 어찌 지내냐?"

"응~ 상당히 즐겁고 고급스러운 인생을 살고 있지."라고 답을 한다.

웃음치료사로서 내가 교회, 기업체, 관공서, 학교, 연수원, 병원, 은행, 보험사, 주부대학, 노인대학, 평생교육원에서 많이 불러 주어 웃음을 전할 수 있으니 감사하고, 그늘진 곳 아픔이 있는 사람을 찾아가 웃음 봉사를 할 수 있음도 감사하고, 내 영혼과 육신이 건강하니 감사하고, 현직에 근무할 때보다 훨씬 재미있고 즐겁고 신나는 인생을 살고 있으니 감사할 뿐이다. 하나님께서 나에게 세상을 화평케 하는 직임을 주시고, 품격 있는 크리스천으로 살아가게 하신 것도 "우와! 감사하다." 하나님 교회의 '장로' 직분자로서, 교회와 성도를 섬기는 존귀한 일을 맡겨 주신 것 감사하며, 하나님의 말씀과 법도를 따라 살기만 하면 내 삶의 지경이 엄청 넓어질 것을 나는 확신한다. 왜인가? 나를 크리스천 웃음치료사로 멋있게 사용하시는 것이 하나님께 이익이기 때문이다. "우하하하^^"

지난날 내성적이고 소심했던 나! 나는 내가 너무 싫었다. 나는 전남 순천 송광사 불교 문화권에서 5형제 7남매의 둘째로 태어났다. 천성적으로 내성적이고 적극적이지 못했던 성격 탓에 자기주장이나 색깔 없는 평범한 아이였다. 초등학교 2학년 때, 가족이 대도시인 광주광역시로 이사했다. 이른바, 시골뜨기가 대도시로 전학하고 보니 더욱더 위축된 학교생활을 할 수밖에 없었고, 초등 6년 동안 한 번도 나 스스로 손을 들고 발표를 해 본 일이 없었다. 간혹, 지명을 받고 일어서기도 했지만, 난 그야말로 얼굴이 붉어지고 가슴이 쿵쾅쿵쾅 뛰어서 쥐구멍을 찾는 부끄럼 많고 소심한 아이였다.

고등학교 다닐 때에는 통학 길에 여고생들과 마주치는 것이 부끄러워서, 먼 길로 우회하여 학교에 다녀야만 했다. 청년 시절이 되어서도 두각을 나타내지 못하기는 마찬가지였다. 당시 유행했던 대중가요 중에 조용필이 부른 "돌아와요 부산항에"가 나의 애창곡이었다. 그런데, 노래방에 가서도 그 노래는 내 차지가 되지 못했다. 내가 좋아하는 노래면, 앞장서서 자신 있게 마이크를 잡아야 할 터인데, 내가 나서기 전에 다른 친구들이 먼저 불러 버렸다.

나는 이런 나의 성격이 정말로 싫었고, 손해를 많이 보고 살아왔다. 그때의 나의 간절한 소망은, 내 성격을 외향적이고 적극적으로 바꾸는 것이었다. 그 후 나는 웅변을 공부하고 각종 웅변대회를 다니면서 사람에 대해 두려움을 없애가기 시작했다. 직장 내 분위기 메이커가 되어 나의 성격을 적극적으로 바꿔 보려고 레크리에이션 지도자 훈련을 받았다. 그리고 지금의 사랑하는 아내를 만나 하나님을 믿고 따르게 되면서 "항상 기뻐하라."라는 성경말씀을 붙잡고 나의 연약함을 강하게 해 주시기를 간구하며 살아왔다. 또 하나님의 말씀에 따라 정말 기쁘게 살려고 엄청 노력하고 있으니, 이 모든 것이 하나님의 은혜다.

　이러한 과정 후에 나는 어느덧 적극적이고 진취적인 성격으로 바뀌어 가고 있었다. 모임이 있을 때면, 어느덧 나는 마이크 체질이 되어 있었고, 내가 마이크를 잡으면 청중들이 좋아하고 은근히 재미있어 한다는 것을 느낄 수 있었다. 사람 앞에 나서는 것이 자신 있어지니 삶의 활력이 느껴져 왔다. 직장 내 친절봉사 교육강사로 뛰면서 내가 소속되어 있는 조직에서 밝은 문화를 만들어 나가는 데 앞장선 결과로 '고객만족 서비스 평가'에서 3년 연속 전국 최우수 수상의 영광을 안기도 했다.

　그리고 내 삶의 현장에서 분위기 메이커로, 기쁨을 주는 사람으로 조직에 힘을 주는 사람으로 웃음, 기쁨, 밝음과 건강을 전하고 있으니 정말 신나고 즐거운 일 아닌가? 난 내가 좋다. 나는 내가 참 좋다. 누가 뭐라 해도 나는 내가 참 좋다. 그리고 엄청 행복하고 삶의 활력이 넘친다. 이 모든 것, 열심히 웃고 산 결과다. 이제는 "피할 수 없으면 웃으라."고 권한다.

　"Good finder는 성공하고 Fault finder는 망한다."

　좋은 것과 긍정적인 것을 찾는 사람은 성공할 수밖에 없고, 상대의 허물, 결점, 약점을 찾고 시시비비 가리는 사람은 좋은 인간관계를 가질 수 없으므로 실패하는 인생을 살 수밖에 없다. 나는 이 말을 믿는다. 열심히 하는 사람보다 더 무서운 사람은 '즐기는 사람'이다. 어쩔 수 없이 마지못해 의무감으로 하지 말고 즐겁게 하자!. 웃어 버리자! 웃어 버려! 웃어서 스트레스를 날려 버리는 거다. 웃어버리는 순간 내 몸이 기뻐하고 즐거워하고 자유로워진다. 그렇게 사는 인생이 훨씬 더 재미있고 신난다. 경영학에서 생산의 3요소가 있지만 결국은 사람이다. 사람을 즐겁

책 ● 꿈 ● 행복

게 해 주어야 업적이 오른다. 내가 먼저 재미있는 사람으로 다가서자.

나는 평생직장에서 정년퇴직했다. 나이 많다고 나가란다. 그래서 웃으면서 나왔다. 정년퇴임식에서 후배들에게 말했다.

"뜨는 해가 아름답지만 지는 해도 얼마나 황홀한지 내가 보여 주겠다."

나 스스로도 참 멋있는 말이라고 생각한다. 나는 오늘도 나의 동업자 되시는 하나님과 함께, 웃음과 기쁨을 유통하러 나간다. 세상을 밝고 재미있게 하는 데 나를 아름답고 멋있게 써 주실 그분을 기대하며 ….

하나님,
감사합니다!

아침에 눈을 뜰 때 내 입에서 나오는 첫말 "하나님 감사합니다." 그리고 저녁에 잠들기 전 기도할 때에 "하나님 꿈속에서라도 예수 이름으로 이기게 하여 주시옵소서." 이렇게 살고 싶다. 그런데 그렇게 살지 못한 날도 많다. 아침에 일어날 때 첫마디가 "아이고~"라고 할 때도 있고, 저녁에 졸다가 쓰러져 언제 잠들었는지 모를 때도 있다. 이런 내가 참 한심스럽다. 그러나 나는 좌절하지 않는다. 그래도 여전히 나는 하나님의 사랑하는 아들이기 때문이다.

"나는 나다 I am who I am."

하나님 자신을 스스로 있는 자라 하셨듯이 나는 존귀하신 하나님의 아들이다. 이런 높은 자존감을 주신 그분께 감사하다. 이런 나의 신분에 대한 자존감 외에도 내 삶에 감사할 일이 너무도 많다. 사랑하는 세

자녀가 신앙생활 잘하는 것 감사하고, 다섯 명의 손자 손녀와 영상통화로 소통할 수 있는 것도 감사하다. 사랑하는 자녀들이 부모인 나에게 열심히 효도하게 해 주신 것도 너무 감사한 일이다. 주님의 교회 일꾼으로 나를 사용해 주시는 것도 감사하다.

내 삶 가운데 늘 코람데오 하나님 앞에서의 마음으로 섬기게 하심도 감사하다. 예배당에 걸어 나갈 수 있는 건강 주심도 감사하고, 하루 세끼 밥맛이 좋은 것도 감사한 일이다. 하나님 만드신 아름다운 세상 그중의 일부를 사진으로 찍어, 좋으신 나의 하나님을 자랑하고 높여드리는 일 하게 해 주신 것도 감사하다.

주님의 교회에서 목사님들의 목양을 돕는 일에 부족한 나를 사용하여 주신 것 감사하고, 좋은 재능 주셔서 세상을 밝고 재미있게 하는 웃음치료 사역을 할 수 있게 해 주신 것도 너무 감사한 일이다. 아파트 살다가 전원주택을 지어 한옥으로 이사하게 해 주신 것도 감사하고, 농촌지역 한옥민박 사업을 통하여 수입도 얻고 많은 사람과 교제하게 해 주신 하나님의 배려도 감사하다. 문화관광해설사로 내 고장을 소개하며 아름다운 만남 주신 것도 너무 감사한 일이다. 평생직장에서 은퇴하여 넥타이 풀고 웃고 사는 지금이 최고 행복한 것도 감사하다.

그리고 나는 국정 지지지도가 높은 대한민국의 문재인 대통령보다도 못할 것이 없는 사람이다. 그의 직함이 대통령이고 나는 은퇴자라는 것 외에는 내가 그보다 부족할 것이 없고 상당히 훌륭하다고 생각한다. 53년 생인 문 대통령보다 내가 4살이나 연상이다. 세상 기준은 노인이라 하지만 세상 경륜과 지혜가 많으니 내가 나은 것이며, 대통령의 키가 172cm

나는 기쁨을 유통하며 살고 싶다 - 정희락

인데 난 172.5cm이니 더 크고, 대통령의 체중이 67kg인데 난 75kg 이니 내가 더 무겁고 힘이 세다. 문 대통령의 신발은 260mm인데 난 270mm를 신는다. 문 대통령은 슬하에 1남 1녀의 자녀를 두셨지만, 난 1남 2녀를 두었으니 국가의 출산 장려 정책에도 더 크게 기여한 것이다.

그리고 가장 중요한 사실은 난 하나님 교회의 장로 직분자로 인생의 주인이 누구인지를 정확히 알고 있다는 사실이다. 이런 빵빵한 자존감을 주신 분이 하나님이시니 감사한 일이다. 이외에도 수많은 감사의 조건이 넘치니 이것도 감사한 일이며, 이 모든 감사의 근원이 바로 내 인생의 주인이신 하나님께서 내게 주신 복이다.

나에게는 세 가지 좋은 만남의 복을 주셨다.

첫째, 좋은 부모님과 만남이다. 시골에서 대도시로 삶의 터전을 옮겨 가며 5형제 7남매의 교육을 위하여 헌신적으로 희생하시며 바르고 정직하게 살도록 교육해 주신 고마우신 부모님과 만남이다.

둘째, 믿음의 사람 나의 아내 선신애 권사와 만남이다. 믿음 없는 남편을 위해 눈물로 기도하며 신앙의 사람이 되도록 인도한 사람이다.

셋째, 하나님과 만남이다. 주님은 창조주이시고 나는 피조물이다. 피조물 된 인간이 창조주 하나님을 기억하며 그분의 말씀과 법도 안에 사는 것이 복중의 복 아닌가?

내가 대한민국의 문재인 대통령을 만난다고 해서 내 인생이 바뀌는 것이 아니다. 초강대국 미국 대통령을 만난다고 해서 내 인생이 행복해지지 않는다. 유명한 영화배우를 만난다고 해서 내 운명이 바뀌는 것은 더더구나 아니다. 우리는 창조주 하나님의 피조물이기에, 내 인생의 주인 되시는 하나님과의 관계가 회복되어야 형통할 수 있다. 하나님께서 내 마음의 상처를 어루만지시고 치유해 주셔야 진정한 기쁨과 감사 생활을 할 수 있고 행복할 수 있다. 그래서 '만남 중의 만남'은 '하나님과 만남'이며, 예수 믿는 사람이 명품 인생이라고 생각한다. 창조주를 알지 못하는 인생은 허망한 삶이고 짝퉁 인생이다.

정년퇴직 후에 하나님께서 나를 통하여 이루신 일이 바로 '웃음치료사'이다. 나와 가정과 교회와 민족을 살리는 웃음행복 디자이너이다. 오늘도 나는 웃음이 필요한 곳에, 하나님의 위로가 필요한 곳에 달려간다. 기업체, 교회, 학교, 은행, 병원, 관공서, 주부대학, 노인대학, 복지시설 등등 ….

웃음을 통한 그들과 만남이 난 너무 좋다. 하나님께서 아들 된 나를 아주 멋있게 쓰신다는 사실이 우와~! 너무 감사하고 행복하다. 웃음치료사! 웃음행복 디자이너! 웃음전도사! 웃음박사! 기쁨의 편지가 되어 세상을 밝고 재미있게 하는 일에 나를 멋있게 사용하시는 분, 이 멋진 인생의 시나리오 작가 겸 감독은 바로 나의 하나님이시다. 나는 오늘도 하나님의 내비게이션에 따라 웃음여행을 떠난다. 가장 최선은 하나님이 우리와 함께하시는 것이며, 하나님만이 영원한 진리다.

진리를 알지니 진리가 너희를 자유롭게 하리라(요 8:32).
You will know the truth, and the truth will make you free(NASB).

돈,
넌 누구냐?

지금으로부터 20년 전 나의 아버지 장례식 때의 이야기다. 자녀들이 일곱 명이나 되다 보니 병원 장례식장에 문상객이 넘치게 조문을 해 주셨다. 둘째 아들인 나의 손님이 가장 많았던 것은 좋은 직장과 직위에서 근무한 연유라 생각하면서 다른 형제들 보니 문상객이 눈에 띄게 없는 형제도 있었다. 일반적으로는 장례 치르고 조위금 나누기 때문에 형제간 불화한다는 이야기를 들었던 터라, 내가 먼저 형님께 제안했다. "형님, 조위금 중 장례식 경비를 제하고 나머지는 수고한 며느리들에게 100만 원씩 수고비 지급합시다. 그리고 나머지는 형제간 숫자대로 공평하게 나누기하면 어떨까요?" 나의 제안에 모든 형제가 동의해 주어서 기쁨으로 천국 환송식을 마쳤다.

며느리들은 시아버지 돌아가시고 선물까지 받았다며 백화점에서 옷

책 ● 꿈 ● 행복

한 벌씩 사 입고 너무 즐거워했고, 장례식을 통하여 오히려 형제간 우애가 돈독해졌다고 다들 만족해하셨다.

나의 아버지는 자산도 남기지 않으셨지만, 부채도 없는 생을 살고 하늘나라에 가셨다. 슬하에 아들 다섯과 딸 둘, 이렇게 7남매를 두셨고 한때는 일곱 자녀가 모두 다 학교 다닌 시절이 있었으니 자녀 양육에 얼마나 많은 교육비가 드셨을까? 내가 아비가 된 지금 회고하니 아버지의 힘듦과 애쓰심이 이해가 되고, 유산을 남겨 주지 못하신 것은 지극히 당연한 결과라는 생각에 의심의 여지가 없다. 아무런 재산도 남겨 주지 않고 하늘나라에 가신 아버지께 감사하다. 자식들이 유산을 보고 불화하며 다툴 여지를 남기지 않으셨기 때문이다.

세상의 모든 가치는 돈으로 통한다. 왜인가? 돈은 사물의 가치를 나타내며 상품의 교환을 매개하고 재산 축적의 대상으로 사용하는 물건이기 때문이다. 아울러 인간사 희로애락이 돈과 밀접하게 관련된 경우를 많이 본다. 돈이 인생의 전부는 아니라 하지만 돈으로부터 자유로운 사람은 없다. "돈 없으면 적막강산이요, 돈 있으면 금수강산"이라는 말이 있다. 이는 경제적으로 넉넉하여야 삶을 즐길 수 있음을 이르는 말이다. 돈이 세상 가운데서 돌고 돌아 사람의 손을 전전하면서 귀하고 아름답게 쓰임 받는 경우가 있는가 하면, 때로는 이권이나 뇌물로 부정 축재의 수단으로 사용되기도 한다. 뇌물 받고 고위직에서 불명예스럽게 내려온 사람도 있는가 하면 선행으로 아름다운 기부로 쓰임 받는 경우도 많다. 병원 치료비가 없어 죽어가는 사람이 있는가 하면 돈 많은 부자가 과도한 욕심과 탐욕의 수단으로 더 많은 돈을 모으려다 불명예스러운 일을 당하기도 한다.

돈을 가리켜 한국은행권이라고 한다. 조폐공사에서 돈을 찍어서 한국은행을 통하여 시중에 유통한다. 돈이 나올 때는 빳빳한 신권이다. 신권을 받으면 기분이 좋아지고 오래 간직하고 싶은 욕구가 생긴다. 거스름돈을 신권으로 받으면 지갑에 반듯이 넣고 구기지 않는다. 특별히 세뱃돈은 신권이 제격이다. 또 깨끗한 돈은 일부러 따로 모아 교회 헌금으로 내시는 분들도 있다. 그러나 그 돈은 세상을 돌고 돌아 찢어지고 더러워지고 냄새나고 헐어서 상처투성이로 은행에 돌아오면, 이른바 '정사'라는 작업을 통하여 사용불능권이 가려지고 한국은행에 반납하게 되어 그 수명을 다하는 것이 돈의 일생이다.

한국은행권은 액면가에 따라 도안의 인물이 다르다. 1,000원권에는 퇴계 이황, 1만 원권에는 세종대왕, 5만 원권에는 신사임당의 초상이 들어 있다. 액면가의 차이가 있을 뿐 다들 역사상 훌륭한 인물들이 화폐 도안으로 들어간다.

우리네 삶의 모습이 돈의 액면가 즉, 가치와 유사하다는 생각이 든다. 선택받은 5만 원권 인생이 있는가 하면, 평범한 1만 원권 같은 보통 사람도 있다. 아니면 이름도 없이 빛도 없이 살다 간 1천 원권 인생도 많다. 인생을 돈의 액면가로 평가하는 데 반대하지만, 이 세상에 태어나 인간답게 멋있게 이름을 높이며 신권처럼 살다 간 인생도 많다. 나는 1,000원권인가? 만 원권인가? 아니면 5만 원권인가?

그러면 현실적으로 어느 정도의 돈이 필요할까? 미국에서 돈을 얼마나 벌고 소유해야 행복할까를 연구했는데, 돈이 많다고 이에 비례해서 행복하지는 않다는 결론에 이르렀다. 물론 어느 정도까지는 돈이 필요하다. 돈 때문에 인생이 궁핍과 싸우며 스트레스를 안 받아도 되기 때문이다. 우리의 불확실한 미래의 불안을 상당 부분 돈이 잠재우기 때문이다. 또한, 너무 많아도 문제다. 로또에 당첨되어 일확천금을 얻게 된 사람들의 말로가 대부분 행복하지 않음을 우리는 너무 잘 알고 있다.

친구들과 같이 즐겁게 식사하고 계산대로 뚜벅뚜벅 걸어가 내가 식사비를 낼 수 있는 정도의 여유와 친구의 애경사哀慶事. 축·조위금에 축하와 위로의 마음을 담아낼 수 있을 정도의 재정이 있으면 족하지 않을까?

그런데, 부자들의 탐욕은 그 끝이 없다. 수십억의 재산을 가지고도 밤낮으로 불평불만하는 사람이 있다. 행복은 나무에 피는 향기로운 꽃과 같아서 내 맘속에 불평불만이 가득 찰 때 행복의 꽃은 시들고 만다.

"지족상락知足常樂."

만족을 알면 늘 즐겁다. 넉넉함을 알면 즐거움이 있고 탐욕을 부리면 근심이 있다는 말은 진리다.

"수분지족守分知足."

"분수를 지키고 만족할 줄 알아라."는 선현의 가르침 따라 탐욕과 과욕에서 벗어나, 있는 재정으로 남에게 베푸는 즐거움을 가질 때 복되고 부유한 세상살이가 되지 않을까?

성경은 돈에 대하여 말한다.

나를 가난하게도 마옵시고 부하게도 마옵시고 오직 필요한 양식으로 나를 먹이시옵소서 혹 내가 배불러서 하나님을 모른다 여호와가 누구냐 할까 하오며 혹 내가 가난하여 도둑질하고 내 하나님의 이름을 욕되게 할까 두려워함이니이다(잠 30:8-9).

진정한 부자는 누구인가? 하나님을 잘 섬기는 사람이다. 왜인가? 부와 권세와 명예가 하나님의 것이기 때문에, 그분의 말씀과 명령과 법도 안에 사는 사람이 진정한 부자다.

긴 하루 끝에
좋은 책이 기다리고 있다는 생각만으로
그날은 더 행복해진다.

- 캐서린 노리스 -

하나님을 기쁘시게 하는 내 인생의 꿈

– 김남일

저자 **김 남 일**은

현재 (주)유신에서 근무하는 감리사로서 정부에서 시행하는 국내 건설
공사 국책사업 중 주로 철도건설 공사의 책임감리 업무를 수행하고 있
다. 인천국제공항 인입철도, 장항선, 수인선, 경전선 등 국가 동맥을 연
결하는 일반 철도공사에 참여하여 완료하였으며, 현재 쾌적하고 빠르
고 안전한 이동수단으로 국민의 발 역할을 하며 열차를 운행 중이다.
광주벧엘교회 집사로 차세대 소년부 어린이들의 교사 직분을 수행하
고 있으며, 앞으로 주님께서 예비하신 계획과 희망을 담은 단행본 출
간의 꿈을 가지고 글쓰기를 계속해 나가고 있다.

■ 페이스북 facebook.com/01093138148
■ 이메일 y11365@naver.com

내 인생에
큰 변화를 준 책

나는 언제부터인지는 모르겠지만 막연히 글을 써 보고 싶다는 생각을 하며 지내왔다.

대학교 다닐 때의 일이다. 만나기로 약속한 친구를 기다리며 장난삼아 글을 써 보았는데, 친구가 글을 보더니 재미있어 하였다. 친구가 내게 한 칭찬 한마디에 "혹시 내가 글을 쓰기 위한 문학적 감수성이 남다르지는 않을까?"라고 생각하며 자신감을 가지고 글을 쓰고 싶은 꿈을 키우기 시작했다. 그래서 내가 다니는 대학교의 국문학과 교수를 찾아가 상담을 요청했다.

"교수님, 글을 쓰고 싶은데 무엇을 준비해야 할지 몰라서 자문하고자 이렇게 찾아왔습니다."

그 교수는 "첫째는 책을 많이 읽고, 둘째는 많은 사색을 하고, 셋째는 글을 많이 써 보라."라고 말씀하셨다. 사색은 평소 많이 했다고 자부하기에 자신감이 있었는데 책을 많이 읽는 것이 쉬운 일이 아니었다.

상담을 마치고, 나는 시간 나는 대로 많은 책을 읽겠다고 다짐했지만, 그 후에도 책 대신에 젊은 나날을 친구들과 당구를 하고 술 마시고 노는 데 시간을 허비했다. 대학 3학년부터는 전공과목, 취직시험 준비하느라 책을 읽지 못하고, 졸업하고는 직장생활하느라 책을 보지 못하고 핑계 아닌 핑계를 대며 많은 책을 읽지 못했다. 하지만 내 인생에 마지막 꿈은 책을 쓰고 싶다는 소원을 늘 품고 지내왔다.

소설 제목도 만들어 봤다. "참 아름다워라"라고, 지금은 돌아가시고 이 세상에 안 계신 우리 어머니께서 살아생전에 자주 부르시던 찬송가 제목인데, 어머니를 소재로 소설을 써 봐야겠다는 막연한 구상을 하게 되었다.

인천 소래 포구를 거치는 수인선 철도공사 현장에서 근무할 때의 일이다. 토목현장의 특성상 휴일도 없이 공사를 하므로 감리사 또한 반드시 입회하에 일하여야 한다. 그래서 한 달에 한 번 정도 휴일 당직 근무를 했다.

가을 어느 날, 그날도 현장에서 당직 근무를 하고 있는데 반가운 손님이 찾아오셨다. 내가 초등학교에 막 입학했을 때 내 손을 잡고 교회로 인도하신 담임 선생님이었다. 지금은 하나님의 소명을 받고 목회를 하고 계시다. 소래 포구에서 선생님 내외분을 모시고 점심을 먹으며 여러 담소를 나누었다. 식사를 마치고 헤어지면서 선생님께서는 나에게 이렇게 질문하였다.

"그런데, 자네! 오늘 나와 대화하는 동안 어찌하여 신앙과 성경에 대해서는 전혀 한마디도 하지 않지?"

나는 선생님의 의외 말씀에 좀 당황하기도 했지만, 그 당시 나의 신앙은 휴화산처럼 잠자고 있는 상태였다. 그 말씀은 나의 정곡을 찌르는 성경말씀처럼 나를 꽁꽁 묶어 버리는 고언이었다.

선생님과 헤어진 후에도 선생님의 그 말씀이 내 가슴에 박힌 대못처럼 나를 괴롭게 하였다. 어떻게 초등학교 1학년 때부터 40년이 넘도록 교회를 다녔고 하나님을 믿었다는 사람이 성경말씀을 읽지도 않고 생활을 하고 있었으니, 하나님께서 나에게 무엇을 원하는지를 알지도 못하였고 관심조차 두고 있지 않았었다. 그러니 나의 믿음 생활은 그저 무늬만 기독교인이었지 신앙인으로서 정체성을 상실한 채 호흡만 하는 중환자실의 환자 같은 모습이었다. 절박감을 느낀 나는 나의 신앙에 접점을 찾아 돌아온 탕자처럼 믿음을 회복해야 했다. 그러나 그 출로를 찾는다는 것이 쉽지는 않았다.

그러던 어느 날, 나는 하나님께 작정하고 선언하였다.

"아버지 하나님! 이제부터는 내 의지, 내 판단, 내 능력으로 살지 않겠습니다. 하나님께서 주관하여 주십시오, 죽이든 살리든 알아서 하십시오!"

말 그대로 의탁하며 간구하였다. 그런 후 얼마 되지 않아서 내 의사와 무관하게 본사와 현장에서 추진되어, 남들은 서로 가려고 하는 전남 광양 철도공사 현장에 전격적으로 발령이 났다. 그래서 나는 "하나님께 모든 걸 맡기니 알아서 해 주시는구나." 하고 놀라워했다. 왜냐하면, 현장

책 ● 꿈 ● 행복

근무 여건이 좋고 집 가까이에서 장기근무를 하기 때문에 신앙생활을 안정적으로 할 수 있었다. 토목 공사의 특성상 자기 집을 떠나 전국 각지를 다니면서 불규칙적으로 근무하기 때문이다.

가을 어느 날, 광양 철도공사 현장에서 있었던 일이다. 시공사 직원의 권유로 광양 변두리 시골 조그마한 교회의 전도 집회에 참석하였다. 전도 집회를 6일 동안 하였는데 끝나기 하루 전 5일째 되는 날, 집회를 마친 후 은혜를 충만히 받고 광주 집으로 가는 막차 버스 안에서 예수님의 강하신 손길이 임하면서 주님과의 인격적인 만남을 갖게 되었다. 움직이면 움직일수록 빠져들어 가는 늪과 같은 죄에 빠진 나를 주님께서 찾아오셔서 건져주시고 나의 신앙의 첫사랑을 회복시켜 주셨다. 나는 예수님께서 나를 향하여 내 손을 잡아 주심에 너무 감사하여 하염없는 회개와 감사의 눈물을 흘렸다.

그 일이 있고 난 후, 내 삶에 큰 변화가 생기기 시작하였다. 그렇게도 읽기 어려웠던 성경책을 4개월 만에 일독할 수 있도록 인도하여 주셨다. 놀라운 기적이었다. 어릴 적 시골에서 가을철에 고구마를 수확할 때 밭두렁 속을 파보면, 고구마가 한두 개가 아니라 주렁주렁 서로 연결되어 끊임없이 달린 것같이 성경책 속에서 주옥같은 말씀의 보화들이 쏟아져 나왔다. 성령의 감동 없이는 있을 수 없는 영적 체험이었다. 그동안 읽기도 싫어했고, 읽어도 알지 못했고, 은혜를 체험치 못했던 말씀이었다.

이처럼 거듭나기 전에는 성경을 읽으면 하얀 것은 종이요, 검은 것은 글로밖에 보이지 않아 도대체 이해되지 않고 어려웠던 성경말씀이 소설

하나님을 기쁘시게 하는 내 인생의 꿈 - 김남일

책을 읽는 것처럼 너무나도 즐겁고 쉽게 읽혔다. 말씀을 체험한 나는 새벽 기도를 다니면서 더 큰 은혜를 체험하였다. 아침 출근 전까지 매일 두 시간씩 성경을 읽는 새벽 시간이 하루 중 가장 행복하고 즐겁고 기다려지는 시간으로 변하였다. 그 성경 통독은 퇴근 후에도 늦은 밤까지 이어졌다. 그야말로 성경에 빠져 성경에 취한 상태가 되었다.

하나님께서는 어찌하여 우리에게 성경책을 남겨 주셨을까? 우리 인생의 여정을 인도하시는 내비게이션 같은 성경이다. 우리 인간은 피조물로 나 자신을 스스로 알 수 없기에 누구보다도 나를 잘 아시고 성경을 통해 하나님을 발견하라고 주신 생명의 보고를 열어 주신 것이다. 나는 이 성경을 통해서 내 인생의 전환점을 맞이하게 되었고, 하나님은 지금도 나를 다듬어 주시는 도구로 사용하고 계시다. 하나님께서 나에게 성경을 주신 이유에 대하여 이렇게 말씀하고 계시다.

첫째, 모든 사람이 죄인인 것을 깨닫게 하려고 주심(갈 3:22).
둘째, 예수 그리스도를 믿음으로 생명을 얻게 하려고 주심(요 20:31).
셋째, 영혼의 양식으로 인생을 바르게 살게 하려고 주심(딤후 3:17).

하나님의 말씀이 성경책에 기록되지 않았으면 우리 인간은 창조주 하나님을 알 방법이 없었을 것이다. 또한, 하나님께서 우리 인간을 왜 만드셨고, 또 무엇을 원하시는지도 알 수 없었을 것이다. 나는 예수님과의 인격적인 만남 후 삶의 큰 변화가 생겼다. 삶의 우선순위에서 하나님을 알려고 하며 말씀을 전하고 말씀 교제가 우선이 되었다. 책 읽기를 그렇

책 ● 꿈 ● 행복

게 싫어했던 내가 이 세상에 많고 많은 책 중에서 가장 어렵고, 가장 위대하고, 가장 소중한 책을 제일 좋아하게 되었다는 사실이 놀라웠다. 이는 정말 놀라운 하나님의 선물이고 은혜이다.

내 인생에서 성경책은 가히 혁명적인 삶의 변화를 준 책이다. 성경은 단지 책 속에 적혀 있는 글이 아니라, 살아 움직이는 생명력 있는 하나님의 말씀이다. 그 말씀은 내 삶 속에서 시시때때로 상황에 걸맞는 말씀이 떠오르게 하여 사탄에게 내 생각을 지배당하지 않도록 나를 제어하고 절제시킨다.

성경을 통해 첫 번째로 나에게 분노, 즉 화에 대한 말씀을 집중적으로 보여 주셨다. 주일 예배에 담임 목사님께서 화에 대해 말씀하시고, 월요일 출근길 차 속에서 극동방송을 통해 같은 말씀을 들려주시고, 직장 근처 수요 예배에서도 화에 대한 말씀을 반복해서 들려주셔서 성경을 찾아보았다. 화가 나는 것은 자기 보호 본능이다. 상대가 나를 공격하였을 때 나를 보호하기 위해 본능적으로 아드레날린이 분비되어 경계하도록 한다. 문제는 사탄의 유혹을 받아 남에게 공격하는 순간 죄가 되어 버리는 것이다. 내 안에 성령께서 함께하셔서 화를 내지 않고 사탄의 노예가 된 상대방을 긍휼한 마음으로 대하게 되면, 이것이 바로 악을 선으로 이기는 방법이다.

미련한 자는 당장 분노를 나타내거니와 슬기로운 자는 수욕을 참느니라(잠 12:16).

하나님을 기쁘시게 하는 내 인생의 꿈 - 김남일

분을 그치고 노를 버리며 불평하지 말라 오히려 악을 만들 뿐이라
(시 37:8).

분을 내어도 죄를 짓지 말며 해가 지도록 분을 품지 말고(엡 4:26).

악에게 지지 말고 선으로 악을 이기라(롬 12:21).

감독은 하나님의 청지기로서 책망할 것이 없고 제 고집대로 하지 아
니하며 급히 분내지 아니하며(딛 1:7).

화를 해결하지 않고는 예수님 제자의 길로 한 발짝도 나아갈 수 없음
을 각인시켜 주셨다. 예전엔 나를 공격한 사람에게 화를 내고도 분이 풀
리지 않아 앙금이 오래 갔지만, 지금은 화를 내고 후회하는 시간이 짧아
지고 있고, 심지어 화를 내면서 사탄에게 지고 있음을 자각하여 분낸 마
음을 거두어들이기도 한다. 그런 삶이 지속하면서 화의 빈도도 현저히
줄어들게 되었다. 분명한 점은 하나님께서 나를 연단시켜 주고 계심을
인지하면서부터 하나님 은혜에 늘 감사하는 삶으로 변화되었다.

이제 성경말씀을 통해 깨닫고 느끼며 체험했던 내용을 남기고자 글로
서 정리하고 있다. 그러던 중 얼마 전 교회 예배 시간 광고를 통해 박성
배 작가의 "책 쓰기 미션" 교육 강의가 있다는 소식을 듣고 수강 신청을
하였다. 어쩌면 하나님의 기쁘신 계획 속에 책 쓰기가 포함되어 있을 수
도 있다는 희망을 품어 보며 강의를 들었다. 책 쓰기에 대한 두려움 대

신에 나도 할 수 있다는 자신감을 가지고 글쓰기에 도전하고 있다.

이제는 책을 보기만 하는 독자에서 책을 집필하는 저자의 꿈을 이루게 되었다.

"From reader to writer!"

하나님을 기쁘시게 하는
내 인생의 꿈

대한민국 국민의 4대 의무 중 하나인 국방의 의무를 이행하고자 대학 3학년을 마치고 입대하였을 때의 일이다. 신병 교육대에서 낮에는 고된 훈련을 하고 밤이 되면 휴식 시간도 잠시, 내무반에서는 정신교육 시간이 이어진다. 어느 날, 교육자가 나를 지목하며 인생이란 한마디로 무엇인지 얘기해 보라 하는데 "어찌 이 나이에 인생을 논할 수 있겠습니까? 잘 모르겠습니다."라고 대답했던 기억이 난다. 이제 하늘의 명을 알게 된 나이라는 지천명 知天明 인 쉰을 훌쩍 넘은 지금에 와서 인간의 삶에 대해 상고하고 싶다.

어떤 신문에 이런 기사가 났다.

8년을 바닥에 눕지 않고 앉아서 잠을 잤다는 스님을 포함한 여러 유명 스님들이 죽음을 앞두고 있을 때, 제자들이 이런 질문을 하였다.

책 ● 꿈 ● 행복

"스님! 인생이 무엇입니까? 한 말씀 남겨 주십시오!"

그러면 공통적인 답은 "모르겠다."이다.

수행자들이 고행하는 이유가 무엇인가? 그것은 진리를 알고 싶은 열정이 있기 때문일 것이다. 그러나 그들은 결국 인생이 무엇인지, 진리가 무엇인지 알지 못하고 죽음을 맞이한다. 당연한 일이다. 어찌 피조물이 피조물 자신을 알 수 있단 말인가!

한국에서 가장 존경받고 유명했던 고승이 죽기 전에 솔직히 고백을 하였다.

"나는 그동안 무수히 많은 남녀를 속였고, 내가 지은 죄가 수미산보다 높고 나는 지옥의 불로 떨어진다."

이어서 그의 제자들에게는 이처럼 이야기했다.

"내 죄는 산보다 높고 바다보다 깊은데 내 어찌 감당하랴. 내가 80년 포교한 것이 헛것이다. 우리는 구원이 없다. 죗값을 해결할 자가 없기 때문이다."

그의 딸에게는 "내가 잘못했다. 내 인생을 잘못 선택했다. 나는 지옥에 간다."라고 이야기했다.

이러한 고뇌에 찬 솔직한 고백에 비교하면 우리는 하나님의 사랑으로 예수를 구세주로 믿고 새 생명과 진리를 찾아 죄에서 자유롭게 되었으니 그리스도인은 얼마나 복을 받은 자들인가. 그저 오직 은혜이고 감사할 뿐이다.

미국의 어느 자동차 정비사가 휴일에 자신의 차를 수리하고 있었다. 그런데 남의 차는 잘도 고치더니 정작 자신의 차는 수 시간이 지나도록 끙끙대며 고장의 원인을 찾지 못하고 있었다. 그때 길을 지나가던 신사 한 사람이 "제가 고쳐드릴까요?" 하는 것이 아니겠는가? 자동차 정비사는 대단히 자존심이 상했다. 직업이 자동차 정비사이고 자부심이 강한 엔지니어인데, 자기 대신 남이 자기 차를 고쳐준다니, "됐습니다, 가던 길 가십시오."라고 말했다. 그러고서도 계속 수리하는 데 어려움을 겪고 있을 때, 그 신사가 문제점을 지적하며 가르쳐 주는 대로 고쳤더니 시동이 걸리는 게 아닌가. 그 정비사는 감사의 예를 표하며, "누구신데 이렇게 자동차 정비사인 나보다 더 자동차에 대해서 잘 아십니까?"라고 물었더니 그 신사는 제 이름은 "헨리 포드입니다."라고 했다.

그렇다. 포드 자동차에 대해서는 그 차를 만든 사람이 가장 잘 아는 것이다. 가전제품에 대해서는 제품을 만들고 사용 설명서를 만든 사람이 가장 잘 알 것이고, 개집은 개가 아는 것이 아니라 개집을 만든 사람이 잘 알 것이다. 마찬가지로 우리 인간이 살 집인 지구를 만드신 분이 가장 지구에 대해 잘 알 것이고, 그 지구에서 사는 인간을 만드신 분이 인간에 대해서도 가장 잘 아실 것이다. 우리 인간은 우리를 만드신 분을 스스로는 알 수가 없다. 우리를 만드신 분이 알려 주기 전에는 우리는 알 수가 없다.

신이 인간에게 알려 주는 것을 "계시"라고 한다. 이 세상에 많고 많은 종교의 신 중에 신 자신이 인간을 만들었다고 주장하는 신은 없다. 모두 인간들이 불완전한 인간을 보완하기 위해 자기들의 허접한 신을 만들었기 때문이다. 그러나 신 자신이 스스로 인간을 만들었다고 주장한 분은 유일하게 오직 여호와 하나님뿐이시다. 그분은 바로 창조주이시며 전능

책 ● 꿈 ● 행복

하신 여호와 하나님이시다. 우주 만물과 인간을 만드시고 인간에게 계시하기 위해 설명서인 성경을 우리 인간에게 선물하여 주신 것이다. 그렇다면 성경 안에 우리 인생에 대한 해답도 있다는 것은 매우 당연하다.

우리 인간은 어려서부터 미래에 대한 많은 꿈을 꾸며 산다. 초등학교 어릴 적부터 성인이 될 때, 아니 죽을 때까지 꿈은 상황에 따라 계속해서 바뀌고 수정된다. 많은 사람이 처음에는 원대한 꿈을 꾸지만, 세월이 지나면서 현실에 한계를 느끼면 그 꿈을 축소하고 수정하는 경우가 많다. 왜 인간의 꿈은 현실성 없는 꿈을 꾸기도 하고 이루어 내기 힘든 것일까? 그것은 세상의 이치와 자기 자신을 알지 못하는 우리 인간의 한계에서 연유된 것이다. 우리 인간의 속성을 알려면 우리를 만드신 창조주에게 물어보아야 하지 않겠는가? 하나님께서는 우리 인간이 창조주를 찾을 것에 대비하여 계시하여 주신 성경을 통해 그에 대하여 답을 하고 있다.

빌립보서 2장 13절에 기록된 내용을 보면, "너희 안에서 행하시는 이는 하나님이시니 자기의 기쁘신 뜻을 위하여 너희에게 소원을 두고 행하게 하시나니"라고 적혀 있다. 하나님께서는 이 세상에 태어난 모든 사람에게 당신의 기쁘신 뜻을 이루기 위한 계획이 있다. 그런데 그 계획을 사람들에게 거저 이루게 하면 우리 인간은 자신의 능력으로 이루어진 줄 알고 교만에 빠져서 창조주이신 하나님을 찾지 않을 것이다. 이 사실을 아시기 때문에 인간들에게 꿈소원 을 갖게 하여 간절히 그 꿈을 이루어 달라고 창조주이신 하나님을 찾게 하기 위한 깊으신 뜻이 여기에 숨어 있다. 그리하여 그 꿈을 이루면 인간으로 하나님께 감사한 마음을 갖게 하고 하나님께 영광을 올리며 살게 하기 위함일 것이다.

나는 예수님과 인격적으로 만나기 전에는 세상 사람들과 다름없이 세속적인 욕심에 기반을 둔 꿈을 꾸며 살았지만, 주님을 만난 후로는 완전히 다른 삶을 살기 시작했다. 주님께서 인도하시는 꿈을 쫓아가며 살고 있다. 어찌 보면 오히려 불확실한 꿈인 것 같지만, 그 옛날 이스라엘 백성들이 출애굽하여 광야를 지날 때 최종 도착지도 모르고 오직 하나님만 믿고 의지하여 불기둥과 구름기둥을 쫓아 따르던 모습과 같이 지금도 살아 계셔서 역사하고 계시는 하나님만 의지하여 따르고 있다.

언젠가 매스컴에서 들은 내용 중에 소위 세상적으로 성공한 사람들의 의견을 종합해 보면 한결같은 대답은 이렇다. 분명히 목적을 달성했는데, 그 위치에 올라가 보면 "어, 내가 찾던 게 이것이 아닌데."라고 하며 오르기 전에 생각했던 것과 많이 다름에 만족하지 못한다는 것이다. 왜 그런지 그 이유에 대해서 하나님께서 계시해 주신 성경말씀에서 찾아보면 이렇게 나와 있다.

우리가 무슨 일이든지 우리에게서 난 것 같이 스스로 만족할 것이 아니니 우리의 만족은 오직 하나님으로부터 나느니라(고후 3:5).

그렇다. 우리의 방법으로 사는 것은 만족할 수가 없고 하나님 방법으로 사는 것만이 만족할 수 있다.

솔개는 새 중 수명이 매우 길어 70~80년을 살아간다고 한다. 하지만 솔개가 그렇게 오래 살기 위해서는 반드시 거쳐야 할 힘겨운 과정이 있다. 솔개가 40년 정도를 살게 되면 부리는 구부러지고, 발톱은 닳아서 무뎌지고, 날개는 무거워져서 날기도 힘들어져 사냥할 수 없어 결국 굶어 죽게 된다는 것이다. 솔개는 변화를 위해 바위산에 날아가 둥지를 틀고 자신의 낡은 부리를 바위에 닳아 없어질 때까지 쪼고 쪼아 새 부리를 돋아나게 하여 그 부리로 발톱과 날개를 새롭게 하여 40년을 더 산다고 한다는 얘기가 있다.

우리 인간도 솔개의 변화를 추구하는 삶을 교훈 삼아 100세 시대에서 이제 남은 인생을 더욱 갈고 닦아서 잘 준비하여 새로운 삶으로 재창출시켜야 할 것이다.

그 인생의 제1막은 젊은 삶으로서 목표 지향적 삶이었지만, 제2막의 인생은 의미 지향적 삶이 되어야 한다는 말이 있다. 그런 삶이 무르익은 삶, 보람된 삶, 잘 마무리하는 삶이 될 것이다. 대중가요 가사에도 "인생은 늙어가는 것이 아니라 익어가는 것입니다."라는 가사가 현실감 있게 와 닿는다. 성경에서는 노년의 삶을 인생의 면류관이라고 말하고 있다.

백발은 영화의 면류관이라 공의로운 길에서 얻으리라(잠 16:31).

그렇다. 나의 남은 삶 가운데 하나님의 공의를 행할 때 더욱 완숙하고 열매를 맺는 제2막의 의미 있는 새로운 지경이 될 것이다.

예수님과
동행하는 행복

새해를 맞이하게 되면 사람들은 새롭게 계획을 세우고 새로운 희망을 품는다. 또한, 새해 인사로 "새해 복 많이 받으세요!"라고 한다. 여기서 복이 무엇인지 깊이 생각해 보고 인사하는 사람은 별로 없을 것이다. 막연하게 좋은 일, 기쁜 일이 많이 있길 바라는 인사일 것이다. 그런데 놀랍게도 사람들은 무의식적으로 하나님의 은혜를 바라고 있다는 사실을 모르고 사용하고 있다.

한자漢字는 뜻을 가지고 있는 표의 문자다. 이러한 한자에 성경에 나오는 얘기를 접목하면 해석이 되는 한자가 많다. 새해 인사 중 복을 비는데, 한자 복福자는 示계시할 시 ＋畐가득할 복 의 합성된 문자이다. 계시는 신께서 알려 준다는 뜻으로 신과 관련된 대부분의 한자는 계시할 '시'자를 부수로 사용한다. 좀 더 그 뜻을 성경적으로 해석하면 "신하나님께서 한 사람아담에게 풍성한 밭에덴동산에서 살게 해 준 것같이 당신도 그런 복을 받으세요."라는 뜻이 되는 것이다. 행복이란 그러한 복을 바라는 대로 이루어진 상태의 느낌으로 국어 사전적으로는 생활에서 충분한 만족과 기쁨을 느끼며 흐뭇하거나 그러한 상태이다.

모든 사람이 공통으로 원하는 행복, 세계 여러 나라 사람들의 행복 지수를 조사한 결과, 유럽 경제연구소 발표 기준으로 한국은 104위, 1위는 부탄이다. 부탄 국민은 10명 중 9명이 행복한 삶을 누리고 있다는 조사 결과를 보았다. 진정 부탄 국민은 행복할까? 단지 상대적인 관점으로 보고 판단한 것은 아닌가? 나보다 더 나은 사람이 별로 없으니까, 아니면 상대적 우월주의가 미치지 못하는 곳일 수도 있고, 치열한 경쟁 사회를 경험하지 못한 결과 때문이 아닌지 생각해 보게 된다. 그들은 자신에게 주어진 환경에 적응하고, 남과 비교하지 않고 큰 욕심 없이 살아가는 사람들일 것이다.

우리나라의 60~70년대 생활에 비교하면 지금은 물질적으로 풍요로운 삶을 살고 있지만, 행복 지수는 더 낮아졌는데, 그 이유는 타인과의 경쟁과 비교하는 마음, 즉 상대적 빈곤감에 연유한 것은 아닌지 싶다.

나이가 들고 경륜이 쌓여가고 있는 주위 친구들의 카카오톡 글들을 보면 '인생 뭐 있어? 즐겁게 사는 거지.', '인생 뭐 있어 재미있게 살자.', '오늘은 뭐 할까?', '인생은 경주가 아니라 음미하고 즐기는 기나긴 여정이다.' 등의 글들이 있다. 이 사람들은 인생을 살아보니 내 욕심대로 되는 것이 별로 없다는 것을 알고 유유자적, 마음을 비우고 즐기며 살겠다고 다짐하는데, 이것 또한 인간의 욕심인 것을 모르는 것 같다.

우리 인간은 행복을 본능적으로 찾지만, 무엇이 행복인지 알 수 없어서 그 무엇인가를 이루고 나면 허전하여 또 다른 무엇인가를 찾는다. 그러나 끊임없는 욕구의 갈증을 채울 수가 없다. 이유는 행복의 근원을 모른 체 인간의 세속적인 기준으로 접근하기 때문이다. 그러면 어떻게 진정한 행복을 누릴 수 있을까? 성령께서 내 마음 안에 머물러 계셔서 나를 주관하여 주셔야만 행복을 누릴 수 있다. 하나님을 멀리하고 떠나서 사는 우리 인간들에게 행복은 이 세상에 존재하지 않는다. 순간순간 착시 현상일 뿐, 영원하지 않다. 왜 그런지에 대한 해답도 성경에 기록해 놓으셨다.

우리 인간이 결혼하여 새로운 삶을 살 때 제일 먼저 내가 살 집을 준비하듯이 태초에 하나님께서는 우주 만물을 만드시고 그중에서도 인간이 살 수 있는 지구를 만드셨다. 지구에 사람이 존재할 수 있는 조건이 약 20만 가지나 된다고 어느 과학전문 잡지에서 소개한 바가 있다.

그 예로서 시속 1,700km의 속도로 자전하고 있는 지구의 원심력에 의해 우리 인간들이 대기권 밖으로 튕겨 나가야 하는데, 지구의 중력이 작용하기 때문에 이 원심력을 상쇄시켜 줌으로 인간이 날아가지 않고 발을 땅에 딛고 살 수 있도록 과학적으로 설계된 것이다. 그렇게 설계되고 만들어진 지구의 한 부분에 아담을 에덴동산에 들여보내 그곳에서 풍성한 삶을 살 수 있도록 은혜를 베푸셨다. 그때의 환경이 우리 인간의 최상의 행복한 삶이었다.

그러나 인간의 원죄로 인해 그 생명 속에 죄가 있고, 그 죄는 유전되고 있는 것이다. 어떤 동영상을 보니 엄마 뱃속에서부터 쌍둥이가 서로 싸우는데, 한 아이는 팔로 때리려고 하고 한 아이는 손으로 막으려고 하는 모습을 보았다. 그렇다, 이미 잉태되는 순간부터 죄는 유전된다. 비유하자면 우리 인간은 잉태되는 순간부터 지옥 열차를 타고 치열한 경쟁을 하면서 지옥을 향해 달려가고 있는 것과 같다.

그러나 사람은 하나님께서 창조 시에 우리 육신에 생기를 불어 넣어 주신 영·혼 중에 영을 통해 잠재된 영 속에 하나님과 영적 교제를 한다. 그리고 하나님은 그분을 경외하는 마음을 주셨다. 하지만 사람은 원죄로 인해 구원을 받아야 하는 처지가 되어 인간적인 방법으로 '혹시 선하게 살면 하나님을 만나지 않을까? 도덕적으로 살면 하나님을 만나지 않을까? 아니면 종교 생활을 하면 하나님을 만나지 않을까?'라고 하는 기대감으로 노력한다. 그러나 아무리 열심히 하여도 지옥 열차 안에서 벌어지는 일들이기 때문에 결국 지옥으로 갈 수밖에 없다.

그래서 하나님께서는 인간이 하나님을 배신하였음에도 불구하고 그들을 불쌍히 여기시고 사랑을 베푸시어 지옥 열차에서 탈출시킬 방법으로 예수의 피로 대신 죄 사함을 받게 하여 천국 열차로 옮겨 타게 하셨다. 값없이 나 대신 죽은 예수를 믿기만 하면 지옥 열차에서 천국 열차로 갈아타 구원받은 천국 시민이 된 것이다. 이렇게 죄의 문제를 해결해야만 이 자유함을 얻게 되는 것이고 성령께서 내 안에 계실 때 진정한 행복을 누릴 수 있다. 이러한 삶으로 하나님께 감사하게 되고 이 감사하는 마음으로부터 행복은 시작된다. 이제 감사의 마음은 받은 바 은혜에 대한 나의 반응이기도 하다. 작은 감사는 더 큰 감사를 부르며 행복의 문을 여는 열쇠다.

그런데 자세히 우리의 내면을 들여다보면 감사에는 장애물이 있다.

첫째, 시간이 지나며 반복하면서 그것을 당연하게 여긴다는 것이다. 처음에는 감사하게 여기다가도 차츰 변질되어 아무것도 아닌 것처럼 생각한다.

둘째, 욕심이 계속 잉태되면서 감사의 마음을 침몰시킨다. 욕심과 감사는 절대 함께 갈 수 없다.

셋째, 남과 비교하므로 상대적 빈곤, 박탈감, 열등감에 사로잡힌다.

넷째, 염려하는 마음에 사로잡히면 하나님을 의지하지 않고 조급하게 내 능력으로 해결하려고 한다.

이러한 감사의 장애물을 제거하기 위해서는 우리 인간의 능력으로 살려고 하기보다는 예수님과 범사에 동행하는 삶을 살아야 한다. 그럴 때만 그 감사를 마음속에 묻지 않고 선포하고 고백하며 찬양하는 모습으로 나아갈 수 있고, 감사의 상승효과는 더욱 증폭된다.

수년 전 거듭난 후, 내 삶의 가장 큰 변화는 미워하는 사람이 이 세상에 아무도 없다는 것이다. 물론 지금도 순간순간 미운 사람이 눈에 보이지만 오래가지 않고 사라진다. 걱정이 현격히 없어졌다는 것이다. 예전엔 내 힘으로 해결하려고 머리를 쓰고 미래에 오지도 않을 일까지 걱정하며 살았지만, 이젠 하나님을 의지하며 근심 걱정이 오래 머물러 있지를 않는다. 그렇게 많았던 분노도 횟수가 많이 줄었을 뿐만 아니라 화를 내도 오래가지 않는다.

이제는 이 모든 것들이 행복을 느끼기 위한 조건으로 발전되고 있고, 예수님을 닮아가는 성화 단계까지 이어지고 있다. 오늘도 이 찬송을 부르며 나간다.

"예수 닮기 원합니다. 진심으로 진심으로."

하나님을 기쁘시게 하는 내 인생의 꿈 - 김남일

말보다는
글

말은 자기의 생각을 타인에게 표현하는 수단이지만 전달의 정확성과 지속성이 빠져 있어 문자 수단보다는 효과 면에서는 상대적으로 부족하기도 하다. 그러나 말은 마음속의 감성 상태를 엿볼 수 있기도 하다. 말은 감정이 실려 있기에 남에게 큰 위로가 되기도 하지만, 큰 상처가 되기도 한다. 또한, 말은 한 사람의 운명에 큰 영향을 줄 정도의 위력도 지니고 있다.

지금은 이 세상에 계시지 않은 나의 어머니께서 이 세상을 떠나시기 며칠 전 나에게 하신 말씀이 생각난다.

"너는 복 많이 받을 게다."

그러시면서 옛날이야기를 들려주셨다. 옛날 어머니들은 종교가 없더라도 많은 분이 새벽에 정화수를 떠 놓고 가정을 위해 정성 들여 소원을

책 ● 꿈 ● 행복

빌었다.

초등학교 시절 어느 봄날 새벽에 나는 소변이 마려워 잠자다 말고 마당 구석으로 향했다. 옛날 시골은 모든 자연이 소변을 보는 곳이었다. 일을 보고 방으로 들어가다가 무릎을 꿇고 소원을 비는 어머니를 보고 무심코 한마디를 하였다.

"엄마, 왜 아무것도 없는 곳에 빌어요? 살아 계신 하나님께 빌지 않고요?"

나는 막 초등학교에 입학하여 담임 선생님의 손에 이끌리어 교회를 다니고 있었다. 아마 교회에서 들은 하나님을 어머니께 소개하였던 것 같다. 어머니는 어린 자식의 이 한마디에 많은 생각을 하시고 마음을 바꾸시게 되셨다.

"그래, 어차피 빌 거면 살아 계신 신에게 빌자."

어머니께서는 마음의 결정을 하고 그때부터 교회에 다니기 시작하신 후에는 어머니의 새벽 기도로 무교인 우리 집안이 아들, 딸, 며느리, 손주들을 포함해서 온 가족이 하나님을 믿는 가정이 되었다. 잠에서 덜 깬 어린 자식의 무심코 뱉은 한마디가 온 가족이 믿음의 가정이 되게 되는 씨앗이 된 것이다.

조직 폭력배 서방파 두목 김태촌은 어릴 적 가정 형편이 어려워 미술 시간에 준비물을 가져가질 못해 선생님으로부터 매번 야단을 들었다. 그러던 중 어느 날도 마찬가지로 준비물을 가져오지 못한 김태촌은 선생님으로부터 이런 야단을 들었다.

"야! 임마, 너는 왜 맨날 준비물을 가져오지 않는 거야, 없으면 도둑

하나님을 기쁘시게 하는 내 인생의 꿈 - 김남일

질해서라도 가져와서 수업을 들어야지!"

무심코 던진 이 한마디에 김태촌은 큰 상처를 받고 다음 미술 시간에 준비물을 정말 훔쳐서 가지고 갔다.

그날 김태촌은 인생의 돌이킬 수 없는 말을 선생님에게서 듣는다.

"야! 우리 태촌이 준비물 가져왔구나! 선생님 말씀 잘 듣는 착한 학생이네! 다들 태촌에게 박수 보내 주자."

김태촌은 지금까지 사는 동안 이런 칭찬은 처음 들어보았다. 그때 김태촌은 이런 생각을 하였다.

"수단과 방법을 가리지 않고서라도 목적만 달성하면 이런 칭찬을 받는구나!"

이때부터 김태촌은 목적을 위해서는 양심을 버린 채 수단과 방법을 가리지 않고 행동하였고, 우리나라에서 악명 높은 조직 폭력배 두목이 되었다. 한 선생님의 무심코 던진 말 한마디가 한 사람의 인생 결정에 결정적인 역할을 한 것이다.

미국의 석유 사업가 존 데이비슨 록펠러의 어머니는 절실한 기독교인이었다. 그녀는 말라기서 3장 10절에 "너희의 온전한 십일조를 창고에 들여 나의 집에 양식이 있게 하고 그것으로 나를 시험하여 내가 하늘 문을 열고 너희에게 복을 쌓을 곳이 없도록 붓지 아니하나 보라."라는 말씀을 들려주며 록펠러가 어렸을 때부터 십일조 실천의 소중함을 끊임없이 교육했다. 심지어 주머니의 한쪽은 아예 아무것도 넣지 않고 용돈이 생길 때마다 사용하지 않는 한 쪽 주머니에 십 분의 일을 넣어 두었다가 모아서 교회에 십일조 헌금하는 습관을 길러 주었다. 이렇게 록펠러 어머니의 십일조 소중함을 가르친 말의 위력으로, 어머니의 말을 믿고 십일조 생활을 충실히 한 록펠러는 세계 최고의 갑부가 되었다.

내가 어릴 적 노닐던 곳은 바닷가이다. 서해안은 조수간만의 차가 심해 썰물 시 바다 바닥이 완전히 드러난다. 육지 근처 모래와 갯벌 사이에 완충 지역이 있다. 모래와 뻘이 섞여 있어서 바닷물 수분이 증발하고 나면 딱딱하지도 않고 질퍽하지도 않은 상태, 맨발로 운동하기 안성맞춤의 쾌적한 천연 구장이 된다. 이곳에서 야구와 축구를 주로 한다. 그런데 골대가 없어서 임시방편으로 돌 두 개를 양쪽에 놓고 축구 경기를 한다. 문제는 골대를 향하여 슛을 한 공이 돌 위로 지나갔을 때 골인인지 아웃인지 분간하기가 어렵다.

이때부터 양 팀 선수들의 싸움이 시작된다. 모두 다 객관적으로 평가한다면서 자기도 모르게 자기편에 유리한 판결을 한다. 이럴 때 대부분 승리한 팀은 내가 속해 있는 팀이다. 이유는 내 목소리가 제일 크기 때문이다. 그때 당시는 내 판단이 옳다고 생각했다. 그러나 그 판단은 이미 객관성을 잃어버린 자격 없는 한쪽의 선수였다. 그때 당시는 내 말이 옳아서 남들이 인정하는 줄 알았다.

지금 생각해 보니 인정이 되지 않는 사실을 받아들이고 경기를 하는 친구들의 마음이 얼마나 억울하였을까 하는 생각이 든다. 아마 표현하지는 않고 또 잊어버렸겠지만 나의 여러 말로 인해 상처를 입은 친구들이 많았을 것이다, 아니 지금도 많은 사람에게 상처를 주면서 살고 있을 것이다.

인터넷 동영상에서 본 내용이다. 무심코 내뱉은 말 한마디 속에 엄청

난 비밀이 있음을 실험을 통해 확인하였다. 두 개의 병 속에 막 지은 쌀밥을 넣어 놓고 한곳에는 "고맙습니다!", "예쁘다!"라는 말을 반복하고 다른 한곳에는 듣기 싫은 말인 "너무 미워!", "짜증 나!"의 말을 매일 주기적으로 들려주었다. 한 달 동안 실험한 결과 놀라운 현상을 발견하였다. 좋은 말을 들려준 쪽은 잘 발효되어 구수한 누룩 냄새가 났지만, 나쁜 말을 들려준 쪽은 부패하여 썩어버렸다. 대상이 밥풀이 아니고 우리의 가족이나 직장 동료였으면 어땠을까? 여러 가지 다른 실험 양파, 물 등을 통해서도 비슷한 결과를 확인할 수 있었다.

이렇듯 말은 한 사람을 흥하게도 하고 망하게도 하는 위력을 가지고 있어 심지어 식물, 물질 등에도 큰 영향을 끼침을 알 수 있다. 말을 많이 하는 사람들은 외향적인 성격이 많고 자기를 드러내기를 좋아하는 사람이 많다. 말을 많이 하다 보면 감정적이고 신중하지 못하여 실수도 잦아지고, 중요한 것은 사탄이 공격하기 쉬운 대상이 될 확률이 높다. 이와 관련해 성경은 이같이 말씀하고 있다.

말을 아끼는 자는 지식이 있고 성품이 냉철한 자는 명철하니라 미련한 자라도 잠잠하면 지혜로운 자로 여겨지고 그의 입술을 닫으면 슬기로운 자로 여겨지느니라(잠 17:27-28).

그래서 나는 요즘 말보다는 되도록 글을 쓰려고 한다. 말로 표현하면 바로 즉시 내 마음을 표현할 수 있지만, 글은 지금 당장은 답답하고 전달이 늦어도 신중하고 정확성을 더하고 감정이 절제된다. 통신 수단으

책 ● 꿈 ● 행복

로 옛날에는 편지를 많이 사용하였다. 특히 연애편지를 쓸 때면 신중에 신중을 더하여 몇 번이고 수정하여 쓴다. 어느 유행가 가사가 생각난다.

사랑을 쓰려거든 연필로 쓰세요.
사랑을 쓰다가 틀리면 지우개로 깨끗이 지워야 하니까.
처음부터 너무 진한 잉크로 사랑을 쓴다면
지우기가 너무 너무 어렵잖아요.
사랑은 연필로 쓰세요.

그렇다. 말은 지울 수가 없다. 한번 뱉은 말은 주워 담을 수가 없다. 그러나 글은 언제든지 지우고 다시 쓸 수 있다. 그래서 이젠 말 대신 글로 적으려고 한다. 상대는 당장 내 마음을 알 수 없지만 살아 계신 하나님은 내 글을 보고 계실 것이고 상대에게 언젠간 전해 주실 것이기 때문이다.

나도 그동안 남에게 무심코 상처를 입힌 말을 많이 했는데, 이젠 말보다 정제된 글로 내 마음을 표현하고 싶다. 말보단 글이 더 사랑스러워 보이는 이유는 여러 가지가 있겠지만 그중에서도 나를 뒤돌아볼 수 있어 참 좋다. 또 글은 내가 글을 쓰기만 하면 언제든지 나의 벗이 되어 주어 내 말도 들어주고 나를 코치해 주기 때문이다.

예전에는 책을 내기 위해 글을 쓴다고 생각했는데, 이제는 글을 쓰다 보니 책을 내게 되는구나 하고 생각이 바뀌었다. 이제 매일매일 쓰고 있는 영성 일기의 시간을 늘려서 글을 더 많이 쓰려고 한다.

나의 사랑
너는 어여쁘고
아무 흠이 없구나

– 강혜숙

저자 **강 혜 숙** 은

나이 마흔에 엄마가 된 늦깎이 엄마이다. 그림책 지도사, 스토리텔러, 독서문화사 및 영·유·아동 상담사로서 지역의 작은도서관과 늘푸른 대학에서 재능기부 자원봉사자로 활동하고 있다. 식품영양학으로 부경대학교에서 박사학위를 받고, 부경대학교, 한국해양대학교, 인제대학교, 순천대학교 등에서 연구원과 외래교수로 활동하였다.

한 가지 일에 몰두하면 다른 것이 잘 보이지 않는 성향의 저자는 결혼 후 10년 만에 얻은 아이들을 잘 양육하는 것이 소중한 일임을 깨닫고 나서, 하던 일을 모두 내려놓고 전업주부가 되었다. 다독다독 작은도서관에서 주최한 "책 쓰기 미션" 강좌를 수강한 후, 자신의 믿음의 발자취를 후대에 남기는 것이 중요한 미션 중 하나임을 발견하였다. 그 첫걸음으로 동료 수강생들과 함께 신앙 에세이를 쓰게 되었다. 늦깎이 엄마여서인지 같은 또래의 자녀를 키우는 엄마들보다 더 여유 있어 보이고, 아이를 잘 키운다는 말도 듣는 편이다. 그래서 그 비법을 나누기 위해 책을 쓰려고 준비 중이다.

현재 일곱 살짜리 아들과 다섯 살 난 딸을 키우고 있으며, 광주벧엘교회 집사로서 영·유아부 교사, 브라가 찬양단 등으로 섬기고 있다.

■ 블로그　blog.naver.com/mildsarah
■ 이메일　veil-khs@daum.net

나의 사랑 너는 어여쁘고
아무 흠이 없구나!

몇 년 전에 서예를 배운 적이 있었다. 남편과 함께 취미 삼아 배웠고 이제 겨우 궁서체 쓰고 있는데 서예 선생님께서 백일장을 나가보라고 하셨다. 나는 그 정도 실력이 아니라고 말씀드렸지만, 선생님은 여러 번 나를 설득하셨다. 그래서 이 기회에 더 열심히 연습할 수 있을 것 같아 백일장에 참여하게 되었다. 장성문화원에서 주최하는 청소년과 일반인을 대상으로 하는 문향 축전이었다. 아무리 작은 백일장이라도 붓을 들고 나면 자기 이름 밑에 낙관을 찍어야 했다. 문제는 낙관에 들어갈 호가 필요했다. 백일장에 작품을 제출할 때 이름 앞에 호를 먼저 적고 내 이름을 적어야 한다. 김소월, 김영랑은 아예 호가 이름이 되어버릴 정도로 유명하고, 다산, 무위당 등등. 나는 도무지 어떤 필명을 써야할 지 막막했다.

책 ● 꿈 ● 행복

그때 내가 출석하던 교회에는 아버지와 같은 목사님이 계셨다. 그분께 호를 하나 지어 달라고 부탁드렸다. 한 며칠을 고심하시더니 '너울'이라고 지어주셨다. 서예 선생님이 말씀하시기를 호가 정말 예쁘다고 하셨다. 붓으로 '너울'이라고 썼을 때도 글이 참 예쁘게 보인다고 하셨다. 감사하게도 나는 그 호를 들고 백일장에 출전해서 장려상을 받았다. 나의 어설픈 휘호도 예쁜 호와 함께 그 백일장 주최 측 문집에 기록으로 또 문향 축전의 역사로 남아 있게 되었다.

어느 날 아침 아가서를 묵상하는데 너울이 등장했다. "내 사랑 너는 어여쁘고도 어여쁘다 너울 속에 있는 네 눈이 비둘기 같고" 하면서 아가서 4장 내내 너울 속에 감추어진 신부의 아름다움을 노래하고 있었다. 드디어는 "북풍아 일어나라 남풍아 오라." 하면서 모든 공기와 바람들에까지 나의 사랑하는 자를 자랑하고 그녀를 위한 배경이 되라고 불러 모은다. 이것이 혼인 예식을 올리기 전날 밤의 신부와 신랑의 애틋하고 뜨거운 사랑의 마음이 아닌가. 이것이 바로 우리 주님이 신부 된 나를 이렇게 사랑하고 있음이 아닌가. 아! 내가 바로 이렇게 사랑받는 주님의 신부구나.

너울을 쓰고 신랑 앞에 수줍은 모습으로 나타난 그 신부가 바로 내가 아닌가. 내 남편도 나를 이렇게 사랑하고 있구나. 내게 호를 지어주신 목사님께 이 감격스러운 마음을 알려드리고 싶었다. 이렇게 깊은 뜻으로 호를 지어주신 것인지 나는 미처 알지 못했었다.

문자 메시지를 보냈다.

나의 사랑 너는 어여쁘고 아무 흠이 없구나 - 강혜숙

목사님,

전에 제게 지어주신 호 너무 멋져요.

주님의 사랑받는 신부라는 의미네요.

아가서를 묵상하다가 가슴이 뜨거워집니다.

감사해요.

행복한 주일 아침입니다.

목사님의 답신이 이러했다.

우리 너울! 행복하여라!

너의 목청껏 주를 찬양하고

너의 목청껏 주를 사랑하는 오늘이 되고

너의 충만함이 일렁이는 너울처럼

춤추기를 바란다. ^^♡

나는 "할렐루야! 아멘!"이라고 할 수밖에 없었다. 그분은 '장성제일 교회'를 담임하시는 이성수 목사님이시다. 이 목사님은 나를 딸처럼 아끼고 사랑해 주셨다. 그리고 내 찬양 소리를 좋아하셔서 내게 찬양할 기회를 종종 주시곤 하셨다. 그러면서 "네 속에는 뭐가 있기에 이렇게 감동이 될까?" 하며 칭찬해 주셨다. 사람마다 하나님께서 주신 여러 달란트로 주님을 찬양하는데 내게는 목소리로 찬양할 수 있게 하셨다. 성악을 배운 적도 없는 나는 그저 어려서부터 노래를 좋아하는 부모님 밑에

책 ● 꿈 ● 행복

서 가요로 발성을 하며 자라났다. 교회에 다니면서부터는 찬양을 좋아하게 되었고 찬양은 주님께 내 마음을 여는 귀한 도구가 되었다.

내가 찬양을 잘하게 된 것은 단지 목소리 때문만은 아니다. 하나님과 인격적으로 만나고 나서부터였다. 하나님은 태초에 천지를 창조하시고 보시기에 심히 좋았던 그때처럼 우리와 친밀하게 교제하길 원하신다. 그런데 사람들은 한쪽만 바라보는 인형처럼 세상만 바라보고 산다. 그래서 때가 되면 하나님은 당신을 바라볼 수 있도록 수술을 하신다. 그 수술 과정이 고통스럽다. 그러나 수술을 하고 회복하고 나면 이전보다 더 건강해지는 것과 같이 그 시기가 지나면 하나님과 친밀해지고 하나님 한 분만 바라보게 된다. 지나고 나서야 깨닫게 되지만 그 시기가 하나님이 나와 가장 가까이 계시는 때이다.

나는 타고난 성실함으로 교회에서 맡은 일들을 빠짐없이 잘 수행했었고, 고등학생 때부터 찬양대원으로 열심을 내었었다. 그렇게 하면 사람들에게도 인정받고 하나님이 나를 더 예뻐해 주시고 복 주실 것으로 생각했었다. 내가 하는 모든 일이 형통할 것으로 생각했다. 나는 승승장구의 인생을 살고 있었다. 전문직 여성으로서 보란 듯이 사회에서나 교회 안에서도 어깨를 쫙 펴고 다녔었다. 날개를 단 듯 훨훨 날아다녔다고 해도 맞을 것이다.

그러나 내게는 난임難姙이라는 문제가 닥쳐왔다. 결혼 후 10년 넘게 아이가 생기지 않았고, 그로 인해 여인으로서의 내 자존감이 저 밑바닥까지 떨어져서 내가 왠지 쓸모없는 사람처럼 느껴졌었다. 아이가 없으니 언제든지 혼자되기도 쉽겠다는 생각도 들면서 내 속에는 혹시라도 남편에게 버림받지 않을까 하는 두려움에 눈물이 마르지 않는 시기가 있었다. 그때 나는 주님께 이렇게 따져 물었다.

"주님! 저한테 왜 이러세요? 내가 무슨 잘못을 했나요?"

"내가 너를 사랑한다."

"사랑하니까 이런 시련을 주신다고요? 그럼 그만 사랑하세요."

그렇게 따지면서도 주님께 매달릴 수밖에 내게는 다른 방법이 없었다. 어떤 기도를 해도 내 소리가 너무 컸기 때문에 세미하게 말씀하시는 하나님의 음성을 도무지 들을 수 없었다. 나는 내가 잘못하면 벌주고, 잘하면 칭찬으로 복을 주시는 분쯤으로 하나님을 생각하고 있었다. 하지만 그것은 하나님을 잘 알지 못했던 나의 오해였다. 『예수님처럼』에서 맥스 루케이도는 이렇게 말한다.

> 하나님은 당신을 있는 모습 그대로 사랑하신다. 그러나 그대로 두시지는 않는다. 당신이 변화되기 원하신다. 예수님처럼 되기를 원하신다.

하나님은 당신이 나를 얼마나 사랑하는지, 나의 잘잘못을 떠나서 내 존재 자체를 사랑하시는 그 조건 없는 사랑을 있는 그대로 내가 받아들이기를 원하셨다. 그래서 하나님은 내게 "내가 너를 사랑한다."라고 말씀하셨다. 그런데 나는 "아이는 언제 주실 거에요?" 하고 엉뚱한 말을 하고 있었다. 예수님은 하나님의 그 사랑을 완전히 알고 있었기에 십자가에서 버림받는 순간까지도 순종할 수 있으셨다. 내게 그 예수님처럼 하나님 아버지의 사랑을 의심하지 말고 그대로 받아들이고 믿기를 원하셨다. 그리고 끊임없이 성경을 통해 말씀해 주셨다.

내가 영원한 사랑으로 너를 사랑하기에(렘 31:3).

다른 어떤 피조물이라도 우리를 우리 주 그리스도 예수 안에 있는 하나님의 사랑에서 끊을 수 없으리라(롬 8:39).

내가 도무지 주님의 음성을 들을 수 없었던 그때는 찬양만이 나를 숨쉬게 하는 통로였다. 찬양은 성령께서 내 마음을 위로하시며 다독여 주는 도구였다. 지금은 예배를 인도하는 찬양팀의 일원으로 봉사하고 있다. 우리가 부르는 찬양을 통해 성령께서 이제는 회중을 위로하시는 것을 느낀다. 독창하거나 찬양 시간의 분위기가 좋을 때는 칭찬이 내게 돌아올 때가 있다. 하지만 성령께서 하시는 일인데 내가 칭찬받을 일이 아니라서 가끔 고민이 되었다. 하나님은 예배 가운데 답을 알려 주셨다.

얼마 전 종교개혁 주일을 맞아 우리 교회의 리종빈 목사님께서 마르틴 루터의 종교개혁 500주년을 기념하는 새벽기도회를 인도하셨다. 'Five Sola'라는 제목으로 설교하셨다. 오직 성경 *Sola scriptura*, 오직 믿음*Sola Fide*, 오직 은혜 *Sola Gratia*, 오직 그리스도 *Solus Christus*, 오직 하나님께 영광*Soli Deo Gloria*.

그 말씀의 결론은 다음과 같다. 우리가 존재하는 것 자체가 하나님의 영광을 위해서다. 내 영광도 취하고 하나님께도 영광이 되는 것이 아니라 '오직' 하나님께만 영광이 되는 삶을 살아야 한다. 그런 삶을 살려면 내 모든 삶의 기준이 다른 것이 아닌 '오직' 성경이 되어야 한다. 성경에 의해 신앙을 들여다보니 '오직' 믿음으로 구원받는 것이며, 그 구원받는 믿음 또한 은혜로 주어졌다는 사실이다. 하나님과 우리 사이의 중보자는 오직 예수 그리스도뿐이며, 우리 삶의 방향은 오직 하나님께 영광 돌리는 삶이어야 한다는 것이다.

하나님이 나를 구원하신 이유도 하나님의 영광을 위해서다. 본질상 진노의 자녀로 죽었던 자를 하나님이 살려 주심에 감격하여, 그 은혜를 나누기 위해 저절로 우러나는 행함이 봉사로 나타나는 것이다. 그러므로 봉사는 사람에게 보이려는 목적으로 하는 것이 아니라 하나님께 영광 돌리기 위해 하는 것이다.

찬양을 잘했다고 칭찬받을 때 내가 우쭐해지지 않아야 한다. 그럴 때라도 하나님이 나를 사용하셨음에 감사하며 하나님께만 영광을 돌려야 하는 것이다. 내 목소리도 언젠가는 늙어갈 것이다. 찬양팀원으로 사역하는 것도 힘들어지는 시기가 올 것이다. 그때가 되면 목소리로 주님을 높이는 것은 한계가 있다. 내 꿈이 있다면 그것은 내 목소리만이 아닌 내 삶으로 주님을 찬양하는 것이다. 그래서 온전히 주님만 높이고 싶다.

주님은 "나의 사랑 너는 어여쁘고 아무 흠이 없구나!"라고 말씀하신다. 결혼 전에는 신부의 모든 것이 신랑에게 아름다워 보이듯이, 나는 너무나 흠이 많은 사람이지만 주님 보시기에는 흠이 없이 아름다워 보이시는 것 같다. 또 신랑 되신 주님께서는 다시 오실 그때 신부로서 우리의 온 영과 혼과 몸이 흠 없이 보전되기를 원하신다. 내가 어디 있든지 무엇을 하든지 나의 행동과 언어 하나까지 주님만 높이는 삶이 되기를 소원한다. 신랑 되신 주님 한 분만을 위해 너울 쓰고 곱게 단장하고 다시 오실 주님을 기다리는 어여쁜 신부가 되는 것, 그것이 내 인생의 꿈이다.

Soli Deo Gloria!

나의 사랑 너는 어여쁘고 아무 흠이 없구나 - 강혜숙

세상을 좀 더 아름답게
만드는 일

아이가 다니는 유치원에서 학부모 교육을 한다면서 참여할 수 있는지를 내게 물어왔다. 아이가 둘이 되면서부터는 조금씩 하던 일마저 모두 정리하고 육아에만 전념하고 있던 터라 외출할 일이 그리 많지 않았다. 어디선가 오라고 하면 내심 약속이 생겼다는 기쁨에 참석하겠다고 했다. 학부모 교육이라, 육아에 관해서는 여러 가지 책으로 보긴 했는데 무슨 교육일까 궁금했다. '그림책과 놀자'라는 주제로 전문가를 모시고 교육을 하는데 한번이 아니라 8주에 걸쳐 이루어졌다. 교재도 준비해서 교육한 후 시험을 거쳐 자격증까지 주었다.

그림책이란 것이 글자를 모르는 아이들 보여 주려고 그림을 넣어 만든 책이지 뭐 별다른 것이 있을까 하고 생각했었다. 나는 그림책에 대해서 전혀 지식이 없는 사람이었다. 그도 그럴 것이 내가 어렸을 때는 동화책은 있었지만, 그림책은 없었다. 우리나라에 그림책이 본격적으로 대중에게 알려진 것은 1990년대 이후의 일이기 때문이다. 나는 그림책에 대해 배우면서 그림책의 매력에 푹 빠지게 되었다. 유명한 그림책 작가들도 하나둘 알게 되면서 그림책 속의 그림을 보는 방법도 조금씩 알아갔다. 내가 그림을 보는 눈이 조금씩 뜨이게 되니까 그림책 보는 재미가 생겨났다. 그림책을 아이들이 생애 처음 만나는 갤러리라고 말하는 이유를 알 것 같았다.

평론가 데이비드 러셀 David Russell 은 그림책을 그림과 글의 행복한 결혼이라고 말하며, 이야기 예술과 그림 예술이 결합한 종합예술이라고 말한다. 그림과 글 어느 것 하나 빠뜨려서는 제대로 이해할 수 없는 책이 그림책이기 때문이다. 그림책 작가 바버러 쿠니 Barbara Cooney 는 그림책은 진주 목걸이와 같다고도 이야기하며 글 목걸이 과 그림 진주 의 상호 의존성을 통해 그림책이 존재할 수 있다고 한다.

우리 집에서 걸어서 10분이면 갈 수 있는 도서관이 생겼다. 이 도서관은 개관한 지 1년을 갓 넘긴 '다독다독 작은도서관'이다. 너무 반갑고 기쁜 마음에 도서관 문을 열기 전부터 자원 활동가로 봉사하면서 책을 정리하고 컴퓨터에 입력해 주는 일을 돕게 되었다. 다독다독 작은도서관에는 일반 공공 도서관보다 책의 수는 적지만 엄선된 양질의 책들이 많이 갖춰져 있다. 봉사 활동을 통해 자연스레 도서관에 어떤 책들이 갖춰져 있는지 알게 되었고, 책 제목만 봤는데도 내가 그 책을 읽은 것 같은 친근감마저 들었다. 특히 얼마 전에 배운 그림책들이 내 눈에 들어왔다. 언젠가부터 나는 아이들에게 보여줄 그림책을 고르는 것이 아니라 내가 볼 그림책을 고르고 있었다.

요즘 내 머릿속을 맴도는 말은 '세상을 좀 더 아름답게 만드는 일'이다. 어느 날 도서관에서 『미스 럼피우스』라는 책을 발견하게 되었다. 처음에는 제목을 보고 표지에 그려진 이 사람이 미스 럼피우스구나 하고 생각했다. 언젠가 봐야지 생각하며 표지만 보고 책을 들었다 놓았다. 또 어느 날은 '아! 이 책이 바버러 쿠니의 그림책이었구나!'라고 하며 들었다 놓았다. 그림책은 많지만, 책을 고를 때는 우선 우리 아이들이 흥미를 느낄 만한 제목의 책을 먼저 집어 들게 되었다. 『미스 럼피우스』는 그런 측면에서는 선택받기 어려운 책인지도 모른다. 좋은 진주는 발견되기 어려운 것과 같은 이치일까? 바버러 쿠니는 그림 작가로서 대부분 그녀의 작품은 글 작가가 따로 있다. 반면에 『미스 럼피우스』는 쿠니가 글도 쓰고 그림도 그린 작품으로서 그녀 자신이 주인공인 것 같은 느낌이 드는 책이다.

미스 럼피우스는 어렸을 때 할아버지 무릎에 앉아 머나먼 세상 이야기를 듣고 자란다. 그러면서 할아버지에게 자기의 포부를 말한다. 자기도 어른이 되면 아주 먼 곳에 가 보겠다고 그리고 늙으면 바닷가로 돌아와서 살고 싶다고 한다. 그러자 그녀의 할아버지는 네가 할 일이 한 가지 더 있다고 말한다.

"세상을 좀 더 아름답게 만드는 일이지."

미스 럼피우스는 어른이 되어 도시로 나가서 전문직 여성으로서 자신의 꿈을 이루며 살다가 자기가 말했던 것처럼 늙어서 바닷가 마을로 되

책 ● 꿈 ● 행복

돌아온다. 그때 그녀는 할아버지와 한 약속 한 가지를 아직 지키지 못했음을 생각해 낸다. 일 년을 몸져누워 있던 미스 럼피우스는 어느 날 기운을 차리고 산책하러 나간다. 그 길에 자기 정원을 가꾸기 위해 뒷마당에 뿌렸던 루핀 꽃 씨앗이 언덕 너머까지 날아와 푸른빛, 보랏빛, 장밋빛 루핀 꽃들이 무리 지어 피어 있음을 보게 된다. 그때 미스 럼피우스는 드디어 세상을 좀 더 아름답게 만들 수 있는 근사한 생각을 해낸다. 그리고 그렇게 행동한다.

최근에 다큐멘터리 영화 속에서 세상을 좀 더 아름답게 만드는 이들을 보았다. "벤딩 디 아크: 세상을 바꾸는 힘 Bending the Arc"이라는 영화였다. 폴 파머, 김용, 그리고 오필리아 달, 이 세 사람은 아이티 의료 봉사에서 처음 만난다. 요즘 세상에 결핵은 죽을 병이 아니다. 하지만 아이티 사람들은 가난하다는 이유로 결핵에 걸려 죽어 가고 있었다. 그들은 자신의 젊은 시절을 바쳐 아이티에서 결핵 치료에 힘쓴다. 특히 두 가지 이상의 약물에 내성을 보여 치료가 어려운 다제내성 결핵 多劑耐性結核, MDR-TB 을 앓고 있는 이들의 치료를 위해 노력한다. 그들은 불합리한 법률 조항과도 싸우고, 치료하지 말라는 관계 기관의 압력과 환자의 비협조에도 불구하고 끝까지 치료에 성공한다. 아이티에서 시작한 그들의 열정은 칠레, 르완다 등 남미와 아프리카 사람들에게까지 영향을 미친다. 또한, 그들은 결핵 치료 과정에서 쌓인 경험을 바탕으로 에이즈 환자들의 치료 방법을 찾고자 노력하며 그 엄청난 비용을 해결하기 위해 온갖 애를 쓴다.

마침내 2012년 버락 오바마 미국 대통령은 한국계 미국인인 김용을 세계은행의 총재 자리에 임명한다. 김용이 총재가 된 후로는 개발도상국의 경제를 악화시키는 방식으로 운영되던 세계은행이 전 세계의 보건을 위해 투자하는 기관이 된다. 이로써 에이즈 치료를 위한 비용의 상당 부분이 채워지게 된다. 이렇게 순수한 인류애와 헌신으로 가득한 이들이 있어서 아직 살 만한 세상인 것 같다.

한편, 미스 럼피우스가 세상을 좀 더 아름답게 만드는 방법은 이렇게 거창하지는 않았다. 좋은 꽃씨를 넉넉히 사서 여기저기 꽃씨를 뿌리는 일이었다. 크든지 작든지 세상을 좀 더 아름답게 만들고자 하는 마음은 분명 하나님께서 기쁘게 여길 만하신 마음이라 생각된다.

『하나님의 임재 연습』에서 로렌스 형제는 이렇게 말한다. 밥을 먹을 때나 허드렛일을 할 때도 심령을 그분께 올려드리는 것, 아주 작고 사소해 보이는 순간에 그분을 기억하는 것이 하나님을 기쁘게 해 드린다고 한다. 오스 기니스는 『소명』에서 마르틴 루터와 윌리엄 틴테일 같은 종교 개혁가들의 소명에 대한 견해를 밝히고 있다. 루터는 "남자가 기저귀를 갈 때 하나님과 천사들이 미소 짓는다."라고 하였고, 틴테일은 "우리의 소원이 하나님을 기쁘시게 하는 것이라면 물 긷는 것과 설거지, 구두 고치는 것과 말씀을 전하는 일은 모두 같다."라고 말한다.

그렇다면 내가 온종일 하는 일들, 집안일과 육아를 통해서도 세상을 좀 더 아름답게 만들 수 있다는 생각이 든다. 전업주부로 산다는 것은 내게 엄청난 인내를 요구한다. 나는 집안일보다 바깥일을 더 편하게 느끼는 사람이다. 회사를 안 다니는 지금은 교회에서 내 재능이 있어야 하는 일이라면 집안일을 뒤로 미루고 시간 맞춰서 뛰어나간다. 집안일은 해도 해도 끝이 없고 모르는 일투성이지만 집 밖에서는 역할과 업무가 분명하고, 게다가 잘했다고 수고했다고 인사치레까지 받으니 말이다. 또 집에서는 부모가 경영자나 마찬가지라서 부모에게 무한 책임이 있지만, 밖에서는 비교적 책임감이 적은 위치라서 그 역할을 잘 소화할 수 있기 때문인 것 같다. 그런 의미에서 평생 전업주부로 혹은 CEO로 사시는 분들은 정말 대단하다. 존경스럽다.

육아를 비롯한 집안일, 즉 살림이야말로 생명을 살리는 일이고 영성이 뒷받침되어야 온전히 잘할 수 있는 일이다. 아무래도 나는 아직 영성이 턱없이 부족한 것 같다. 그래서 자꾸 집 밖으로 뛰쳐나간다. 그나마 아이를 잘 양육하는 것이 소중한 일이라는 것을 깨닫지 못했다면, 아마 나는 지금도 스펙 쌓기에 여념이 없고 여기저기 이력서를 제출하고 있을 것이다.

오늘같이 날이 잔뜩 흐리고 눈이라도 올라치면 머리도 아프고 손목과 무릎 관절, 허리, 어깨 등등 편할 데가 없다. 이불 속에서 좋아하는 책을 보거나 교회에서 예배하며 찬양할 때가 내게는 쉬는 시간이자 내 영이 살아나는 시간이다. 저녁을 먹고 나면 하루의 피곤이 몰려와서 빨리 눕고 싶고, 쉬고 싶다. 그렇지만 즐겁고 기쁜 마음으로, 주께 하듯이 정성껏 설거지하고 청소를 하고 아이들을 씻기고 재우기로 매일 매일 다짐해야겠다. 이 일이 하나님께서 지금 내게 맡겨 주신 일이며, 세상을 좀 더 아름답게 만드는 일이라는 소명을 가지고 말이다.

그 위로하는
품에서

내 손등에는 검버섯 같은 얼룩이 여러 개 있다. 지금 내 나이가 쉰도 되지 않았는데 말이다. 태어날 때부터 있었던 것은 아니다. 어느 순간 손등의 얼룩들이 내 눈에 들어왔다.

'왜 이렇게 되었지? 이것들이 분명 점은 아닌데….'

이 궁금증을 갖고 난 어느 날, 나물을 볶으려고 프라이팬에 기름을 두르고 재료를 넣었다. 치익! 하는 소리와 함께 뜨거운 기름이 내 손등에 튀었다. 아야! 비명을 지르며 손을 잠깐 수돗물로 헹궈냈다. 그러고는 아무 일 없었다는 듯이 반찬을 완성하고 밥을 먹었다.

며칠이 지나자 그 자리에 연하게 흉터가 생겼다. 화상을 입었던 것이다. 손은 한겨울에 장갑을 끼고 다니지 않는 한 평상시에는 노출되는 부위라서 항상 햇빛을 쐬게 된다. 상처 난 피부가 자외선에 의해 손상되는 것을 막기 위해 멜라닌 색소가 침착되면서 갈색 반점이 생겨났던 것이다. 흉터가 남지 않으려면 화상을 입었을 때 바로 치료해야 한다. 햇빛에 노출되지 않게 밴드도 붙이고 연고도 바르고 항상 가리고 다녀야 흉터 없이 깨끗이 낫는다.

손에 난 상처뿐만 아니라 마음에 난 상처도 마찬가지인 것 같다. 얼마 전 18번째 돌아온 친정엄마의 기일이라서 예배를 드리기 위해 식구들이 한자리에 모였다. 여동생이 대표로 기도하는데 여전히 서러움과 아픔이 묻어나는 것을 느꼈다. 이렇게 세월이 흘렀는데도 말이다. 동생이 나보다 더 많이 아팠구나 하는 생각에 나도 모르게 눈물이 났다. 여동생은 간호사라서 몸에 상처가 나면 어떻게 처리해야 하는지 우리 중 누구보다도 잘 안다. 그러나 마음에 상처가 났을 때는 어떻게 해야 하는지 알지 못했다. 그것은 아마 누구도 가르쳐 주지 않았기 때문인 것 같다. 부모가 자식보다 먼저 이 세상을 떠나는 것이 순리이다 보니 부모를 잃은 슬픔 따위는 시간이 지나면 저절로 해결되는 것으로 알고 그저 묻어두었다.

사실 우리 가족 모두 그 당시 충격이 컸었다. 엄마는 급성 골수성 백혈병 진단을 받았다. 지금이야 의술이 더 발달해서 암의 완치율이 높지만, 그때는 국내 최고의 병원에서조차 엄마의 병은 수술 자체가 불가능했었고, 그저 약물치료를 할 수밖에 없었다. 병명 자체도 충격이었는데, 그 후 두 달이 채 못 되어 우리 곁을 떠나가셨다. 그것도 이제 위급한 상황을 넘겨서 중환자실에서 일반병실로 옮기기로 한 그날 새벽에 뇌사 판정을 받았다.

돌이켜보면 우리 4남매는 그 당시 뿔뿔이 흩어져 있어서 물리적으로도 심리적으로도 서로 멀리 있었다. 맏이인 언니는 갓 결혼해서 시집살이하며 첫아이를 임신 중이었다. 둘째인 나는 부산에서 대학원을 다니던 중 엄마 병간호를 위해 휴학하고 엄마 곁을 지키다가 다시 복학해서 부산으로 돌아갔었다. 셋째인 여동생은 대학을 갓 졸업하고 순천에서 첫 직장을 얻은 사회 초년생이었다. 3교대 근무를 하던 간호사라 육신의 피곤함에 내면의 슬픔을 누구에게 내비칠 겨를이 없었을 것이다. 게다가 집에 돌아와서는 홀로 되신 아빠의 식사를 챙겨드리는 것이 참 힘든 일이었다고 한다. 엄마의 음식에 30년간 길든 아빠의 입맛에 밥상이라고는 처음 차려 보는 여동생의 음식 솜씨가 성에 찰리가 만무하다. 아빠는 아빠대로 끼니마다 엄마 생각이 많이 나셨다고 한다. 막내 남동생은 광주에서 대학을 다니고 있었고 졸업하자마자 육군 장교로 임관하여 군 생활 3년, 그리고 취업 준비를 하느라 네 사람 모두 각자 자기 앞가림하기에 바빴다.

나는 그때 천국을 소망하는 그리스도인이라면 가족의 죽음 앞에서 의연해야 하는 줄 알았다. 그것이 믿음의 척도인 것처럼 생각했던 것 같다. C. S. 루이스는 『고통의 문제』에서 고난 그 자체는 좋은 것이 아니라고 분명히 말한다. 고통스러운 경험을 통해 얻는 유익이 있다는 것은 사실이다. 그러나 고난이 정말 좋은 것이라면 피하기보다는 고난 자체를 추구해야 할 것이라는 것이다. 죄가 있는 곳에 주님의 은혜가 더욱 넘친다고 해서 그것을 빌미로 계속 죄를 지어서는 안 되는 것과 같은 이치다.

엄마가 천국에 가신 것은 믿어 의심할 여지가 없었지만, 가족의 죽음

책 ● 꿈 ● 행복

은 슬픈 일이니 저절로 눈물이 나는 것이다. 하지만 갓 엄마를 잃은 황망함 앞에서 울지 않으려고 애쓰는 것이 남의 눈을 의식하는 것이 아니고 무엇이었겠는가. 그때 우리 4남매는 함께 부둥켜안고 울며 서로의 형편을 헤아려 주고, 속상한 일이 있었으면 악을 쓰고 싸우더라도 자주 만나서 엄마를 추억하고 슬픔 속에 푹 파묻히는 시간을 가졌어야 했다. 하지만 서로 내색하지 않고 각자의 자리에서 조용히 눈물을 삼키기만 했었다.

디즈니 애니메이션 중에 "인사이드 아웃 Inside out"이라는 영화가 있다. 내면에 있는 희로애락의 감정을 맡은 감정 컨트롤 본부의 다섯 캐릭터가 사춘기에 접어든 주인공 '라일리'의 생활을 함께 만들어 가는 영화다. 낯선 지역으로 이사를 온 라일리는 평소 밝은 성격이었지만 전학 간 첫날 자기소개를 하다가 그만 울고 만다. 이전에 살던 곳과 비슷한 것이 거의 없고 자기가 제일 좋아하는 운동인 아이스하키도 할 수 없을 것 같은 생각에 우울해진다.

사춘기 때는 이성을 관장하는 전두엽이 한창 성장하는 시기여서 뇌는 공사 중이나 마찬가지라고 한다. 그래서 이성적 판단을 하지 못하고 감정에 휘둘리는 혼돈의 시기가 되는 것이다. 다른 지역으로 이사하면 어른들도 새로운 환경에 적응하기 위해 온 신경이 곤두서게 된다. 그런데 사춘기 아이에게는 그 스트레스가 더 심했을 것이다. 이 영화에서는 그것을 '기쁨이'와 '슬픔이'가 사고로 컨트롤 타워에서 벗어나서 생긴 문제라고 말한다. '기쁨이'가 모든 것을 주관할 때는 명랑했던 라일리가 모든 것을 부정적으로 보며 가출에 이르게 된다. '기쁨이'와 '슬픔이'가 컨트롤 타워로 되돌아왔지만, 아무것도 통제할 수 없는 지경에 이른다. 그 순간에 '슬픔이'가 감정을 터치했을 때 실컷 울고 난 '라일리'는 평정심을 되찾게 된다. 그래서 모두 '슬픔이'의 활약에 놀라움을 표현한다. 또한, 라일리뿐만 아니라 아빠, 엄마도 모두 힘들다는 서로의 감정을 공유하고 나서 가족애가 회복되고, 가족의 사랑을 기반으로 우정도 열정도 그리고 엉뚱함까지 모두 회복이 된다.

사람들은 기쁨이나 즐거움은 좋은 감정이고 슬픔, 분노는 나쁜 감정이라는 생각을 많이 한다. 그러나 희로애락의 감정은 네 발이 달린 의자와 같아서 하나가 제대로 작동되지 않으면 그 의자는 한쪽 다리가 없는 것과 같아 온전한 기능을 할 수 없다고 한다. 슬프고 아플 때는 울어야 한다. 특히 가족을 잃은 다음에는 다 같이 슬퍼해야 한다. 된장, 고추장, 간장 같은 발효 식품은 묵히면 숙성이 되지만, 상한 감정은 오랜 시간 묵혀 두면 병이 되는 것 같다. 김태형과 양웅모는 『한의학과 심리학의 만남』이라는 책에서 치유되지 않는 감정 장애의 결과로 치매와 같은 상태가 유발된다고 말한다.

마음에 상처가 생기면 그 상처 하나하나를 주님께 내어놓고 고쳐 주시기를 믿음으로 간구하면 반드시 치료해 주신다. 성령도 우리의 연약함을 도우시길 원하시기 때문이다. 데이빗 A. 씨맨즈는 『상한 감정의 치유』에서 성령께서 우리의 동반자와 상담자가 되시어 우리의 연약함을 고치시기 위해 이 일에 동참하여 일하신다고 말한다. 동참한다는 말은 한쪽 편은 성령님이, 그리고 다른 한쪽 편에서는 내가 그 문제를 붙잡고 있으므로 자기가 고침 받기를 원해야 그 문제가 해결된다는 뜻이다. 씨

책 ● 꿈 ● 행복

맨즈는 지금 내 문제의 핵심이 무엇인지, 그것을 위해 어떻게 기도해야 할지를 성령님께 구하라고 말한다.

하지만 그때 나는 어떻게 해야 하는지 잘 몰랐다. 꽤 오랜 시간이 지난 후에 신실한 상담자의 안내를 따라 성령의 역사하심을 경험했다. 또 하루아침에 모든 상한 감정이 해결되는 것이 아니라 문제가 드러나는 대로 차근차근 몇 년에 걸쳐서 해결해 가고 계신다. 지금도 성령님의 치유하심은 계속 진행 중이다.

나는 어렸을 때부터 엄마의 손을 덜 타는 비교적 순종적인 아이였다. 그래서 10살 무렵에 엄마로부터 정신적으로 독립하였고, 일상생활을 하는 데 엄마의 도움이 필요한 경우가 많지 않았다. 엄마는 존재 그 자체만으로 든든한 분이었다.

어느 날 새벽기도를 하는데 돌아가신 엄마가 생각나면서 엄마에 대한 서운함이 먼저 떠올랐다. 엄마는 항상 사랑을 표현하셨지만, 나는 엄마에게 마음을 닫고 있었음을 알게 되었다. 4남매 중 둘째로 자라다 보니 성장 과정에 엄마의 손길이 덜 미쳤고 나는 그것이 서운했다. 그 점이 나를 얼마나 힘들게 했었던가를 생각하며 한참을 울었다. 그런데 나는 왜 그 서운함을 엄마에게 말 한마디 못했을까 생각하니 그것도 서러웠다. 그리고 지금이라도 살아 계신다면 그동안 내가 엄마에게 다하지 못한 말을 하고 서로를 이해할 수 있을 텐데 하는 생각에 엄마가 너무 그리웠다. 그리움에 한참을 꺼이꺼이 울었다. 장례식 때 다 울지 못했던 울음을 성령님께서 토해 내게 하셨다. 그리고 주님께서는 이사야서의 말씀으로 연결해 주셨다.

나의 사랑 너는 어여쁘고 아무 흠이 없구나 - 강혜숙

너희가 젖을 빠는 것같이 그 위로하는 품에서 만족하겠고 젖을 넉넉히 빤 것같이 그 영광의 풍성함으로 말미암아 즐거워하리라 어머니가 자식을 위로함같이 내가 너희를 위로할 것인즉 너희가 예루살렘에서 위로를 받으리니(사 66: 11, 13).

지금 엄마가 살아 계시든 그렇지 않든지 간에 내게 진정한 위로자는 성령님이심을 믿고 있다.

유교에는 '삼년상 三年喪'이라는 것이 있다. 부모가 돌아가시면 만 2년을 무덤 곁에 초막을 짓고, 그곳에서 상복을 입고 부모의 죽음을 애도하는 것이다. 공자는 인간이 태어나서 스스로 생명을 유지할 수 있는 존재로 자라기까지 모든 것을 부모에게 의지하는데 걸리는 최소한의 시간을 만 2년으로 보았다. 그 시간만큼의 부모의 수고와 사랑을 기리며 삼년상을 지키도록 했다고 한다. 부모의 사랑을 가슴 깊이 느끼지 못하는 사람이 무슨 일을 할 수 있겠는가 하면서 말이다.

그 3년의 기간을 가족을 잃은 슬픔과 아픔을 집중적으로 치료하는 기간으로 사용하면 어떨까? 손에 상처가 나도 빨리 치료하고 싸매면 흉터가 남지 않듯이, 3년간은 슬피 울더라도 나무라지 말고 아파하더라도 당연하게 여겨 주는 것이다. 그래서 남은 가족들이 먼저 떠난 사람을 생각하며 지금 서로가 당한 상황을 공감하고 보듬어 주는 치료의 과정으로 삼으면 좋겠다. 무덤 곁이 아니라 하나님 앞에서 3년을 애도할 각오로 기도하다 보면 분명 그 기간이 다 못 되어서 성령 하나님께서 그 아픔을 치료하시고 충분히 위로해 주실 것이다. 슬픔을 처리하고 나면 예전처럼 일상생활로 돌아가게 될 것이다. 아니 이전보다 더 마음이 튼튼해져서 같은 슬픔과 아픔에 처한 사람을 공감해 주고 위로해 주는 위로자로 서게 될 것이다.

2014년 4월 16일부터 지금까지 4년이라는 긴 세월을 애도하며 차가운 바닷가에서 뱃조각이라도 찾기를 바라던 세월호의 유족들이 생각난다. 단순한 죽음이 아니라 사회, 정치적 문제가 얽혀 있어서 유족들의 가슴을 시시로 후벼 파서 상처가 점점 더 깊어지는데, 4·16으로부터 30년이 지난들 그 상처 입은 마음이 이 세상의 그 무엇으로 위로가 되겠는가. 그들도 위로하시는 그분의 품에서 참된 만족을 누릴 수 있길 바란다. 나아가서 그날 같은 사고를 당하고 살아남은 단원고 학생들, 한 배를 탔던 사람들 그리고 희생자 가족들의 그 아픔과 깊은 상처가 잘 회복되어 사회의 아픔을 껴안을 수 있는 선한 영향력을 끼치는 이들이 되길 기도한다.

겨울이
오기 전에

"코람데오! 책을 펼치면 꿈이 열린다."

이것은 다독다독 작은도서관에서 초등학생 아이들이 금요일마다 외치는 소리다. '책을 펼치면 꿈이 열린다.'라는 외침으로 시작하는 '책N꿈' 독서교실은 꿈의 학교 이인희 선생님이 개발한 독서문화 운동으로서 책, Network 만남 , 그리고 꿈의 줄임말이다. '책N꿈'은 책을 통해 사람작가, 주인공 을 만나고 세상을 만나고 꿈을 만나서, 자신을 향한 하나님의 뜻을 발견하고 그 뜻대로 살아감으로써 '세상이 나를 통해 그리스도를 읽게 하자!'고 다짐하는 문화 운동이다. 이 수업은 독서문화사 자격을 갖춘 선생님들이 아이들과 매주 한 가지 주제를 정하고 책을 통해 정해진 주제를 발견할 수 있도록 알려 준다. 또 그러한 주제들이 우리 삶의 중요한 가치이므로 그 가치들을 올바르게 지키면서 살아갈 수 있기를 바라는 것이다.

나는 '화해'라는 주제로 '책N꿈' 수업을 준비하였다. 우선 아이들이 친구들과 지내면서 자주 발생하는 갈등과 이 갈등이 싸움으로 이어졌을 때 어떻게 해야 하는지 함께 생각해 보려고 하였다. 그러한 과정에서 화해의 모델로 하나님과 사람 사이의 막힌 담을 허무시고 화해시키기 위해 오신 예수 그리스도를 만날 수 있도록 안내하고 싶었다. 가정 안에서도 화해하지 못하는 경우들이 꽤 있다. 형제간에 또는 부모와 자식 간에도 제대로 된 대화를 할 줄 모르다 보니 온전한 화해를 하지 못하고 그냥 어물쩍 넘어가는 경우가 많은 것이다. 그렇게 잠시 어색한 시간이 지나고 예전처럼 관계가 지속되면 화해가 되었다고 생각하는 것이다.

화해하는 방법도 배워야 한다. 아이들은 가장 먼저 부모로부터 세상을 살아가는 법을 배운다. 아이들은 자기도 모르는 사이에 부모들이 하는 모습을 보고 듣고 음미하면서 이럴 때는 이렇게 하는구나 하고 입력해 둔다. 어느 날 비슷한 상황이 벌어졌을 경우, 아이는 전에 입력해 놓은 바로 그것에 해당하는 버튼을 꾹 누르게 된다. 그러면 곧바로 어떤 반응이 불쑥 튀어나온다. 그것은 여지없이 자기 부모의 모습이다.

나는 부모님이 싸우는 모습을 많이 보고 컸다. 하지만 부모님이 화해하는 모습은 한 번도 본 적이 없다. '부부 싸움은 칼로 물 베기'라는 속담처럼 며칠이 지나면 언제 그랬냐는 듯이 한 상에 둘러앉아 밥 먹고, 한 이불 덮고 주무시는 것이다. 내가 부모가 되어 보니 나도 역시 그렇게 하고 있다. 부부간에는 아이들이 보지 않을 때 따로 화해한다. 하지만 아이들 처지에서 생각해 보면 분명히 엄마랑 아빠가 싸웠는데 화해도 없이 그냥 다시 잘 지내는 모습만 보게 되는 것이다. 그런 모습을 보고 자란 아이들이 과연 화해를 잘 할 수 있을까?

　나는 위로 두 살이 많은 언니가 있다. 언니와도 무진장 많이 싸우고 컸다. 언니는 그런 것들이 다 성장통이 아니겠냐 하면서 그때를 추억하고 웃는다. 나는 커가면서 빨리 독립하고 싶은 생각밖에 없었다. 그래야 싸우는 모습도 덜 보고 나 역시 안 부딪혀야 싸우지 않을 것이라는 생각이었다. 그것도 정말 효과가 있었다. 내가 타향에서 살게 되면서부터 무슨 일이 있더라도 조금 참으면 되었고, 시간이 지나면 차츰 희미해졌다. 그러나 그 사건 자체는 잊혔지만, 그 반응 메커니즘이 내 몸과 마음에 각인되어 있다. 내 형제자매가 아니라도 비슷한 유형의 사람과 어떤 갈등이 빚어졌을 때 내가 그때처럼 곧장 싸우려고 공격과 방어할 준비를 하는 것을 본다.

　겉보기에는 싸우지 않았는데도 화해가 필요할 때가 있다. 이스라엘이라 개명하기 전 야곱이 그랬다. 야곱은 그의 쌍둥이 형인 에서와 거래를 했었다. 팥죽 한 그릇을 팔고 장자권을 샀다. 그것을 에서는 분하게 여기고 있었다. 사냥을 좋아하는 들사람이었던 에서는 말주변이 없었던 것 같다. 뭔가 말로 표현할 수는 없지만, 불공정 거래라는 느낌을 지울 수 없었다. 하지만 야곱으로서는 당당하게 여겼을 것이고, 분하다고 씩씩거리는 에서에게 '네가 나에게 팔지 않았냐?'라고 하면서 면박을 줬을 것이다. 그러던 야곱이 급기야는 자신 행세를 하며 아버지의 축복까지 가로챈 것이다. 이쯤 되면 에서가 아우를 죽이고야 말겠다고 다짐하는 것은 어찌 보면 당연한 메커니즘이다.

야곱은 외삼촌 라반의 집으로 도망간다. 그리고 20년이 지나서 고향으로 돌아오는 길에 얍복 나루에서 하나님의 천사와 씨름을 한다. 자신을 축복해 달라고, 간절히! 그렇지 않으면 에서에게 죽을 것이 불 보듯 훤한 일이었으니까 말이다. 그러니 야곱은 차라리 하나님 손에 죽더라도 축복을 받아야겠다는 목숨을 건 처절한 씨름을 했다. 그 씨름 끝에 야곱은 허벅지 관절이 위골된다. 목숨과 바꾼 허벅지 관절이었다. 야곱은 형님의 마음을 조금이라도 풀어보려고 엄청난 선물을 앞세웠다. 그는 긴 여행에 지칠 대로 지친 모습에 다리는 절뚝절뚝 절면서 에서 앞으로 나갔다. 굽히기도 힘든 다리로 일곱 번이나 절을 하는 모습을 본 에서의 마음이 어떠했을까?

야곱에게서 화해하고자 하는 이의 모델을 발견할 수 있다. 상대방이 왜 화가 났는지 생각해 보고 그에 합당한 보응이 필요하다. 야곱은 에서의 복을 가로챘기 때문에 자신이 하나님께 복을 받아 풍성해졌다고 여긴 것들을 뚝 떼어서 선물로 준비한 것이다. 그리고 장자권을 불공정 거래로 사 왔기 때문에 '형님이 장자입니다.'하는 뜻으로 '내 주'라고 부르면서 절을 일곱 번씩이나 한 것이다. 그리고 무엇보다 먼저 해야 할 것은 기도다. 기도하다 보면 어떻게 해야 할지 알게 되고 무엇보다 평안을 얻게 된다.

야곱이 길을 가는데 하나님의 사자들이 그를 만난지라(창 32:1).

야곱은 사실 기도하려고 했던 것이 아니다. 앞세운 무리가 에서에게

나의 사랑 너는 어여쁘고 아무 흠이 없구나 - 강혜숙

주는 선물이라 말했지만, 야곱은 계산했다. 앞선 무리가 에서에게 죽임을 당하더라도 자기가 사랑하는 라헬, 요셉과 함께 뒤에 남아 있다가 도망가서 살아남아야겠다는 생각뿐이었다. 그런 두렵고 답답한 마음을 가지고 길을 가는데 하나님이 만나 주셨다. 그리고 싸움을 먼저 걸어온 쪽도 하나님이셨다. 이렇게 죽음이 임박한 상황이 되었는데도 야곱은 평소에 하나님께 기도하던 습관이 없던 터라 어떻게 할 줄을 모르고 그저 답답한 마음뿐이었다. 자기가 할 방법을 총동원해서 에서의 환심을 사려 노력했다.

그러나 하나님은 기도하게 만드셨다. 그러고는 야곱에게 이스라엘, 즉 '네가 하나님과 및 사람들과 겨루어 이겼음이니라.'라는 뜻의 이름을 주셨다. 이는 하나님이 대신 싸워 이겨주심을 의미한다. 야곱이 에서와 직접 싸우기 전에 하나님께서 에서를 만나 주셔서 에서의 마음을 바꿔 주신 것이다.

나는 화해를 주제로 책N꿈 강의를 할 수가 없었다. 내가 오랫동안 화해하지 못한 사람이 있는데, 어찌 아이들에게 화해하라고 가르칠 수 있단 말인가. 나는 불편한 관계를 잘 견디지 못한다. 그래서 내가 먼저 화해를 청하는 경우가 많았다. 최근에는 친하게 지내던 이와 갑자기 어색한 관계가 되었었다. 싸움한 것도 아닌데 상대방이 무언가 화가 난 것 같았다. 그래서인지 내가 화해의 신호를 보내는 데도 외면하는 것을 느낄 수 있었다. 그 불편함이 내 마음을 짓누르고 있었다.

그때 마침 엘리자베스 루카스 Elisabeth Lukas 의 『화해의 심리학』이라는 책을 만났다. 이 책에서는 '목표 지향적 손 내밀기'를 먼저 보여 주라고 한다. 다른 한쪽에서 사과를 받지 않을지라도 한쪽이 장벽을 뚫고 길을 내면 갈라졌던 사과와 용서가 신비하게 다시 만나 한 쌍을 이루게 된다고 한다. 이 문제를 가슴에 품고 묵상하는 가운데 시편 68편 말씀에서 "날마다 우리 짐을 지시는 주"라는 다윗의 고백을 보면서, 이런 기도가 저절로 나왔다.

> 주님, 내 마음에도 짐이 있습니다.
> 이것이 지금 내 마음을 누릅니다.
> 제가 스스로 붙잡고 있는 것인가요?
> 주님이 져 주세요.
> 제가 먼저 짐을 주님께 드리면
> 내 마음이 평안하고 진정한 찬양이 나오겠지요?
> 주님을 진심으로 찬양하기 원합니다.

묵상 교재에 '날마다 우리 짐을 지시는 주'라는 문구의 원어 상의 의미는 '하나님이 우리를 등에 업으신다는 것'이라고 해설이 되어 있었다. 마치 어머니가 아이를 등에 업고 위험한 곳을 건너는 것처럼 말이다. 내 짐은 내가 주님께 드리고 말 것도 없이 이미 나를 업고 계시는 주님께서 모든 것을 지고 계셨다. 내 손에 힘만 빼면 되는 것이었다. 그러자 성령께서 평안한 마음을 주셨고, 화해의 손을 내밀 수 있게 하셨다.

어렸을 적 엄마가 안 계시는 상황에서 형제끼리 싸우다가 엄마가 보시고는 왜 싸우느냐고 물으시면 아무리 설명을 잘한다고 해도 누군가는

나의 사랑 너는 어여쁘고 아무 흠이 없구나 - 강혜숙

억울할 때가 있었다. 그러나 하나님은 나와 언제나 함께 계신다. 지금 나를 업고 계시는 하나님이 그 자리에서 모든 것을 다 들으셨으니 두려울 것도 없고, 억울해서 밤잠을 설칠 일도 없는 것이다. 그리고 진실은 언젠가 드러나게 되어 있다.

유대인들은 유대인이 안식일을 지킨 것이 아니라 안식일이 유대인을 지켰다고 고백한다. 전성수의 『자녀교육혁명 하브루타』에서는 안식일의 모든 일정 중에서도 특히 안식일 식탁 shabbat dinner 이 유대인을 지켜 왔다고 말한다. 안식일 식탁은 보통 3시간 정도 걸리는데, 가장의 축복 기도로 시작한다. 자녀들 한 사람 한 사람의 머리에 손을 얹고 기도해 주고 아내에게 축복의 말을 하고 자녀들과 함께 아내에게 축복의 노래를 불러 준다. 찬송과 예배의 절차는 길어야 30분을 넘기지 않는다. 나머지 2시간 30분은 하브루타 Havruta 의 시간이다.

하브루타란 서로 짝을 지어 질문하고 토론도 하고 논쟁하는 유대인의 공부 방법으로 친구와 함께 탈무드에 대해 인격적인 대화를 통해 깊이 있게 공부하는 것을 말한다. 안식일 식탁에서 1시간 정도는 성경 하브루타를 하고 나머지 1시간 반 정도는 일상 하브루타를 한다고 한다. 가족끼리 성경과 일상의 주제를 가지고 대화를 나누면서 안식일 식탁을 즐기는 것이다.

부모는 아이들이 읽는 최초의 책이다. 나는 우리 아이들에게 삶의 지침이 되는 좋은 교과서가 되는 것이 소망이다. 우리 가정에도 하브루타의 시간이 생기기를 기도한다. 얼마 전부터 가정예배가 시작되었는데 이제는 하브루타의 시간이 이어지면 좋겠다. 그 시간 동안 성경과 일상

의 문제들을 이야기하다 보면 자연스레 화해의 시간도 그때 마련될 것
이다. 아이들이 보는 앞에서 부부가 싸웠으면 똑같이 아이들 앞에서 화
해하는 모습도 보여 주어야겠다. 부부끼리, 형제간에, 또 부모와 자녀
사이에 조금이라도 찝찝함이 남아 있다면 하브루타 시간에 솔직히 이야
기하고 공감해 주고 사과하고 받아주는 귀한 시간이 될 것이다.

선교학 연구의 필독서라고 불리는 돈 리챠드슨의 『화해의 아이Peace
child』라는 책에는 부족 간의 화해의 방법이 나온다. 리챠드슨 부부는
1962년에 인도네시아 뉴기니섬의 파푸아papua에서 식인 풍습을 가지고
있는 '사위 부족'을 대상으로 사역을 시작했다. 그 부족은 가룟 유다처
럼 가까운 친구를 배신하는 사람을 가장 위대한 사람으로 여겼다. 그 과
정을 우정으로 살찌운다고 표현한다. 그런 그들이 배신당하지 않고 진
정한 평화를 원할 때는 화해의 상징으로 상대 부족과 갓난아기를 교환
한다. 부족마다 차이가 있지만, 대개의 부족은 이 '화해의 아이'를 데려
와서 자신의 아이처럼 키우면서 상대 부족과의 우정을 위해 잘 돌보며
키운다. 하지만 그 아이가 질병이나 사고로 죽을 때는 상대 부족과의 평
화도 깨어지게 되는 것이다.

잔인하기로 소문난 '사위 부족'은 다른 부족으로부터 화해의 아이가
오면 그 아이를 온 부족 사람들이 함께 나누어 먹음으로써 상대 부족과
의 평화를 유지한다고 한다. 그러니 누가 자기 자식을 화해의 아이로 내
어 주고 싶겠는가? 그러나 하나님은 자기 아들이 죽임을 당할 것을 알고
도 우리에게 화해의 아이로 예수를 보내 주셨다. 이 부족들, 특히 자신
의 아이를 화해의 아이로 준 경험이 있는 이들에게는 예수를 보내신 하

나님의 아픔과 큰 사랑이 가슴 저리도록 느껴지게 되었고, 드디어 예수를 구세주로 영접하게 되었다고 한다.

화해의 방법은 이미 성경에 적혀 있었다. 화해의 모본은 하나님이시다. 하나님이 사람과 화해하고 싶어서 먼저 손을 내미셨고 예수를 선물로 우리에게 보내 주셨다. 물론 잘못한 쪽은 사람이었지만, 이 끊어진 관계를 슬퍼하신 하나님이 먼저 손을 내미신 것이다. 화해의 아이인 예수님이 없었다면 나는 죽음과 멸망의 길에 여전히 서 있을 것이다. 죽었다가 살아났는데 지체의 작은 허물 하나도 용납하지 못 한단 말인가. 자신의 목숨까지 내어 주신 그 화해의 손길 앞에 나는 지금 어떤 태도를 보이고 있는가.

세상 사람들과 특히 하나님의 백성들인 유대인들은 예수를 메시아로 영접하지 않았다. 그만큼 가까운 사람들과의 화해가 더 시간이 오래 걸리고 어려운지도 모른다. 화평케하는 자는 천국이 저희 것이라고 하셨다. 화해하면 내 삶이 천국이 되고 행복해진다. 예수님은 예물을 드리려다 형제에게 원망들을 만한 일이 생각나거든 예물을 제단 앞에 두고 형제와 먼저 화해하고 오라고 하셨다. 화해하지 못하는 강퍅한 마음으로 예배하는 것보다 형제와 화해하는 것을 더 기뻐하신다는 것이다.

나도 부모가 되어 보니 아이들이 싸우는 모습이 가장 싫다. 그리고 두 아이가 사이좋게 놀며 깔깔대는 모습을 보노라면 저절로 미소가 지어진다. 하나님도 같은 마음이실 것이다.

어느 순간에 내 인생이 종말을 맞을지 알 수 없다. 실제로 죽을 뻔했던 이들의 말을 들어 보면, 잠깐이지만 그 죽음의 시간이 삶의 전환점이 되었다고 한다. 그러나 모두에게 그런 행운이 찾아오는 것은 아니다. 내 마음에 무거운 짐이 되는 사람이 앞으로도 또 생길 것이다. 그때마다 잘 화해할 수 있기를 기도한다. 내 생각에는 그 사람이 더 많이 잘못했다 여겨지더라도 하나님이 먼저 손을 내미셨던 것처럼 말이다. 인생의 겨울이 오기 전에.

나의 사랑 너는 어여쁘고 아무 흠이 없구나 - 강혜숙

하루하루는
하나님의 처방이다

- 이성배

저자 **이 성 배**는

대학을 졸업한 후, 대우전자와 광주은행에서 직장생활을 했고, 지금은 은퇴하여 인생의 후반전을 준비하고 있다.

직장에 있는 동안에는 하나님께서 자기를 목회자나 해외 선교사로 또는 사업가로 세우지 않으시고, 이 시대의 직장선교를 위해 직장인이 되게 하신 이유를 발견했다. 직장 내에서 기독신우회 활동 및 대외기관인 직장선교회(BBB)에서 일하며, 직장 복음화를 위한 직장선교사 양성에 힘썼으며 직장선교사 훈련인 BTC 1,2,3 훈련을 수료하였다.

은퇴한 후에도 직장과 일터 복음화만이 전 세계 복음화를 위한 지금의 시대적 소명임을 깨닫고 직장과 일터 안에 잠수해 버린 직장 그리스도인들을 깨워 직장에서 성경적 문화를 창조하고 재생산하는 직장선교사로 양성하기 위해 매주 그들을 모아 직장선교 훈련을 지속하고 있다. 또한, 매월 광주 직장선교연합 기도모임을 통해 광주 직장선교 기도운동에도 적극 참여하고 있다.

광주벧엘교회 안수 집사로, 교회에 처음 나오는 분들을 대상으로 제대로 된 성경적 양육과 제자화하는 사역만이 교회 부흥의 열쇠임을 깨달아 새 가족 교사 양성과 새 가족 양육을 담당하는 부서에서 약 20여 년 동안 봉사해 오고 있다.

■ 이메일 l825682@naver.com

하루하루의 삶이
하나님의 처방이다

우리 인생의 하루하루는 하나님께서 친히 우리의 영혼을 고치고 변화시키고 성숙하게 하며 성화시키시는 하나님의 임재와 치유의 역사이다. 의미 없는 하루는 없고, 하나님이 놓치시고 지나가는 날은 없다. 우리가 고난 속에서도 오늘 하루를 견디어 냈다면 내일은 오늘보다 더 좋은 날이 될 것이다. 이것이 하루의 과정이라 생각된다.

"세월이 약이다."라는 옛말이 있다. 이 말은 우리가 하루하루라는 시간의 약을 먹으면서 살아간다는 의미로 해석할 수 있다.

나는 25년 전 어떤 사고로 아버지와 여동생을 동시에 잃었다. 그 당시는 정말 하늘이 무너지고 땅이 꺼지는 것 같은 심정이었고 내 삶 전체가 무너지는 것 같았다. 아니 무너졌었다.

그때 어머니는 나를 부둥켜안고 "하나님이 계시지 않는 것 같다!"라며 목 놓아 우셨다. 그 끔찍한 상황을 겪고 난 후 나는 어머님께서 이 충격을 어떻게 견디어 내실까 걱정이 되었다. 그러나 어머님은 그 이후로도 열심히 신앙생활 하시면서 여생을 잘 보내시고 있다. 마음의 산이 무너지고 영혼의 지축이 흔들리는 기가 막힌 일을 당하셨음에도 불구하고

책 ● 꿈 ● 행복

꿋꿋하게 상을 다 치르시고 죽음보다 더 큰 고통스러운 그때를 조금씩 털어내시면서 일어나셨다.

어머님께서 이 모든 슬픔을 딛고 일어서는 데에 과연 무엇이 그렇게 큰 힘으로 작용한 것일까? 그것은 세월이었다. 하루하루 지내시면서 어머님은 다시 정상적인 일상으로 돌아오셨다. 아버지에 대한 아픈 기억을 잊고 싶으셔서 집을 이사하는 것 말고는 지금껏 열심히 교회에 다니시며 즐겁게 생활하고 계시다.

이처럼 어머니와 나는 하루하루를 하나님의 처방과 치유하심 속에 살아가고 있다. 나에게 하루는 하나님의 손길을 통해 내 영혼이 치유되고 회복되는 일과가 날마다 반복되고 있는 시간이다. 여기에는 하나님의 말씀이 때로는 쓴 약처럼 내 속에 들어와 나를 새롭게 하기도 하며, 어느 경우에는 달고 오묘한 생명의 묘약으로 나를 회복시키시며 기쁨으로 채워 주시기도 한다. 그뿐 아니라 그 약은 매일매일 죄를 짓는 나를 하나님의 각별한 맞춤형 처방으로 나의 영혼을 평강케 하신다.

하나님의 손길이 때론 나의 어머님처럼 슬픔과 고통을 당한 사람에게는 마음을 만져 주고 등을 토닥여 주신다. 나의 인생에 하루하루는 단한 순간도 헛되이 낭비되는 것은 없다. 하루하루의 시간은 나의 영혼의 성숙과 회복과 새롭게 하려고 있는 것이다. 나의 인생에서 하나님은 의사이고, 나는 환자로서 살아가는 것과 같다. 모든 처방은 하나님이 하신다. 하나님은 우리 영혼의 완전한 치유 계획을 세우고 계시다. 우리의 영혼은 하나님 앞에 늘 불완전하기에 늘 치유를 필요로 하는 상태에서 영원한 하나님 나라로 들어가게 된다. 천국에 가서야 우리의 영혼이 영화되고 거룩하게 될 것이다. 이것이 진리라면 우리가 이 땅에 살아가는 동안 해야 할 일이 있다. 우리 주변의 많은 사람이 영혼의 의사이신 하나님의 치유를 받도록 그들을 하나님의 병원에 입원할 수 있도록 권면해야 한다. 그들 모두를 생명의 복음으로 치유의 돌봄 아래 들어가도록 인도해야 한다.

이것이 복음 전파의 의무이다. 병원 전도를 가 보면 많은 환자가 있다. 요즈음같이 전도하기 힘든 시대도 없다. 이제 갈수록 사람들은 다른 사람들의 이야기를 듣기 싫어한다. 길거리에서는 물론이고 사람들이 많이 모이는 터미널이나 광장 등에서 전도지를 가지고 복음을 전하는 것은 정말로 어려운 일이 되었다. 그래도 접근하기 쉬운 사람들이 병원에 누워 있는 사람들이다. 사람은 몸에 병이 들면 마음이 약해진다. 지푸라기라도 잡고 싶은 심정이 되다 보니 다른 사람의 말에 귀를 기울이기 시작한다. 그래서 병원 전도가 그나마 성공률이 높다. 하나님께서는 때론 이렇게 질병을 통해 사람들이 복음에 귀를 기울이도록 하신다.

우리 각자에게는 세상에서 병으로 인정해 주지 않는 병을 다 가지고 있다. "죄 없는 자가 돌을 던지라."라는 주님의 말씀을 빌려서 "마음의 병 없는 사람은 손들어 보라."라고 한다면 한 사람도 없을 것이다. 우리 모두 각자 마음의 병이 있다. 우리는 마음의 병 때문에 하나님의 말씀에 귀를 기울인다. 하나님은 이러한 우리를 여러 가지 방법으로 진단하고 처방하신다. 하루하루의 정황은 우리 모두 다르다. 그들이 견디고 있는 환경, 그들이 부딪치고 있는 시련과 역경이 모두 다르다.

그래서 하나님께서는 우리 모두 각자의 질병을 진단하시고 각자에게

책 ● 꿈 ● 행복

최상의 처방을 쉬지 아니하신다. 우리 인생의 하루하루는 우리의 영혼을 고치고 변화시키고 성숙하게 하며 성화시키시는 하나님의 손바닥 위에 있다. 따라서 우리는 오늘도 우리 각자에게 다르게 주어지는 이 상황과 환경을 견디어 내어야 한다.

몇 달 전 내게 힘든 사건이 하나 있었다. 사실 그리스도인들이 세상 사람보다 그리스도인들에게 받는 상처가 더 크다. 그래서 마음이 더 아팠다. 여러 차례 기도하고 곰곰이 생각해 보기도 했지만 특별한 응답이 없었다. 며칠이 지난 후 어느 날 저녁 기도 시간에 갑자기 하나님의 마음이 내 생각으로 전해져 왔다.

"조금만 더 참아라."

그 힘들고 어려운 사건에 대해 하나님께서 나에게 직접 내리신 처방이었다.

그래서 나는 지금도 힘들고 어려운 일로 기도할 때마다 "조금만 더 참겠습니다."라고 이야기하곤 한다. 왜 참으라고만 하신지 지금도 이해하기 어렵다. 환자가 의사에게 자신의 병에 대한 전문적인 의학 지식을 모두 알아야만 치료받겠다고 한다면 처방이 불가능할 것이다.

인생의 하루는 병든 영혼이 세상이라고 하는 병상에서 회복되어 영원한 나라로 복귀하기 위해 치료되는 과정이다. 때론 처방이 더는 필요 없어 일찍 퇴원하는 사람도 있다. 이런 경우가 천수를 다하지 못하고 먼저 하늘나라로 간 사람들이다. 그로 인해 더욱 그들의 죽음을 슬퍼하기도 한다. 우리가 하루의 의미를 제대로 발견하지 못하면 이것은 이별의 슬픔이 되겠지만 하루하루 병든 인생을 치료하는 과정으로 이해한다면 오

하루하루는 하나님의 처방이다 - 이성배

히려 세상의 병동을 퇴원하는 것을 축하해 주어야 할 것이다.

하나님은 무작정 아무것도 하지 않은 채 누워있게 만은 하지 않으신다. 치유·회복 프로그램에 맞추어 우리에게 몇 가지를 요구하신다.

"오늘은 말씀을 보아라."

"오늘은 누구를 만나라."

"오늘은 네가 하는 일에 최선을 다하라."

"오늘은 찬양만 해라."

"오늘은 복음을 전하거라." 등.

우리는 매일매일 이렇게 우리 영혼의 치유를 위해서 우리가 해야 할 일을 가르쳐 주시는 하나님의 처방에 잘 따라가야 한다. 이것이 그리스도인이 순복해야 하는 의무이기도 하다. 그 의무가 때에 따라서 힘들고 어려운 시간이 될 수도 있을 것이다.

하나님이 놓치시고 지나가는 하루는 없다. 나의 고난 속에서도 오늘 하루를 견디어 냈다면 내일은 오늘보다 더 좋은 상태가 될 것이다. 하나님은 모두를 사랑하신다. 그로 인해 우리는 하나님의 사랑 속에 살아가며 사랑받기 위한 존귀한 하나님의 자녀들이다.

나의 약함이
내 영혼의 자양분이다

나는 나이를 먹어 가면서 과연 영적으로 장성한 분량에 이르러 가고 있는가? 나 자신을 성찰해 본다. 하지만 분명한 점은 나의 연약함과 부족함을 예수님께서는 다 받아 주시면서 나를 순간순간마다 이끄시고 자라가게 하신 것이다.
이는 전적인 주님의 은혜이고, 최종적으로는 예수님의 형상에 이르게 하시는 하나님의 나에 대한 긍휼이시고 사랑이신 것이다. 이는 나의 연약함이 그리스도 예수를 통해 강함이 되는 것이다.

지금은 은퇴했지만 은행에 있을 때 나는 직장선교에 뛰어들어 열심히 직장 안에서 틈나는 대로 복음을 전하고 훈련도 받았다. '직장성경공부선교회'라는 조직에 들어가 매주 한 번씩 저녁 시간에 직장인들과 함께 모여 성경공부를 하며 직장선교에 헌신된 직장 그리스도인들의 양성에 공을 들였다. 사실 직장선교 사역은 만만치 않은 일이었다. 온종일 직장에서 일과 씨름하며 지내다 저녁엔 지친 몸을 이끌고 저녁 모임에 참여한다는 것은 쉬운 일이 아니었다. 그만큼 복음에 관한 관심과 전도에 대한 열정이 있지 않고는 지속하기가 어려웠다.

한번은 모임 장소를 교회에서 동부경찰서로 바꾸었다. 우리가 직장선교사들이니 일터 현장인 직장 안에서 모이자는 제안을 받아들인 것이

하루하루는 하나님의 처방이다 – 이성배

다. 매주 저녁 7시 무렵 경찰 공무원들과 의경들과 더불어 그렇게 말씀 공부를 시작했다. 경찰서에 근무하는 의경 중에서 2명이 계속 참여했다.

한번은 예정된 모임 시간보다 이른 시간에 모임 장소에 갔더니 한 의경이 먼저 와서 기다리고 있었다. 신학교를 다니던 중 병역의 의무를 다하기 위해 의경에 입대한 청년이었다. 그는 그동안 의경 생활의 힘들었던 이야기를 꺼냈다. 고개를 숙이고 풀이 죽어 있는 모습에 애처로운 마음이 밀려왔다. 과거 나의 고달팠던 군 생활이 떠올라 더욱 공감이 갔다. 나는 그에게 이야기해 주었다.

"사람의 연약함과 무력함이 사실 영의 양식이 될 수 있습니다. 우리의 영적인 성숙은 자신의 연약함과 무력함을 먹고 이루어집니다."

"아! 그런가요?"

갑자기 그의 입에서 짧은 탄식이 흘러나왔다. 그리고 그의 얼굴에 생기가 돌았다. 그의 모습을 보며 나도 깜짝 놀랐다. 이 말이 그렇게 놀라운 이야기인가? 나는 그 뒤로 우리의 약함이 영혼의 성숙 자양분이라는 생각을 더 깊이 묵상해 왔다.

내 주위에는 아픈 사람들이 너무 많다. 세상이 온통 아프다. 따라서 세상에 사는 그리스도인들도 예외일 수 없다. 세상이 아픈데 그리스도인인 나는 아프지 않다고 말한다면 그것은 자랑이 아니다. 그러나 여기에 하나의 희망이 있다. 이 땅에서 겪는 많은 문제와 갈등, 우리 자신의 결함이 우리 영혼의 성숙 자양분이라는 것이다. 우리는 우리 자신의 결함을 먹고 자란다. 마치 송충이가 솔잎을 먹고 자라고, 누에가 뽕잎을 먹고 자라나듯이 말이다.

책 ● 꿈 ● 행복

우리는 우리 자신의 약함을 먹고 자란다. "내 은혜가 네게 족하도다 이는 내 능력이 약한 데서 온전하여짐이라(고후 12:9)."라고 하신 주님의 말씀은 우리의 약함이 주님의 능력의 통로라는 사실을 다시 한번 확인시켜 준다. 나 자신의 무력함과 부실함이 주님과 온전히 하나 되지 못해서 생기는 수많은 갈등과 어려운 문제 등이 있는데, 이를 해결해 주시는 주님은 이러한 나의 부족이 은혜의 통로가 된다는 역설적인 논리를 이야기하신다.

나 자신이 약할 때 더 간절해지고 더 솔직해짐을 수없이 경험했다. 일반적으로 많은 사람은 환난과 어려움이 왔을 때 인간의 능력으로 방패를 삼으려 하기도 하고 극복하려고 몸부림을 치기도 한다. 결국, 하다 하다 못하면 두 손 들고 "천부여 의지 없어서 주 앞에 옵니다."라는 찬송가를 부르게 된다. 산봉우리가 높으면 골도 깊은 것처럼 나의 연약함이 많으면 그만큼 나 자신을 더 많이 내려놓아야 한다. 나의 그런 체험적 과정을 통해 나의 연약함이 나를 더욱 강하게 만드는 주님의 큰 은혜를 더욱 입게 되었음을 고백하게 된다.

그러므로 나의 연약함을 탄식하고 자포자기할 필요가 없다. 방향을 돌려 주님께로 향하면 되는 것이다. 오히려 나의 약함과 무력함이 주님의 능력을 통해 승자의 모습으로 변모시키게 되는 것이다. 한탄하지 말자. 힘들어하지 말자. 여기에 한 가지 희망이 더 있다. 마음에 예수 그리스도를 모시고 사는 사람들은 자동으로 예수님과 하나가 되도록 하나님께서 프로그래밍해 놓으셨다. 이것이 작동되게 하기 위해서는 주님을 향한 믿음이 있어야 한다. 나의 능력이 아닌 주님의 전적인 능력을 힘입으면 해결 못 할 일이 없다. 그 이유는 내 안의 내가 아닌 내 안에 거하시는 주님의 능력이 발휘되기 때문이다.

나의 겉 사람은 세월의 흐름 속에 늙어 갈지라도 내 안에 거하시는 주님의 능력은 나날이 내 영을 새로운 피조물로 거듭나게 하신다. 그러므로 중요한 것은 내 안에 무엇이 있느냐이다. 우리는 우리 중심에 있는 분을 닮아가도록 프로그래밍 되었다. 그 근거는 인간을 창조하실 때 하나님의 형상을 좇아 만들어졌기에 원죄로 말미암아 잃어버렸던 그 형상이 그리스도 안에서 다시 회복되는 것이다. 내가 그리스도의 형상을 하고 있을지라도 다시 세상을 향하여 세상 것들을 탐하면 내 안에 하나님의 형상은 다시 상실되는 것이다.

이를 유지하기 위해서는 내가 날마다 그분의 형상을 닮아가려는 힘씀이 중요한 것이고, 주님의 은혜를 사모하지 않으면 어둠의 사탄 형상이 우리를 다시 지배할 수 있다. 신앙생활은 내 안에 그리스도의 영이 늘 자리 잡고 역사하시도록 그 인도하심에 나 자신을 온전히 맡기는 것이고 순종하며 나가는 것이 주님과 동행하는 삶이 되는 것이다.

창세기에 하나님과 동행하였고, 하나님이 보시기에 의로웠던 노아가 바로 그 모습이다. 내가 주님 곁에 갈 때까지 그분의 인도하심을 순종하면서 간다면 그리스도께서 나의 선한 목자가 되셔서 나를 주관하시고 천성에 이르게 하실 것이다. 주님과 평생토록 동행하기를 원한다면 나의 연약함을 늘 고백하고 긍휼을 구하며, 그분의 음성에 귀를 기울여야 할 것이다. 마치 연약한 양들이 목자의 음성을 따라가듯이 말이다.

여호와는 나의 목자시니 내게 부족함이 없으리로다 그가 나를 푸른 풀밭에 누이시며 쉴 만한 물가로 인도하시는도다 내 영혼을 소생시키시고 자기 이름을 위하여 의의 길로 인도하시는도다(시 23:1-3).

아픔과 기쁨은
서로를 지탱하게 해 주는 힘이다

이 땅에 사는 모두가 평생을 살면서 아픔과 기쁨이 교차하기도 하며 반복되기도 하는 굴레의 삶을 벗어나지 못하는 삶을 겪으며 살아가고 있다. 그러나 이 두 개의 모습이 남아 있으면서 때로는 눈물을 주기도 하고, 때로는 기쁨을 주기도 한다. 이 두 개의 모습이 동전의 양면 같기도 하고, 서로 엮어진 모습이 마치 천의 날줄과 씨줄의 구조와도 같은 것이다.

누구나가 직장을 은퇴하면 하고 싶은 일들이 참 많다. 나 또한 여행도 다니고, 취미 생활도 즐기며 1년 동안은 아무 생각 없이 푹 쉬어야겠다는 생각을 했다. 그러나 막상 은퇴하고 나니 은퇴 후의 삶이 내가 생각했던 것과는 아주 달랐다. 사실 은퇴할 때도 몇 날 며칠을 기도하며 고민했었지만, 은퇴 결정 후에도 "내가 결정한 건가, 하나님의 뜻이었을까?"라는 갈등을 겪기도 했다. 인생 1막을 정리하는 데에도 그렇게 스트레스와 사람들과의 갈등이 극에 달했고, 2막의 인생을 준비하는 데에도 많은 번민과 갈등이 있었다. 이 땅에 발붙이고 사는 동안에는 참된 안식과 평안이 없는 것 같다.

얼마 전 텔레비전에서 이름만 대면 모두가 다 아는 중견 탤런트 한 분의 인터뷰 모습을 본 적이 있다. 이제는 연세가 제법 지긋하심에도 텔레비전에서 연기자로 또 사회 사업가로 왕성하게 활동하고 있다. 기자가 물었다.

"나이가 이 정도 되시면 이제는 쉬실 때도 되지 않으셨습니까?"

그때 그 연기자는 이렇게 대답했다.

"무작정 쉰다고 하면 사는 게 재미없어! 일하면서 짬짬이 쉬어야 재미있지."

막상 쉬면 행복하고 재미있을 것 같지만 그렇지 않다는 것이다. 단조로운 삶은 말 그대로 밋밋할 뿐이다. 인생은 도전과 개척을 통해 겪게 되는 고통과 시련 속에도 기쁨과 보람도 함께 경험하게 된다. 모든 것은 함께 있고 같이 있다. 하나가 없으면 모두 없는 것으로 생각한다.

이러한 인생의 근본적인 문제에 기독교인이라고 해서 예외가 될 수 없다. 오히려 세상 사람들보다 더 많은 아픔이 그리스도인들에게 있다. 그 이유는 세속적 가치관과 사회 환경의 저항이 있기 때문이다. 그리스도인들에게는 거룩한 고통과 시련이 뒤따른다. 그러나 그 고통 속에 기쁨이 있고 평안을 누릴 수 있다.

그러면 가장 고통스러운 일은 무엇일까? 사람에 따라 다르지만, 나의 경험에 의하면 아무 일도 안 하고 그저 쉬는 삶이라고 말할 수 있다. 정년을 마치고 가야 할 곳도 없고, 오라는 데도 없으면 그저 집에서 삼세기가 되어 집에 갇혀 있는 상태일 것이다. 그것은 곧 고통이다.

그러나 현직의 직장인에게 휴일은 큰 즐거움이다. 요즈음처럼 청년들 취업이 어려울 때에 실업의 고통은 직장 안에서 직장인들이 겪는 스트레스와는 비교가 안 된다. 모든 것은 정반합正反合의 균형에 의존한다. 빛과 그림자가 함께 있듯이 은혜와 고난도 함께 있다. 약함과 강함도 함께 있고, 질병과 건강도 함께 있다. 고난이 깊을수록 은혜도 그만큼 깊다고 하지 않는가. 빛은 항상 그 빛에 상응하는 정도의 어두움을 깔고 있고, 어두움은 그 어두움에 상응하는 빛을 지탱해 준다. 은혜 또한 그에 상응하는 고난이 그 은혜를 지탱해 주며, 고난 또한 그에 상응하는 은혜로 능히 감당하게 한다. 어찌 보면 고난 속에 기쁨이 감추어져 있고, 기쁨 속에 고난이 숨겨져 있다고 볼 수 있다.

이것은 마치 다이아몬드가 거친 돌 속에 감추어진 것과 같을 것이다. 그 돌 속에 감추어진 다이아몬드를 쪼개고 갈고 닦으면 보석이 되는 이치와도 같을 것이다. 욥은 인간으로서 감당할 수 없는 엄청난 고난과 시련이 용광로 속에 던져진 삶을 경험했다. 그는 그 속에서 높은 열로 모든 것이 녹아서 그 가운데 정금이 나온다는 믿음의 고백을 하였다.

그러나 내가 가는 길을 그가 아시나니 그가 나를 단련하신 후에는 내가 정금같이 되어 나오리라(욥 23:10).

책 ● 꿈 ● 행복

은혜와 고난이 지향하는 목표는 거룩한 주님의 형상을 본받는 것이다. 고난과 은혜, 빛과 어두움은 서로를 자라게 한다. 마찬가지로 아픔은 기쁨을 위해 존재한다. 아픔과 기쁨은 서로를 지탱해 주고 있으며 서로를 자라게 한다. 이는 마치 그 조개의 속살에 박혀 있는 모래알 때문에 겪는 그 아픔을 견디기 위해 진액을 분비하여 그것이 굳어져 진주라는 보화가 되는 것과 같은 것이다.

우리의 약함이 우리의 영적 성장을 위한 영의 양식이며, 그 은혜는 그만큼의 고난이 필요하고 고난은 그만큼의 은혜를 또한 필요로 한다. 희생과 눈물의 대가가 없는 영적인 열매란 없지 않는가.

그리스도를 위하여 너희에게 은혜를 주신 것은 다만 그를 믿을 뿐 아니라 또한 그를 위하여 고난도 받게 하려 하심이라(빌 1:29).

왜 그리스도인들에게 은혜가 풍성한가? 고난이 있었기 때문이다. 고난이 없으면 은혜가 없고, 고난이 주는 아픔이 없으면 은혜가 주는 기쁨도 없는 것이다. 이 땅의 그리스도인들에게 아픔이 많은 것은 그만큼 받을 은혜가 많게 되는 것이다. 우리는 사실 은혜가 너무 많기에 이것을 실감하지 못하고 있을 뿐이다. 이러한 기독교의 역설적 논리를 세상 사람들은 이해하지 못한다. 이는 논리적 문제가 아니라, 그 은혜를 체험해야만 수용되고 이해되는 것이다. 이러한 것에 대해 세상의 논리로 해석하고 이해하려면 불신과 의심을 하게 된다.

어찌 보면 궤변적 논리가 된다. 무슨 궤변인가 할 수 있겠지만, 사실

복음을 받아들이기 가장 어려운 사람은 의심이 많은 사람이 아니라, 복음에 대해 한 번도 의심해 보지도 않는 무관심자이다. 우리 안에 의심이 많을 때, 우리를 지탱해 주는 힘은 우리와 함께하시는 예수님에 대한 믿음이다. 의심이 강할수록 우리 안에 계신 예수 그리스도의 믿음이 그만큼 강하게 역사 되는 것이다.

그 실례로서 예수님의 제자 가운데 가장 의심 많은 제자가 바로 도마였는데 그는 목수였기에 매사에 계산해야 했다. 숫자상으로나 크기상으로 잣대와 수직과 수평을 재고 계산을 했으므로 믿는 성향이 다른 제자들과 달랐다. 그런 도마는 모든 제자 중에 제일 마지막으로 인도로 선교사가 되어 나갔다고 한다. 가장 멀리 파송된 선교사였고, 거기서 순교하였다. 도마의 가장 약한 것이 가장 강함으로 대체된 것이다. 이것은 사도 바울이 고백했던 것처럼 내가 약할수록 더욱 기뻐하고 자랑하며 내가 약할 그때가 가장 강하다고 선포한 이유다.

> 나에게 이르시기를 내 은혜가 네게 족하도다 이는 내 능력이 약한 데서 온전하여짐이라 하신지라 그러므로 도리어 크게 기뻐함으로 나의 여러 약한 것들에 대하여 자랑하리니 이는 그리스도의 능력이 내게 머물게 하려 함이라 그러므로 내가 그리스도를 위하여 약한 것들과 능욕과 궁핍과 박해와 곤고를 기뻐하노니 이는 내가 약한 그때에 강함이라(고후 12:9-10)

우리는 사도 바울처럼 우리의 약한 것을 자랑해도 된다. 이는 그리스도를 향한 능력의 믿음이 우리 안에 머물게 하고 지탱해 주는 것이 곧 우리의 약함에서 기인한 것이다.

우리의 모든 삶의 영역 속에 나타나고 있는 부패와 타락, 연약함, 결함, 결핍 등으로 인한 고통과 아픔은 주님의 은혜를 입기 위함이다. 그림자와 빛이 공존하듯이 우리의 죄와 연약함이 있으므로 주님의 영원한 생명이 존재할 명분이 있는 것으로 생각한다.

주님은 우리의 연약함과 고통과 상처를 치유하시고 강하게 하시기 위해 십자가에서 피를 흘리셨다. 나는 약한 나를 강하게 하신 주님의 십자가 사랑을 평생토록 감사할 것이고 경배할 것이다.

다른 사람이 모르는
아픔을 가지고 사는 사람

우리 각자에게는 아픔의 상흔들이 있다. 아브라함도 믿음의 사람이었지만 그 마음속에 꼭꼭 숨겨둔 아픔이 있었다. 그 아픔으로 인해 아브라함처럼 우리도 하나님 앞에 홀로 선다.

요즈음은 이단들이 기승을 부리고 있어 교회 밖에서 특별한 경우가 아니고는 성경공부를 하지 못하도록 하고 있어 C.C.C.와 같은 캠퍼스 사역 및 직장선교사역이 많이 위축되고 있다. 현장의 삶과 신앙의 틈을 이어 주는 일터와 캠퍼스 사역의 위축은 삶과 신앙을 하나로 통합할 수 있는 길을 더 어둡게 하고 있다. 옛말에도 있듯이 "구더기 무서워 장을 못 담근다."라는 것처럼 많은 그리스도인이 이단이 무서워 가장 중요한 삶의 영성을 삶의 현장에서 훈련할 기회를 누리지 못하고 있다.

최근에 불거진 대형 교회 비리와 세습 문제 등은 이러한 것과도 무관하지 않다. 그리스도인들이 삶과 신앙이 통합되지 못할 때 말씀의 진리를 분별할 힘을 잃어버린다. 자신의 교회 문제이니 간섭하지 말라는 한 대형 교회 교인의 이야기는 도대체 교회에서 교인들에게 무엇을 가르치고 있길래 저런 말을 하는 것일까 하는 생각에 같은 그리스도인으로서 자괴감마저 들게 만든다.

우리 시대에는 신앙과 삶이 일치되지 못하고 있는 기형화된 그리스도인이 너무 많다. 직장에 다니는 젊은 교인들이 진지하게 배워야 할 것은 직장이 단지 생계 수단의 현장뿐만 아니라 선교지라는 사실이다. 직장의 모든 그리스도인은 직장 선교사로 파송된 것이다. 말 그대로 월급 받는 선교사다. 내가 몸담은 직장성경공부선교회는 이러한 직장 선교사 양성이라는 비전을 가지고 지금도 전국 각지에서 직장인들이 모여 말씀과 기도로 무장하고 삶의 현장에서 직장 동료들에게 복음을 전하며 제자 삼는 사역을 감당하고 있다.

한번은 우리 직장성경공부선교연합회의 한 지체가 돕고 있는 모임을 방문한 적이 있었다. 사업을 하시는 사장님이 자신의 종업원들과 함께 저녁 시간을 쪼개어 열심히 성경공부를 하는 모임이었다. 함께 말씀으로 교제하고 음식을 나누고 난 후에 나에게 기도를 부탁했다. 모임을 마무리하는 기도였다.

지금도 다른 사람에게 얘기할 수 없고, 얘기해도 이해하지 못하는 가슴 아픈 문제들이 우리 각자에게 있습니다. 그러나 주님께서는 왜 그것을 나에게 고백하지 않느냐고 묻고 계십니다.

기도하는 데 갑자기 한 자매가 흐느끼기 시작했다. 순간 나는 당황했지만, 기도를 마무리하였다. 집으로 돌아오면서 그 자매의 눈물의 의미를 곰곰이 생각해 보았다. 그녀의 눈물은 곧 나의 눈물이었다. 나는 많은 그리스도인이 이처럼 사람들과 소통하기 어려운 마음의 깊은 고통, 그렇게 울음으로써만 표현할 수밖에 없는 아픔을 가지고 있다는 생각이 들었다.

누군가는 이렇게 말했다.

> 그리스도인은 다른 사람에게 알려지지 않은 고통을 가지고 사는 사람이다. 하나님의 뜻을 기다리며 자신의 고통을 은폐시키며 사는 사람이 그리스도인이다.

우리는 모두 이 말에 동의할 것이다. 그렇다고 고통이 없는 사람들은 그리스도인이 아니라는 말은 아니지만, 대부분의 그리스도인은 말 못할 상처와 슬픔의 짐을 가지고 있을 것이다. 그러나 나의 고통을 신앙의 공동체와 함께 나눌 때는 그 크기는 작아지고 서로가 더욱 원활한 소통의 길이 되므로 그 공동체는 더욱 견고해지며 사랑 나눔의 터전이 될 것이다.

그러나 함께 나누지 못할 문제도 있다. 창세기에 독자 이삭을 제물로 바쳐야 하는 아브라함은 아비로서 백 세에 얻은 아들 문제를 놓고 아내 사라에게조차 이 문제를 꺼낼 엄두를 내지 못했다. 이는 부부라도 상의 될 문제가 아니었기 때문이었다. 이는 아브라함만이 져야 할 멍에로 하나님과 아브라함과의 일대일의 문제였다. 아들을 제물로 바쳐야 하는 그 고통을 다른 누구도 대신할 수 없었다. 우리는 아브라함을 통해서 오직 하나님만이 개인 삶의 영역을 결정하신다는 것을 알게 된다. 아브라함이 독자 이삭을 제물로 바쳐야 하는 아픔은 그 누구와도 공유할 수 없었다.

사람들은 하나님과 직면하기를 매우 두려워한다. 하나님은 말 못 할 아픔을 가지고 있는 사람들을 직접 이끄신다. 우리 모두에게도 각각의 아픔이 있다. 다른 누구에게도 이야기할 수 없고 이야기해 봤자 이해하지도 못해서 아브라함처럼 마음속에 꼭꼭 숨겨둔 고통과 아픔들이 있다. 이 아픔이 아브라함처럼 우리를 하나님 앞에 홀로 서게 하고 하나님과 직면하게 한다. 그때 우리는 아브라함처럼 하나님의 음성을 듣는다. 아픔은 영원하신 하나님을 지향하게 한다. 신앙은 본질에서 하나님과 관계 유지의 구조다. 하나님과의 관계 구조가 신앙의 본질이라면 누구와도 공유할 수 없는 각자의 아픔이 하나님과의 본질적인 관계로 인도하는 도구가 될 수 있다. 아브라함이 믿음의 조상이 된 것도 그가 침묵의 시간 속에서 아픔을 품고 하나님을 끝까지 신뢰하였기 때문이 아닐까?

우리도 아프더라도 끝까지 참고 그분 앞에 조용히 머물러 기다리도록 하자. 하나님의 음성은 아픔과 인내의 옷을 갈아입고 조용히 하나님께 머리를 숙인 사람에게 들려진다. 이 땅에서 일시적인 시련과 고난 그리고 약함과 상처, 그로 인한 장애와 아픔에서 우리는 하나님을 생생히 경험하게 되는 계기를 갖게 된다.

내가 아는 어느 교회 집사님 한 분이 외국 선교지를 다녀왔다. 그분과는 평소에 자주 대화를 하였지만, 그분 마음속에 알 수 없는 그늘이 있다는 느낌을 지울 수가 없었다. 그런데 선교지를 다녀온 후 놀라운 변화가 찾아왔다. 얼마 후 그분으로부터 간증을 들었다.

선교지에서 어느 날 집사님은 선교팀과 함께 사람들의 발길이 닿지 않는 오지의 산속에서 현지인을 만났다고 한다. 낯선 이 외국인은 홀로 어두운 골방에서 세상에 대하여 마음의 문을 닫고 두려움과 공포의 눈빛으로 선교팀원들을 경계하는 표정이었다고 한다. 그런 모습을 본 그 집사님은 순간 자기 자신의 영혼을 그 외국인의 표정에서 보았다는 것이다. 과거의 상처와 아픔으로 숨고만 싶었던 한 사람, 이유를 알 수 없는 두려움과 공포로 세상에 자신을 노출하는 것을 어린아이 같이 두려워했던 자기 자신을 본 것이다. 무엇이 무서워 저렇게 홀로 숲에서 지내는가? 세상에 당당히 맞서지 않고 꼭꼭 숨어서 두려워 떨 이유가 무엇이었던가?

그날 저녁 그분은 기도하는 중에 그 영혼이 불쌍하여 통곡했다는 것이다. 그 후에 자신의 내면에 숨겨 놓은 문제들을 하나님 앞에 고백하고 용서를 구하며 자유하게 해 주실 것을 눈물로 고하면서 하나님의 치유 역사를 경험하였다는 것이다. 그 후 그분의 표정과 삶이 달라졌다.

우리에게 일어나는 모든 정황, 우리가 만나는 모든 사람과 현실은 우리의 영혼을 비추어 주는 거울이다. 하나님께서는 이 거울을 우리 인생의 곳곳에 배치해 놓으셨다. 우리는 매일매일 새로운 이 거울을 통해 우리 자신을 본다.

진 에드워드가 쓴 『세 왕 이야기』에 사울에게 쫓기는 다윗 이야기가

책 ● 꿈 ● 행복

나온다. 그는 다윗이 왕으로 기름 부음을 받고도 사울에게 계속 쫓겨 다녀야만 했던 이유를 이야기한다. 그것은 다윗 속에 박혀 있는 사울의 속성을 제거하기 위해서였다고 한다. 하나님께서 다윗 속에 숨어 있는 사울적인 요소를 없애기 위해 사울에게 계속 쫓겨 다니게 했다는 것이다. 다윗은 자신을 뒤쫓는 사울을 보면서 왕으로서 자신이 버려야 할 것과 갖추어야 할 것이 무엇인지 배우게 되었다. 사울은 자신의 왕위를 위협하는 다윗을 죽이려 하였지만, 나중에 다윗은 자신의 왕위를 위협했던 압살롬과 맞서지 않고 하나님의 치리에 맡겼다. 그는 하나님의 마음에 맞는 사람이 되었다.

세상에서 일어나는 모든 상황은 내 영혼을 비춘다. 거기에서 우리는 진정한 내 영혼의 모습을 본다. 내가 곧 그다. 내가 곧 정황이다. 세상은 내 영혼에 거울이 되어 쉼 없이 영혼에 묻어 있는 얼룩을 제거하라고 가르친다. 거울은 매일매일 매 순간 교체된다. 세상은 학교요, 세상에 있는 모든 사람과 내가 부딪치는 삶의 환경과 모든 문제는 학습 도구이다. 그것들은 우리의 영혼을 비추어 주고 우리 영혼에 갖가지 모습으로 감추어지고 위장된 것들을 보여 주는 영혼의 거울이다.

사람들은 자신의 모습을 닮은 사람들을 싫어한다고 한다. 자신이 인정하고 싶지 않고 보고 싶지 않은 약점과 결함을 보는 것이 싫기 때문이다. 나는 돌아가신 아버지께 감사한다. 아버지로 인해 내가 누리는 것이 많다. 그러나 아버지의 성품에 대해서는 할 말이 많다. 그로 인해 상처도 마음에 많이 남아 있다.

그런데 어느 날, 놀랍게도 내 아들을 혼내다가 불현듯 내가 나의 아버지의 모습으로 화를 내고 있음을 깨달았다. 내가 그토록 상처받았던 행동을 또다시 나 자신이 아들에게 대물림하고 있는 것이다. 나는 내 성품 속에 아버지의 흔적이 아직 지워지지 않았다는 것을 발견했다. 내가 아버지께 상처받았다는 것은 내 속에 나도 보고 싶지 않은 좋지 않은 성품을 아버지를 통해 보았다는 것을 의미한 것이었다. 내가 보고 싶지 않은 아버지의 모습이 이미 내 안에 있었다. 아버지는 내 모습을 비추어 주는 거울이었다.

나는 지금도 이기주의와 자기애愛, 하나님의 뜻보다 자기 뜻을 더 의지하고 귀하게 여기며 여호와 하나님을 신뢰하기보다 자신의 명철을 더 의지하는 존재로 살아가고 있다. 그뿐만 아니라 범사에 하나님의 인도하심과 이끄심을 믿지 못하고 하나님의 개입을 인정하지 않는 심히 일그러진 영혼의 모습이 어느 정황에서는 고스란히 드러난다. 하나님께서는 그렇게 나의 영혼을 예수님의 모습을 닮도록 하시기 위해 온 세상 속에 살아가는 사람들을 통해 내 영혼을 비추는 거울이 되게 하셨다.

삶이 힘들고 어려운 것은 어쩌면 자신의 참모습을 자주 보기 때문이다. 보고 싶지 않은 자신의 모습을 사람들을 통해서, 어떤 사건이나 일을 통해서 자주 보기 때문에 힘들었을 때도 많다. 다윗이 사울에게 쫓기며 지었던 시편들의 내용은 사울을 원망하거나 하나님에 대한 불만이 아니었음을 우리가 알 수 있다.

그것은 자신의 죄와 허물에 대한 큰 뉘우침이었다. 다윗은 사울을 통해 자신의 영혼 깊은 곳에 숨은 죄를 낱낱이 보았고, 밤마다 눈물로 침상을 적시었다.

책 ● 꿈 ● 행복

어떤 목사님이 이렇게 이야기했다.

"하나님은 우리를 사랑하신다. 따라서 우리의 영혼에 묻어 있는 얼룩을 결코 그냥 지나치지 않으신다."

어느 아버지가 밥을 먹다가 밥풀이 얼굴에 묻어 있는 자식의 얼굴을 보고 그냥 지나칠 수 있겠는가? 하나님께서는 나의 아픔을 자신의 아픔으로 여기며 함께 아파하신다. 그것은 나를 향한 사랑의 몸짓인 것이다.

내 인생의
책

– 김정미

저자 **김정미** 는

21세 꽃띠에 수용 시설인 소년원에 입사하여 비슷한 또래의 비행 청소년을 만났다. 이후 주경야독으로 대학을 졸업하고 학교로 이직하기 위해 기도하던 중 비행 청소년 선도가 자신의 사명임을 깨달았다. 비행청소년에게 도움을 주려고 청소년 상담공부를 시작한 후, 대학원 석사과정에 진학하여 가족 치료 상담을 배우면서 청소년에 대해서 더 많이 이해하게 되었다.

2011년, 수용기관에서 사회 처우기관인 보호관찰소로 발령받아 소년 보호관찰, 성인 보호관찰, 사회봉사 명령, 수강 명령 등 다양한 업무를 담당하면서 사회복지 분야에 대한 깊은 관심으로 공부를 다시 시작하여 2015년에 대학원 박사과정을 수료하였다. 올해로 소년원 보호관찰소에서 28년 동안 근무하면서 가족, 경제, 친구 문제 등으로 청소년뿐만 아니라 성인들도 힘들어하는 모습을 수없이 보았다. 선도한다고 하지만 정작 눈에 보이는 열매가 지극히 작기에 때로는 지금 하는 일이 의미가 있기는 하나 하는 지친 마음에 힘들 때도 많다. 하지만 한 명을 구하여도 보람된 일이 선도하는 것이기에 오늘도 사명감으로 이 일을 감당하고 있다. 이번에 공저 『책·꿈·행복』을 쓰면서 내가 하는 일을 한 권의 책으로 써서 힘들어하는 사람들에게 희망을 주어야겠다는 생각을 하게 되었다.

광주벧엘교회 집사이며 다문화위원회에서 섬기고 있다.

■ 이메일 choice1228@hanmail.net

내 인생의
책

나에게는 인생의 길라잡이가 된 몇 권의 책이 있습니다. 그중에서 살아갈수록 그리워지는 한 권의 책을 소개하려 합니다. 그 책이 바로 나의 어머니입니다. 지금도 나의 어머니께서는 나의 평생에 책이 되어 주시고 있습니다.

저희 어머니는 전남 장흥하고도 대덕 가학에서 3남 5녀의 첫째로 태어났습니다. 외할아버지는 온화하고 말수가 적은 데 반해 술에 취하면 매번 골목길에서부터 장녀인 저희 어머니를 "일란아! 일란아!" 하고 고래고래 소리치며 집으로 들어오셨습니다. 아마 여러 자식 가운데 맏딸로서 제일 사랑을 많이 받았기 때문이었을 겁니다.

어머니는 외할아버지가 술에 취해서 부르는 본인의 이름을 듣고 있을 동네 사람들과 이웃에 살던 친구들에 대해 몹시도 부끄럽고 수치스러운 생각이 들어 괴롭고 힘들었습니다. 외할머니도 역시 외할아버지의 그런 무절제한 주사 때문에 몹시 속상해하셨기에 나중에 딸들만큼은 술 안 먹고 교회 다니는 사람에게 시집을 보내야겠다는 결심을 했던 것 같습니다.

외할머니 성격은 외할아버지보다 매우 활동적이셨고, 목소리가 크고 추진력도 강하여 집안일이나 농사를 다부지게 해내는 그야말로 여장부이셨습니다. 외할머니 집 바로 위쪽에는 '가학교회'가 있었는데, 당시 시무하는 목회자 없이 교인들끼리 모여 예배드리고 가끔 외부에서 목사님, 전도사님 등이 오셔서 돌보는 식으로 운영되는 교회였습니다.

그 당시 시골구석에서는 많은 사람이 무속 신앙에 빠져서 서낭당의 고목에 정화수를 떠놓고 소원을 비는 경우가 다반사였습니다. 무슨 연유로 그 마을에 예배당이 생겼는지는 알 수 없지만, 그 마을 사람 중에 일부 여자 성도님들이 중심이 되어 예배당에 모여서 믿음의 공동체가 이어졌던 것 같습니다.

그로 인해 외할머니도 어느 날엔가 마을 사람에게 전도를 받아서 열심히 신앙생활을 하셨고, 후에는 그 교회의 중심 역할을 하였기에 새벽마다 교회에 나가서 예배 시간을 알리는 교회 종을 치시며 마을 사람들이 교회로 모이게 하는 봉사직을 충성스럽게 하셨던 것입니다. 열심히 새벽 제단을 쌓으시면서 가족들을 위한 기도를 많이 드리신 것이 응답받아 온 가족과 그 후손에 이르기까지 하나님의 구원 손길이 미친 것이라 생각합니다.

외할머니께서는 하루도 빠지지 않고 새벽 기도를 하셨고, 외부에서 교회 일로 오신 손님들을 집으로 맞아들여 극진히 대접하는 일도 허다하였습니다. 그 교회에서 여러 성도님에게 많은 본을 보이셨기에 마을 사람들 모두에게도 많은 덕을 끼쳤을 겁니다.

외할머니는 어려운 형편 중에도 많은 자녀가 머리에 부스럼, 종기, 곰 발부스럼이 나거나 귀에 감청 들리거나 옷이 찢겨서 다니는 자녀들이 없도록 잘 돌보셨던 것입니다. 자녀들을 돌보는 일뿐 아니라 집안 살림도 매우 깔끔하고 정갈하게 하시어 마을에서도 존경받는 살림꾼이시기도 하셨습니다.

집안 살림뿐만 아니라 바느질 솜씨도 매우 뛰어나서 한복을 손수 지어 입었고, 한복을 입을 때면 언제나 쌀로 풀을 먹여 외할머니가 걸어가면 풀 먹인 한복 치마 자락이 서로 스치며 사각사각 소리가 날 정도로 기품 있고 정갈하게 다니셨습니다. 그런 외할머니의 영향을 받아서 저희 어머니는 외할머니, 외할아버지가 일하러 나갔다 집에 돌아오시면 집안일로 신경 쓰지 않도록 일곱 명의 동생을 돌보며 집안을 깔끔하게 정돈하셨다고 합니다.

저희 어머니는 외할머니를 본받으셔서 장녀이지만 시골에서 부모를 도와 논과 밭에 나가 농사짓는 일을 돕기보다는 집안에서 동생들을 돌보며 집 안 청소와 정리하는 일을 하셨고, 오히려 동생들이 외할머니, 외할아버지를 도와 농사일을 주로 하였습니다.

그렇게 성장한 어머니는 외할머니의 바람대로 교회 다니며 술을 전혀 마시지 못하는 저희 아버지와 결혼한 것입니다. 그때 저희 어머니 나이가 20살, 아버지는 23살이었습니다. 아버지는 전남 강진군 강진읍 서산리 월남이라는 깊고 깊은 골짜기 같은 곳에서 태어난 전형적인 시골 사람이셨습니다.

저희 아버지는 6남 2녀의 막둥이며, 청년 시절까지 재산가인 할아버지와 위로 형들이 많은 시골 동네에서 소작을 주어서 손에 흙을 묻히지 않고 고생 없이 곱게 성장하셨던 것입니다. 시골에서 자랐지만, 한학을 배우며 농사에 관심 없었기에 농촌에서 그 흔한 벼 베기, 쟁기질, 지게질을 잘 하지 못하셨다고 합니다. 그렇게 막둥이로 자라면서 농사를 거들어 본 적 없고 한학 공부만 하다가 가세가 갑자기 기울면서 농사를 시작했기에 그 일에 영 서툴렀습니다.

어머니는 새벽에 일어나 캄캄한 어둠 속에서 밥을 짓고 반찬을 만들어서, 동이 틀 무렵 할아버지와 가족들이 아침밥을 먹을 수 있게 하고 , 아버지는 논으로, 어머니는 밭으로 농사지으러 가셨습니다. 어머니는 그런 집에 어린 나이에 시집와서 한동네에 사는 큰 시숙이 형님 없이 남긴 조카들을 혼자 돌보고 있어 시시때때로 반찬을 만들어 주고 조카들의 옷도 지어주며 뒷바라지를 했습니다. 정신질환이 있는 시숙은 손님이 올 때 갑자기 나타나 주변을 서성이는 등 할아버지와 함께 모든 일을 돌보는 일은 결코 쉽지 않았습니다. 새벽부터 일어나 열심히 일하여도 살림은 날이 갈수록 나아질 기미도 없고, 집안일과 농사일은 끝도 없이 생겨나고 계속되었습니다.

그래도 어머니는 외할머니가 생각나서 참고 또 참아 내면서 시골 생활에 적응해 갔습니다. 그때 할아버지가 돌아가시면서 어머니에게 그동안 밥해 주느라 수고했다고 선산과 산이 딸린 집을 유산으로 남겨 주셨습니다. 자녀들이 성장하자 교육을 위해 할아버지로부터 받은 유산을 처분한 돈으로 목포에 나와 자그만 집을 샀습니다. 이후 도시 생활을 한 번도 한 적 없던 아버지는 사기를 당해 나머지 재산을 전부 잃고 우리의 고생은 다시 시작되었습니다.

도시에서 뚜렷한 직업을 찾지 못했던 아버지가 오랫동안 거의 무직으로 있었고, 어머니께서는 생선가게, 구멍가게를 운영하였지만 살림살이는 더욱 가난으로 치달았습니다. 급기야 어머니는 더는 목포에 있지 못하고 한동안 경기도 지역에서 가정부로 살면서 가족과 떨어져서 우리 5남매를 부양하셨습니다. 어머니께서는 멀리 떨어진 남의 집에서 가정부로 계셨기에 엄마의 돌봄을 받지 못하고 있는 초등생 막내둥이가 늘 마음에 걸려 전화 통화할 때면 울먹이시다가 대화도 제대로 못 하셨습니다. 나도 나이 들어 엄마가 되어 자식을 키워보니 그 당시 엄마의 그 아픔을 헤아리면 가슴이 먹먹해집니다.

아버지는 성실하고 정직하지만, 변화가 많은 도시 생활에 어려움을 느꼈고, 한학만 공부하셨지 기술에 문외한이라 어머니는 시골에서보다 더 힘들어지고, 가난은 우리 가족을 그림자처럼 모질게 따라다니며 우리의 삶을 피폐하게 만들었습니다.

칼날처럼 매서운 겨울바람과도 같은 극심한 어려움 속에서도 신앙으로 버텨내신 어머니이셨습니다. 우리 가족은 힘든 상황 중에도 목포에서 신앙생활을 하였고 모진 세월이 흘러 자녀들이 장성하여 그중에 언니들은 결혼도 하고 학교도 가게 되어 광주로 이사하였습니다.

어머니는 남의집살이를 끝내시고 광주로 오신 후에도 "옛날에는 시

책 ● 꿈 ● 행복

골에서 얼어붙은 개울물을 깨고 얼음 조각 속에서 물을 퍼 올려 이불 빨래하고 옷을 빨며 살았다.”라고 하면서 찬물로 설거지하실 때면 항상 감사하셨습니다. 어머니는 많은 고난을 극복하여서인지 무슨 일이 생기든 걱정보다는 기도를 먼저 하셨고, 자녀들에게 어떤 일도 할 수 있다는 자신감을 심어 주며 교회를 생명처럼 아끼고 사랑하셨습니다.

많은 고초를 겪고 모진 풍파를 이겨내셨던 어머니에게도 감당하기 힘든 시련이 다시 찾아 왔습니다. 40대 중반인 오빠가 지병으로 세상을 떠난 것이었습니다. 부모를 앞서간 자식은 가슴에 묻는다고 하는데, 그 고통은 생살을 찢는 아픔보다 더하셨을 겁니다. 딸로서 이를 지켜보는 나로서도 너무도 고통스러웠습니다. 왜 하나님께서는 착하고 신실하고 오직 하나님의 도우심만을 바라보며 믿음으로만 사시는 어머니에게 그런 모진 시련을 주셨는지 때로는 하나님을 몹시 원망하면서 많은 눈물을 쏟기도 하였습니다.

오빠가 남겨둔, 당시 초등학생 조카 둘을 새언니와 함께 거두었습니다. 어머니는 그 괴로움과 고통을 이겨내시기 위해 밤이나 낮이나 새벽이나 언제나 기도로 사셨습니다. 그리움도 기도로, 슬픔도 기도로 항상 새벽어둠 속에서 기도하는 어머니의 모습이 눈에 선합니다. 새벽에 가끔 눈이 떠져 누워 있으면 어머니가 혼자 일어나 무릎 꿇고 기도하시던 모습이 생각납니다. 어머니는 집과 교회의 마룻바닥에 엎드려 기도하셨습니다. 아마도 어머니의 무릎은 낙타 무릎처럼 군살이 배기셨을 것입니다.

젊은 나이로 천국에 가버린 오빠를 잃은 슬픔으로 어머니도 70대 후

내 인생의 책 – 김정미

반에 숙환으로 이 땅에서의 모진 삶을 마치시고 눈물과 아픔이 없는 하늘나라로 가셨습니다. 어머니께서는 극도로 쇠약해지셔서 거동이 어려울 때도 교회 가기를 쉬지 않았습니다. 기력이 쇠하여 걸음걸이가 거의 넘어질 듯 비틀거려도 교회 가는 것을 멈추지 않았습니다. 병이 깊어가며 도저히 거동하지 못하고 누워 있을 때도 교회 가지 못한 것을 매우 한스러워하셨습니다.

어머니께서는 더 사실 수 있는 연세에 하나님께서 주님의 품으로 데려가신 것은 좀 더 일찍 영원한 안식을 주시기 위한 하나님의 배려가 아닌가 생각됩니다. 물론 자식 된 도리로서는 하루라도 어머니께서 저희 곁에 더 계셨으면 하는 바람이 있었지만, 인간의 생각과 하나님의 생각은 다르셨을 것입니다.

나는 지금도 교회에서 예배를 드릴 때 어머니가 평소에 애창하던 이 찬송가가 나오면 눈물을 멈출 수가 없습니다.

주 안에 있는 나에게 딴 근심 있으랴
십자가 밑에 나아가 내 짐을 풀었네
주님을 찬송하면서 할렐루야 할렐루야
내 앞길 멀고 험해도 나 주님만 따라가리

어머니께서는 병환 중에도 그토록 예배를 소중하게 여겼던 것을 생각하면, 나는 교회에 들어서는 그 순간 마음에서 뜨거운 그 뭔가가 올라오면서 어머니의 믿음을 생각하게 됩니다. 삶이 지치고 곤고할 때에 오직 신앙으로 어려움을 극복했던 어머니의 고결한 그 믿음을 새겨 봅니다. 어머니의 믿음은 모진 풍파를 이겨낸, 잘 다듬어진 차돌 같으셨습니다.

지금도 나는 "어머니!" 하면 아직도 코끝이 찡하며 그리움이 솟구칩니다. 살아 계실 때는 알지 못했던 어머니의 바다보다 깊은 자식들을 향한 사랑과 그 믿음의 삶을 저도 이어가려고 애쓰고 있습니다.

성경에 나오는 나오미의 쓰디쓴 인생을 사시면서도 늘 소망 중에 거하셨습니다. 어머니의 평생은 예수님의 사랑과 자식들을 향한 헌신적 사랑이셨습니다. 그 삶의 흔적이 어머니께서 나에게 물려주신 귀한 믿음의 유산이 되어 내 가슴속에 한 권의 책이 되었습니다. 늘 돌이켜 보아도 눈물 나게 그리운 사랑하는 나의 어머니! 고마울 따름입니다.

"사랑해요, 어머니!"

"보고 싶어요. 어머니!"

이 순간도 이렇게 외쳐 봅니다.

내 인생의
꿈

오늘도 면담 대상자를 만나기 위해 점심을 먹은 후 출장을 나간다. 겨울철이라 햇볕은 따스하지만 바람이 불면 살갗을 에는 추위가 옷 속을 파고든다. 바깥 추위와는 달리 차 속으로 들어오니 바람은 멈췄지만, 그늘에 주차된 차량의 내부에는 온기라곤 없어 싸늘하기 그지없다. 차량에 시동을 걸고 내비게이션에 전남 담양에 거주하는 대상자의 주소를 입력하고 그 집을 찾아간다. 차창 밖의 농촌 풍광은 국도 주변에 잡목들이 우거져 있고 가로수 나뭇가지에 붙어 있던 잎사귀들은 말라 떨어져 앙상한 가지만이 바람에 흔들리고 있다. 나무 사이사이에 갈대가 푸른 잎사귀를 대신하여 나무들을 포근히 감싸고 있다.

나의 직업 현장은 '보호관찰소'다. 법원에서 유죄 판결을 받고 집행

유예와 더불어 보호 관찰을 판결받은 대상인들을 '보호관찰 대상자'라고 부른다. 보호관찰소에서 내가 맡은 일은 보호관찰 대상자의 얼굴을 마주하며 교육하는 일로서 그들과 '면담'을 하고, 때에 따라서는 직접 거주지에 찾아가서 교육하는 '출장지도'도 한다. 대상자의 환경을 알기 위해 거주지나 직장 등을 방문하여 교육·지도하여 대상자가 다시 범죄하지 않도록 예방하며 선도하는 일을 하고 있다.

대상자를 찾아 출장 다니는 일은 날씨가 좋은 날이나, 때로는 눈이 오거나, 비가 내리는 날, 오늘처럼 추운 날, 땀을 뻘뻘 흘리는 무더운 날에도 변함없이 반복되는 일상적인 업무다. 그런 날씨에도 대상자를 만나기 위해 나는 사명감을 가지고 더위나 추위에도 굴하지 않고 대상자가 거주하는 곳이나 직장 등을 찾아다니며 선도, 교화하는 일을 천직으로 여기고 일한다.

돌이켜 보면 나는 초등학교부터 고등학교 때까지 무엇이 되고 싶으냐는 장래 희망 직업란에 '교사'라고 줄곧 써 왔다. 시골에서 태어나 자라면서 막연히 선생님을 동경하고 학교에서나 동네에서도 가장 멋있는 분은 단연 선생님이었다. 그리고 학창 시절에 좋은 선생님을 만나서 즐겁고 행복한 시간이 많았었다. 지금도 이름을 기억하는 추억의 선생님도 꽤 계시다. 그래서 '나도 나중에 선생님이 되어야지.'라고 자연스럽게 장래 희망을 교사라고 적었던 것 같다. 선생님이 되고 싶은 열망은 고등학교 때까지도 변함이 없었다. 그만큼 교사라는 직업은 나의 마음속 깊이 간절히 되고 싶은 열망의 직업으로 자리한 것이다. 그런데 고등학교에 진학하면서 갑자기 가정 형편이 어려워졌다.

내 인생의 책 - 김정미

부모님께서 작은 슈퍼마켓을 운영하여 자녀들을 양육하던 중에 갑자기 큰 언니가 중매로 일찍 결혼하게 되었고, 둘째 언니는 어려운 형편에도 대학 진학을 절대 포기하지 않고 꼭 광주로 진학하겠다고 굶어 가며 떼를 썼다. 부모님은 어쩔 수 없이 은행에서 빚을 내서 큰 언니 혼수비용과 둘째 언니의 등록금과 자취방 얻을 돈을 마련하였다. 우리 가정이 여유 있는 집안 형편이라면 모두 축복되고 경사스러운 일이겠지만 경제적 여유 없이 근근이 부양하는 부모님으로서는 그야말로 빚더미를 뒤집어쓴 모양새가 된 것이다.

그런 경제적인 어려운 상황은 내 고등학교 시절 내내 계속되었고, 3학년이 되어 대학 진학을 앞두고서 최고조에 달했다. 나는 어려움 속에서도 둘째 언니와 마찬가지로 대학 진학을 포기할 생각은 전혀 없었다. 교사가 되기 위해 사범대학 영어 교육학과에 합격하였지만 포기할 수밖에 없었다. 그 당시 나는 내 삶이 끝난양 절망감에 사로잡혀 삶의 의욕마저 잃었고, 나는 왜 이렇게 가난한 가정에서 태어나고 살아가야 하는지 내 삶이 싫어지기조차 하였다.

결국, 부모님은 가정 형편이 어려워 도저히 나까지 대학에 보내기 어려우니, 작은 사업장에 취업하든지 공무원 시험을 보든지 취직할 것을 강력하게 권유하였다. 그래서 강진군 농어촌 의료보험조합에 합격하여 1년 11개월을 다녔다. 그 직장에 다니는 동안에도 여전히 다시 공부하고 싶었고, 대학에 진학하고 싶은 열망은 항상 마음속에 남아 있었다.

그래서 공부하기에 유리한 공무원직이 어디일까 궁리하던 끝에 비행 청소년을 선도·교화하는 소년원에 근무할 수 있는 소년 보호직을 선택하여 응시하였다. 이미 시험 준비는 해오고 있었던 터라 1개월 정도 급하게 몰아치기 준비를 하여 합격하였다.

소년원은 외부에서 생각하는 것과 달리 비행 청소년을 가르치는 직원들에게 선생님이라는 호칭을 사용하고, 실제로 근무하는 직원들에게 배울 기회를 많이 제공하였다. 그래서 당시에 야간대학에 진학하고 싶었지만, 소년원은 수용기관이라 야간 근무가 3교대에서 4교대로 지금과 비교하지 못할 만큼 자주 당직을 서야만 했다. 그런데도 포기하지 않고 소년원에서 야간근무하면서 우여곡절 끝에 대학에 진학하여 4년 만에 졸업도 하였다. 그 후로 학업에 대한 미련이 있어 대학원에 진학하여 석사 과정을 밟았고, 자격이 갖춰지자 나는 소년원을 벗어나 다른 직장으로 가고 싶은 생각이 들어 이직을 준비하였다.

하지만 공부에 집중할 수 없었다. 그 이유는 소년원에 수용된 비행 청소년들이 생각이 났다. 그동안 교사가 되기 위해 잠시 동안 머무는 정류장처럼 소년원을 생각하다 보니 비행 청소년들에게 관심을 가지기보다 시간 나면 책을 읽고 공부하고 퇴근해서도 다시 학교 교사가 될 수 있는 길은 없나 궁리하느라 정작 내 앞에 있는 비행 청소년을 제대로 바라보지 못했다.

꿈 많은 청소년들이 가족이나 친구 문제로 꿈을 잃고 방황하다가 결국 법의 심판을 받고 범법자가 되어 소년원에 오는 청소년들을 깊이 있게 바라보게 되었다. 그때부터 소년원이야말로 내가 꿈꾸던 교사가 아니었던가 싶었다. 교사가 되기 위한 오랜 방황을 끝내고 소년원에서 진정한 교사가 되기 위해 수용된 청소년에 관심을 가지기 시작하였다.

이곳에 수용된 청소년들은 그 나름대로 말 못 할 사연을 품고 들어온 것이다. 어떤 여자 비행 청소년은 아버지의 거듭된 폭력과 구타, 언어폭력 등으로 학교를 그만두고 폭력으로 소년원에 수용되었다. 그 청소년의 어머니는 아버지의 거듭된 폭력에 견디질 못하고 가정을 떠난 지 오래되었고, 아버지는 그 자식마저 손찌검을 자주 하고 온갖 욕설을 하며 가사를 전담시키면서도 정작 좋은 말은 해 주지 않고 지속적인 학대만 했다. 그러다 보니 학교에서의 생활도 원만치 않아 친구들과 시비 끝에 폭력을 하게 되어 소년원에 수용된 것이다.

나는 교사로서 그 여자 비행 청소년에게 상담을 하면서 가족의 어려운 상황을 함께 나누고 위로해 주며 삶의 목표를 가지고 살아갈 수 있도록 독려하였다. 처음에는 나를 냉소적이고 비웃는 듯한 태도로 대하더니 시간이 지나면서 차츰 태도가 부드러워지고 먼저 다가와 인사를 하는 등 변화하는 모습이 보였다.

나는 그동안 마음만 앞섰기에 청소년들이 진정한 변화의 의지가 없는데도 나의 방식대로 도와주려다가 오히려 상처받은 적이 많았기 때문에 그 청소년과는 상담한 후 본인에게 필요한 부분이 검정고시라고 제시하며 준비하도록 도와주었다. 나중에 소년원에서 출원한 후에도 검정고시 공부를 계속하여 합격하였다고 연락을 받을 때는 큰 보람과 기쁨을 느꼈다.

나의 오랜 꿈이었던 일반 학교 교사는 되지 못했지만, 정작 그 이상의 꿈을 이룬 것으로서 날마다 감사와 의미를 부여하면서 이 일이 하나님께서 부여하신 나의 미션이고 나의 천직이라 생각하며 오늘도 맡은 일

책 ● 꿈 ● 행복

에 최선을 다하고 있다. 미래가 있는 그 청소년들을 지도하고 교육하여 변화시키는 역할을 하는 것이다. 다만 일반인이 아닌 범죄와 관련된 청소년 등을 대상으로 선도하고 교화하는 일을 하는 것이다.

일반 학교 교사는 일반 학생들에게 학업을 가르치는 일이 주된 교육이지만, 내가 천직으로 알고 봉직하는 이 교육 사역은 청소년 선도 사역으로서 장래가 창창한 어린 인생들에게 희망을 주고, 그들의 심성에 바른 가치관을 바로 잡아 주어 건강한 사회인으로 살도록 하는 목자적인 특수 교직이다. 내게 이 보호직은 기독교인으로 하나님께서 주신 목자적 교직이다.

처음 입사할 때부터 25년 이상 소년원에서 근무하면서 청소년들의 꿈을 위해 노력하는 교사로 생활하였지만, 하나님께서는 그 후로는 보호관찰소로 발령을 내시어 성인들을 대상으로 보호 관찰하면서 나의 꿈을 이루어 주신 것이다.

만일 일반 학교 교사가 되었다면 지금과 무엇이 달랐을까? 하지만 난 오늘도 그들이 다시 잘못을 저지르지 않도록 보다 적극적인 인성 지도와 선도 사역으로 또 다른 교사로서의 꿈을 펼쳐가고 있다. 마치 예수님께서 길 잃은 양들을 찾아온 들과 산으로 다니시면서 찾아다니시는 것 같은 사역을 오늘도 겨울 찬바람을 맞아 가며 감당하고 있다.

믿음을
고백하기까지

요즘 강추위를 직접 느끼면서 나의 지난 초등학교 시절에 교회와 엄마에 대한 추억을 더듬어 보게 된다. 예나 지금이나 겨울은 아침과 저녁으로 춥긴 하지만, 해가 있는 동안 따사로운 양지바른 햇볕 드는 곳에 서 있으면 오히려 봄날의 포근함을 느끼기도 한다.

초등학교 5학년 정도였을 것이다. 며칠 전부터 바람과 함께 눈발이 흩날리더니 갑자기 도로 위가 꽁꽁 얼면서 동장군의 기세가 더해지고 있었다.

그렇게 날씨가 추운 날이면 따뜻한 방안에 누워 이리저리 뒹굴뒹굴하면서 군고구마나 오징어포를 먹는 것이 제격인데, 엄마는 모처럼 쉬는 주일에 내가 쉬는 꼴을 보지 못해 아침부터 계속해서 교회에 갈 때까지 소리를 질러 결국 교회로 나를 내모셨다. 나는 따뜻하고 포근한 방을 뒤로하고 집에서 멀리 떨어진 추운 도로에 나와 버스를 기다렸다가 타고 교회로 갔다.

내 초등학교 교회 생활은 그야말로 매주가 전쟁 같았다. 학교와 동네 친구들은 주말이면 친구들과 놀거나 텔레비전에서 나오는 "은하철도 999", "캔디", "미래소년 코난" 등 다양한 만화 프로그램을 맘껏 보고 친구들과 어울려 오락실도 가서 게임도 하는데, 나는 어찌 된 일인지 주일이면 엄마는 무조건 아침에 교회에 가야 한다고 집요하리만큼 성화를 해대시는지 견딜 수가 없을 정도였다.

모처럼 버티고 버텨 교회를 다녀오지 않은 날에는 정말 모든 것이 불편하기 짝이 없을 만큼 엄마는 모든 일에 교회 다녀오지 않는 사실을 엮어 괴롭히셨다. 엄마는 내가 뭘 해도 그냥 넘어가는 법이 없었다. 나의 행동에 모처럼 누군가 나를 칭찬하면 "주일에 교회도 안 다녀 온 것"이라고 매번 말하는 것이었다. 행동할 때마다 같은 말을 입에 붙이면서 압박감을 주시었기에 나는 믿음이 있거나 교회가 좋아서 다녀본 경험은 오히려 거의 없는 것 같다. 단지 극성맞은 엄마에게 주일에 교회 다녀오면 더는 꼬투리 잡히지 않고 교회에서 보낸 시간 외의 시간은 자유로울 수 있어 그냥 참고 다니는 것이 습관화되었다.

초등학교 시절부터 직장에 다닐 때까지도 엄마의 통제는 여전하였다. 하나님을 믿지 않은 것이 가장 큰 죄라고 생각하고 나에게 말하는 것, 행동하는 것에 대해 은혜보다는 율법적인 잣대로 판단하고 지도하려는 것이 강하였다.

나는 기본적으로 부모님 말씀을 거역하는 것보다 순종하는 것이 좋을 듯하여 별문제 없이 지냈지만 직장생활을 하면서도 믿음은 갖질 못했다. 상당 기간 직장에 다니면서 적응도 잘하고 대인 관계도 원만하여 어려움이 없이 즐겁게 보냈다.

직장에 10년 이상 다니면서 승진 시험을 치를 일이 생겼다. 나는 여전히 하나님을 믿기보다는 나에 대해 자신감을 가지고 시험을 준비하였다. 처음 시험에 합격한 사람이 거의 없을 정도로 어렵다고 선배들이 말하였지만 나는 내심 단번에 합격할 수 있다는 자신이 있었다. 그래서 교회에 오랫동안 다니면서도 중보기도 제목으로 내놓지 않고 혼자서 새벽에 일어나 책을 보고 틈나는 대로 짬짬이 요약한 것을 외우면서 시험 준비를 나름 충실히 하였다. 하지만 나의 예상을 깨고 결과는 불합격이었다. 그것도 시험문제를 모르거나 어려워서 떨어진 것이 아니었다. 합격에 대한 열망으로 시험 시간 안배를 잘하지 못 해 시간 부족으로 떨어진 것이다. 너무도 어처구니없어 한동안 속상하고 우울하였다.

그 후에 나는 승진 시험으로 인해 나에 대해 겸손한 마음, 하나님께 한 번 기도해 볼까 하는 마음이 들기 시작하였다. 왜냐하면, 후배들이 노골적으로 시험에 탈락한 선배들에게 '똥차가 길을 비켜야 후배들도 승진할 것 아니냐?'라는 비아냥거림이 있었기에 두 번째 승진 시험을 앞두고는 상당한 압박을 느꼈다.

승진 시험이 다시 있다는 말에 나는 처음처럼 혼자서 준비할 것인가, 아니면 교회 사역 중보팀에 승진 시험 본다고 말해야 하나 고민하기 시작하였다. 중보팀에 말해서 떨어지기라도 하면 이것 또한 부끄러울 것이 뻔한 것 아닌가 싶어 많이 망설였다. 하지만 나는 하나님께 기도해서 나쁠 건 없다고 생각하고 엄마가 믿던 하나님에게 기도하기로 마음을 먹었다.

나는 이전처럼 직장에서 일하고 귀가하여 집에서 책을 읽고 외우는 과정을 반복하였다. 별다른 변화는 없었지만, 직장 일을 마치고 집에 돌아와 책을 집어 들면 그렇게 피곤함이 몰려들어 잠이 쏟아져 정해 놓은 계획대로 진도를 나가지 못했다. 새벽에도 몸이 무거워 일어나지 못하는 때도 있었다. 나는 좀 더 절박한 마음이 들었다. 시험 기간이 얼마 남지 않아 중보팀에 기도를 맡기고, 나는 정작 하나님께 기도하지 않고 막연한 기대감으로 기도하는 것을 남의 일처럼 여겼다. 도저히 이렇게 공부해서는 합격할 수 없다는 생각이 들어 불안하였다.

나는 다시 한번 벼랑 끝에 선 심정으로 "하나님 저에게 기회를 주셔서 합격하게 된다면 주의 일에 열심히 헌신하겠습니다."라는 헌신의 기도가 절로 나왔다. 그야말로 내 형편이 다급해서 하나님을 움직이고 싶었던 것 같았다. 그 기도를 드리고 그러한 간절한 마음으로 하나님을 순간순간 찾으면서 공부하였다. 정말 거짓말이라고나 할까? 이전과는 확실히 다르게 몸이 가뿐하며 책을 읽어도 기억이 잘 남고 직장에서 귀가 후 저녁이나 새벽에 책을 외어도, 누군가 돕고 있는 것처럼 가벼운 마음으로 공부에 몰입할 수 있었다. 그리고 불안한 마음 대신에 차분하고 안정된 모습으로 책을 보면서 집중력도 높아지는 것을 몸으로 느꼈다. 시험결과는 당연히 합격이었다.

지금도 복음성가 "나의 등 뒤에서 나를 도우시는 주"라는 찬양을 부르면 당시의 감동이 살짝 떠오르면서 정말 나의 등 뒤에서 받쳐 주시는 하나님에 대해 실제로 체험했던 느낌이 되살아난다.

초등학교 시절부터 엄마가 강제로 선물한 믿음을 어른이 되어 이제는 나 스스로 하나님을 찾아 믿음 생활을 하고 있다. 돌이켜보면 하나님의 한량없는 은혜가 분명하다.

승진 시험 외에 하나님을 수도 없이 체험하고도 그때는 헌신하겠다고 다짐하며 기도 응답을 받았지만, 그 후에는 간절함을 뒤로 한 채 생활에 매몰되어 있는 오늘의 나를 다시 발견한다. 지금도 많이 부족하지만, 하나님께서 오늘도 내 삶 한가운데 계심을 확신하고 있다. 하나님께서 지난날 나를 기다리신 시간보다는 좀 더 짧게 나의 자녀들을 만나 주시고, 하나님의 은혜를 깨닫게 하시고, 하나님의 영광을 위하여 살아가는 자로 변화시켜 주시기를 오늘도 손 모아 간절히 기도한다.

책 ● 꿈 ● 행복

흔들리는 청소년은
이유가 있다

둘째 언니는 교정 시설에서 교도관으로 일하고 있었다. 한 번은 직장에서 교대 근무를 마치고 귀가한 나에게 언니는 어린애가 입을 만한 옷과 신발을 주변에서 구해 줄 것을 전화로 요청하였다. 당시 나는 시골에서 직장에 다니고 있었고 가까운 곳에 어린애를 키우는 친구들이 없어 구해 주지 못했다. 반면 큰 언니는 주변 지인들을 통해 구한 옷가지와 신발 등을 둘째 언니에게 전해 주었다. 이후에도 둘째 언니는 가끔 직장에 출근할 때에 교도소에서 필요하지 않을 것 같은 물건 등을 모아서 가져가는 경우가 있었다.

그런 어린이용품들을 구한 이유는 이러했다. 언니가 근무하는 교정 시설에 어린애를 데리고 수용된 여자 재소자를 위해 옷과 신발, 장난감 등을 구해 준 것이다. 자신이 하는 일에 열정적인 둘째 언니는 성인 수

용자의 교정, 교화에 관심이 많아 교육을 통한 교화에 나름대로 여러 가지 시도를 하는 것 같았다. 그런데 출소자 가운데에는 잘 교화된 것 같은 사람이라고 판단했는데, 다시 범죄를 저지르고 입소하는 경우가 종종 있다는 것이다. 언니의 말대로 사람이 근본적으로 변화되는 것은 정말 어려운 일 같다.

당시 나는 시골에서 직장을 다니고 있었지만, 다시 대학에 진학하고 싶은 마음과 막내로 자라 직장 외에는 부모와 떨어져 생활한 적이 없어 부모 형제가 있는 광주로 가고 싶은 간절한 마음에 이직할 것을 결심하였다. 나는 어떤 직장을 선택해야 할까 고민하던 중에 둘째 언니에게 의논했다.

"정미야, 너는 소년원에서 근무하면 좋겠다, 어른들은 성품이 굳어져서 교화하기 어렵지만, 청소년은 그래도 좀 낫지 않겠냐."라며 언니는 강력하게 소년원에 입사할 것을 권유하였다.

처음에는 수용 시설에 근무한다는 것이 망설여졌지만 개인적으로 공부할 기회가 많고, 둘째 언니가 말하는 교정·교화하는 일도 보람이 있다고 생각되어 당시 소년 보호직을 선택하여 공무원 시험 준비를 하였다. 다니던 직장을 그만둔 지 채 두 달이 되지 않는 시기에 공무원 시험이 치러졌지만, 직장에 다니면서도 개인적으로 계속 책을 읽고 공부하고 있었기 때문에 어렵지 않게 시험에 합격했다.

나는 공무원 시험에 합격한 이후 연수원에서 6주간의 교육을 이수하고 광주소년원에 첫 발령을 받아 출근하였다. 수용 기관이라 폐쇄적이고 답답할 것이라는 생각과 달리 수용된 청소년이 직원이 근무하는 사무실에도 오갈 수 있고, 운동장이나 기타 어느 장소에서도 자연스럽게 마주칠 수 있어서 생각보다 자유로운 곳이었다.

근무하면서 수용 기관은 딱딱하고 경직된 곳이라는 선입견이 점점 더 깨지면서 한편으로 이런 생각이 솟아났다.

"수용된 청소년은 뭔가 다를 거야, 사회에 있는 또래들과는 문제가 많을지도 몰라."

당시 광주 소년원은 장기 수용된 남자 소년원생뿐만 아니라 법원에서 비행을 저지른 남녀 청소년들이 법원 심리가 있기 전 한 달 정도 수용하는 위탁 시설도 함께 있었다.

이렇게 단기로 수용된 청소년들을 위탁생이라고 불렀는데, 당시 남자 청소년은 40명 정도 되었지만, 여자 청소년은 3명 정도 수용되어 있었다. 갓 들어온 신입 직원인 내가 맡은 업무는 일과 중 오전 시간에는 사무실에서 일하고, 그 나머지는 생활관에서 주로 여자 청소년 3명의 일과 중 교육, 생활지도, 청소 등을 지도하는 담임을 맡았다.

여자 청소년들을 지도하기 전 신상기록을 훑어보았다. 아버지가 자주 때리거나, 엄마 혼자 양육하며 경제 활동을 해서 자녀들을 돌볼 겨를이 없거나, 경제적으로 지나치게 빈곤한 가정 등 그 속에는 다양한 어려움이 있었다. 나는 여자 청소년들에게 짧은 수용 기간 동안 어떻게 대해 주는 것이 좋을까 나름 고민해 봤지만 별다른 방법이 생각나지 않았다. 친절하고 다정해야 할 가족들에게 구타당하고 방치되며 적절한 때에 도움받은 경험이 부족한 애들이라 나에게 감정을 쉽게 드러내지 못 하는 것 같았다.

어떤 애들은 무표정에 가까울 정도로 웃지도 않고 슬픈 일에는 오히려 냉소적으로 웃는 모습을 보이기도 하였다. 나는 애들에게 한 달 정도 수용된 동안 그냥 함께 얘기하고 들어주며, 같이 운동하고 놀아 주고 웃어 주면서 그동안 누군가에게 위로받고 사랑받지 못했던 마음을 달래 주었다. 그렇다고 값싼 동정심이 아니라 그나마 괜찮은 방법일 것 같아서 그렇게 하였다. 애들은 처음 위탁되었을 때보다 표정이 밝아지고 자신이 하고 싶은 일에 대한 자신감도 회복되었으며, 욕설도 많이 줄어들었다.

나는 수용된 첫날보다 수용 시설에서 한 달을 보낸 애들이 법원 심리를 받기 위해 나가면서 이전보다 변화되고 달라진 행동을 보이면 그렇게 마음이 기쁠 수가 없었다. 담배, 술 등을 자주 접하고, 심야에 돌아다니느라 새벽에 들어와 낮에까지 잠을 자는 습관이 몸에 배어 있고, 주변 교우 등을 만나 괜한 시비를 걸거나 폭력에 가담하던 애들이 다시는 그러지 않겠다고 선한 표정으로 다짐하면서 사회에 나갔다.

내가 공들여 그렇게 지도했던 애들이 법원의 심리를 받고 사회에 나가 생활을 잘할 것을 기대한 것은 당연한 일이었다. 그러나 현실은 전혀 그렇지 않다는 것을 깨닫게 되었다. 위탁에서 나간 지 몇 개월이 지나지 않은 애들이 다시 들어오고, 사회에 나가면 또다시 수용 시설로 들어오는 것을 반복하고 있는 것을 알게 되었다.

나는 참 실망스러워 과연 어떻게 지도하는 것이 옳을까 난감한 상황에 봉착하였다. 주변에서 나를 지켜보던 선배가 나의 실망하는 모습에 안타까웠는지 근무하는 동안 온전히 한 명을 선도하는 것도 그리 쉬운 일이 아니라면서 장기적인 안목으로 차분하게 애들을 지도하라고 조언해 주었다. 나름 짧은 인생을 산 애들도 가정과 주변 환경에 의해 굳어진 인성과 품성을 한 달이라는 짧은 기간에 모든 것을 개선하고 새롭게 될 수 있다는 것이 어쩌면 환상일지도 모른다고 생각하였다.

생각해 보니 그랬다. 나도 손가락의 굳은살을 뜯는 안 좋은 버릇을 지금은 고쳤지만 가끔 긴장된 일이 있을 때는 어느새 다시 옛 행동을 하는 자신을 발견하였다. 그런데도 내가 지도하는 애들만은 예외인 것처럼 마치 완벽한 변신을 기대하고 있었다. 그제야 선배들이 20년 이상 근무하면서 온전히 변화된 애들은 한두 명이라고 말했던 것이 새삼 옳은 것인지 모르겠다는 겸허한 생각이 들었다.

거부하고 싶었지만 어쩌면 사실일지 모른다는 생각은 나도 근무 연수가 늘어가면서 자연스럽게 들었던 부분이었다. 하지만 하는 일을 의미 없게 포기할 수는 없어 생각을 바꾸기로 하였다. 온전한 것만이 전부인가? 흔들리던 청소년 시절에 겪었던 좋은 생각, 행동, 경험이 내면에 쌓여간다면 당장은 변화된 모습을 볼 수 없을지라도 언젠가 삶에 유연하게 적응하며 자신만의 삶을 살아내지 않을까 하는 생각이 퍼뜩 들었다.

그런 힘든 시기가 점차 지나가고 있을 무렵 수미 가명, 17세 라는 여자애가 소년원 위탁에 수용되었다. 수미의 아버지는 매일같이 술을 마시고 들어와서 자신을 때리는 것은 물론이고 집안일을 도맡아 시키면서 트집을 잡아서 세간을 부수며 집안을 아수라장으로 만드는 것이 항상 있는 일이었다. 그런 아버지의 폭력과 행패에 엄마는 수미가 어릴 때 가출하였고, 혼자서 아버지와 단둘이 살고 있었다. 수미는 가정 환경이 불

우했지만, 성품은 의외로 명랑하며 씩씩하고 수용 생활에 매우 잘 적응
하였다.

한 달 가까이 지나면서 법원 심리를 받아 아버지가 있는 집으로 돌아
갈 때가 되었다. 수미는 아버지가 너무도 무섭고 두려워서 집으로 돌아
가기 싫다고 하였다. 나는 수미에게 그렇다면 차라리 검정고시와 기술
을 습득할 수 있는 여자 소년원에 갈 것을 권유하였다. 수미는 막상 그
런 권유를 받자 집으로 돌아가기 싫지만, 소년원에 가면 1년 이상 수용
되어 단체 생활로 자유롭지 못한 환경에 대해 많이 고민하였다. 집으로
돌아가면 아버지 때문만이 아니라 경제적인 어려움으로 학업을 이어갈
수도 없고 적성에 맞는 기술을 익힐 기회도 없을 것 같아 자신의 장래를
고려하여 잘 생각해 볼 것을 얘기하며 스스로 결정할 수 있도록 기다려
주었다.

며칠 동안 고민하더니 수미는 여자 소년원에 가겠다고 결심하였다.
이유가 뭐냐고 물었더니 공부하고 기술을 익혀 아버지를 떠나 혼자 경
제적으로 독립해서 살고 싶다고 포부를 밝혔다. 수미는 자신의 말대로
여자 소년원에 갔다. 가서 짧은 기간에 대입 검정고시에 합격하였고, 미
용기술도 익혀 미용사 자격증, 컴퓨터 자격증도 취득하였다.

1년이라는 긴 시간이 흘러 수미는 소년원에서 나와 나에게 연락을 하
였다. 수미는 대학에 진학하고 싶어 비교적 등록금이 저렴한 방송통신
대학에 진학할 예정이며, 일본으로 미용 관련 유학을 가고 싶다는 계획
을 밝혔다.

이후에 나는 수미가 당시 나에게 얘기했던 것을 둘 다 실행하지 못했

다는 것을 알았다. 하지만 자신의 마음속에 품었던 간절한 소원을 말하여 준 것으로 충분히 만족하였다.

　세상에 완벽한 사람이 그 누구랴, 특히 질풍노도의 청소년에게 흔들리지 말고 곧장 앞으로 나아가 뭔가를 이뤄내라고 강요하고 기대하는 것이 과연 마땅한 일인가 반문해 본다. 우리는 인생의 시기마다 자신만의 바람에 흔들리고 있지는 않은가? 청소년의 방황에도 이처럼 이유가 있다. 그들에게는 누군가가 나를 지켜봐 주고 있고, 나를 신뢰하고 있고, 사랑하고 있다는 것을 확신한다면 그 애들은 자존감이 회복되고, 자신감을 갖고 자신의 꿈에 도전하며 나아갈 것이다. 그들은 우리 모두의 관심 대상이 되어야 한다.

내 인생의 책 - 김정미

함께 읽고 생각하고
쓰고 소통하면서
성장한다

- 류제옥

저자 **류 제 옥** 은

초등학교 시절, 늘 책을 보시던 아버지 옆에서 매달 사 오셨던 「어깨동무」를 읽는 재미에 빠져 책과 가까워진 행복한 추억이 있다. 지난 10년 동안 독서 모임을 통해서 꾸준히 마음의 내공을 쌓아 왔다. 독서 문화를 선도할 '독서문화사'로서 책 읽기의 힘을 통한 내공을 바탕으로 이번에 공저 『책·꿈·행복』을 쓰게 되었다. 앞으로도 독서와 글쓰기를 계속하여 살아온 인생 여정에서 받은 사랑을 주제로 단행본을 쓰고자 하는 꿈을 가지고 있다.

미술에 관한 관심으로 홍익대학교에서 아동미술 공부를 하고 아이들을 지도했다. 가정생활이 하나님 나라의 원리를 적용해 살아가는 가장 중요한 공동체임을 깨닫고, 결혼예비학교 프로그램과 성폭력, 가정폭력, 집단상담, 패밀리 코칭을 공부하였다. 그리고 여성의 전화에서 상담활동을 하였다.

대학교에서 관광경영학을 전공하였고, 현재 '행복한 책 읽기'와 '다독다독 독서회'로 활동 중이며, 광주벧엘교회 권사로 새가족위원회에서 새 가족 양육 교사로 섬기고 있다. 사랑하는 신봉호 집사의 아내이자 유나, 진수 엄마이다.

■ 이메일 yjo8326@hanmail.net

글쓰기 강좌를
다녀와서

오월의 푸르른 어느 봄날에 글쓰기 강좌를 위해 아침부터 설레는 마음으로 마치 소풍이라도 가는 양 집을 나섰다. 그동안 반복되고 익숙해진 삶의 굴레를 벗어나기 위해 새로운 변화를 주는 도전이기도 하다. 발전이 있어야 행복하다고 했다. 이를 위해 새로운 것을 내 삶에 하나씩 더해 가기 위해 게으른 나를 흔들어 깨우는 것이기도 하다. 삶은 순간순간 새로운 시작으로 이루어진다.

드디어 수업이 시작되었다. 글 쓰는 동기와 목적 그리고 가장 쓰고 싶은 이야기 등을 머릿속에 그려 본다. 오늘의 주제는 여행이다. 먼저 '여행이란 무엇인가?'라는 질문이 던져졌다. 나 나름대로 여행의 정의를 정리해 보았다. 여행은 가면무도회이기도 하고, 1막 밖에 없는 내 인생의 2막이기도 한 것이 아닐까. 또 여행은 온몸으로 지적 호기심을 가득 채

책 ● 꿈 ● 행복

우는 것이다. 일상을 접고 여행을 떠난다는 것은 나를 변화시킨다는 의미를 담고 있는 것이 아닐까?

"우리에게 여행은 ○○이다."

그러자 자신들의 생각을 이야기했다.

"여행은 짱이다."

"여행은 설렘, 그리움."

"여행은 일상의 탈출이다."

"마음의 휴식이다."

나는 "여행은 행복이다."라고 했다. 어느 책에서 공감했던 것처럼 '여행을 일상처럼, 일상을 여행처럼' 살고 싶다고 했다. 글을 쓰기 위해 떠나는 여행이라면 또 다른 재미가 있겠다는 생각을 해 보게 된다. 여행은 직접 체득되는 것과 함께 머리와 가슴에는 추억과 설렘으로 채워지는 과정이며 결과일 것이다. 그 추억을 앨범처럼 남기기 위해서는 기록이 필요할 것이다. 우리는 그 당시에 느낀 것을 기록하지 않으면 80% 정도는 머릿속에 기억하질 못할 것이다.

그 가운데 가장 일상적인 기록이라면 자신이 인생을 문자로 남기는 수단으로서 일기가 될 것이며, 내 인생의 개인 실록이기도 한 것이다. 뿐만 아니라 일기를 쓴다는 것은 나 자신과의 대화이고 호흡이다. 그것은 호흡하는 들숨과 날숨 같은 것으로 내 생각을 글로 내뱉고 정리 정돈하고 기록하여 거둬들이는 작업이다. 그로 인해 일기 쓰기는 사고력과 관찰력을 길러 줌으로 단행본 책 쓰기의 기초가 된다. 평소에 자유롭게 일기를 써 왔지만, 막상 글을 쓰려 하니 주제가 정해진 글을 쓴다는

함께 읽고 생각하고 쓰고 소통하면서 성장한다 - 류제옥

것이 그리 쉽지만 않았다. 그래도 자기 생각을 글로 말하며 자신을 기록하고, 그 글을 지인과 가족과 함께 공유한다면 내 삶이 더욱 풍성해지고 의미 있는 삶이 될 것 같다. 그러기 위해서는 보다 더 많은 독서와 내 생각의 메모와 사고의 확장이 필요하다.

글쓰기 강의가 마무리될 쯤에 부족한 자신을 돌아보다가 피천득의 "5월의 시"를 낭송하게 되었다. 그 느낌이 너무 좋았다.

오월은

금방 찬물로 세수를 한 스물한 살 청신한 얼굴이다.

하얀 손가락에 끼어 있는 비취가락지다.

오월은 앵두와 어린 딸기의 달이요,

오월은 모란의 달이다.

그러나 오월은 무엇보다도 신록의 달이다.

(중략)

신록을 바라다 보면

내가 살아 있다는 사실이 참으로 즐겁다.

내 나이를 세어 무엇 하리.

나는 오월 속에 있다.

연한 녹색은 나날이 번져가고 있다.

어느덧 짙어지고 말 것이다.

책 ● 꿈 ● 행복

이러한 한 편의 시를 통해 시인들의 생각 속에 내가 언제나 들어갈 수 있다는 것은 얼마나 멋진 일인가. 삶의 열매가 시이고, 시의 열매가 삶이기 때문이다. 시도 참으로 경험인 것처럼 '내 안의 나'를 잘 표현하는 시인이 되고 싶고, 글쟁이가 되고 싶다. 글을 쓴다는 것은 나 자신의 삶을 무르익게 하는 수단이고 과정이다. 가을에 수확한 포도로 와인을 빚어서 잘 숙성하면 맛과 향이 짙은 명품 와인이 되듯 말이다.

그렇다. 시는 세월이 지나도 와인처럼 그 향기가 있다. 여고 시절에 국어책에 실렸던 이육사의 "청포도" 시가 지금도 내 가슴속에 쟁반에 담긴 청포도처럼 남아 있다.

> 내 고장 칠월은 청포도가 익어 가는 시절
>
> 이 마을 전설이 주저리주저리 열리고
>
> 먼 데 하늘이 꿈꾸며 알알이 들어와 박혀
>
> 하늘 밑 푸른 바다가 가슴을 열고
>
> 흰 돛단배가 곱게 밀려서 오면
>
> 내가 바라는 손님은 고달픈 몸으로
>
> 청포도를 입고 찾아온다고 했으니…

나도 이런 낭만의 시인이 될 수 있을까 하는 꿈을 가져 본다. 그러나 허황된 꿈만은 아닐 것이다. 나는 나대로의 인생과 시상의 세계가 있기에 그것을 글로 표현하면 되는 것이 아닐까.

함께 읽고 생각하고 쓰고 소통하면서 성장한다 - 류제옥

책『프레임』을
읽고

몇 년 전에 독서회에서 읽고 싶은 책을 추천받아 필독서를 정했다. 이를 통해,『나를 바꾸는 심리학의 지혜 - 프레임』을 읽고, 새로운 지혜의 영역을 발견하게 되었다.

책을 읽다 보면 뭔가 새롭고 모르는 것을 배웠을 때, '아! 그렇구나.' 하는 감탄을 자주 하게 된다. 또 소소한 것을 계속 깨닫게 될 때 행동에 변화가 일어난다. 독서 모임에서는 자기 이야기를 하는 시간보다 다른 사람의 이야기를 듣는 시간이 대부분이다. 우리가 읽는 책 속에는 무수히 많은 다른 사람의 삶의 이야기가 있다. 타인의 경험으로부터 중요한 삶의 지혜를 배우기도 한다.

이 책을 통해 오래된 나의 습관, 인식, 고정 관념이 변화하고 성장하기 위해 내가 어떤 프레임의 범주에 속해야 하는지, 어떤 문제를 바라보

책 ● 꿈 ● 행복

는 관점이나 마음을 비춰보는 창이 얼마나 중요한지 구체적으로 깨닫게 해 주었다. '접근 프레임', '비교 프레임', '의미 중심 프레임', '반복 프레임' 등, 우리가 매일매일 보고 듣는 말이나 내용은 개개인의 프레임에 의해 결정된다고 한다. 즉 개인마다 그 나름대로 주관적인 생각과 판단과 습성의 틀이 있기에 거기에 새로운 정보와 사고 등을 집어넣어 자기화하는 것이다.

여기서 사람들이 만족을 느끼는 최상의 상태는 비교 프레임이 적용되지 않을 때라고 했다. 즐거운 식사 자리, 가족들과 보내는 휴가, 친구와의 유쾌한 수다, 책 읽는 기쁨, 취미 생활 등 어떤 프레임으로 세상에 접근하느냐에 따라 삶에서 얻어내는 결과물들은 결정적으로 달라지는 것이다. 우리가 프레임을 알아야 하는 이유가 바로 여기에 있다고 생각한다. 그러면 어떤 프레임을 적용할 것인가가 중요해진다.

서양 동화 『핑크 대왕 퍼시』라는 재미있는 작품을 보면, 핑크분홍색를 광적으로 좋아하는 핑크 대왕 퍼시는 자신의 옷뿐만 아니라 모든 소유물, 먹는 음식, 백성들의 소유물까지도 다 핑크로 바꾸게 했다. 심지어 모든 나무와 풀, 꽃, 동물까지도 다 염색을 하도록 해 진풍경이 연출되었다. 드디어 모든 것이 핑크로 변한 듯 보였지만, 단 한 곳을 핑크로 바꾸지 못한 것이 있었으니, 바로 하늘이었다. 무소불위의 권력을 가진 왕일지라도 하늘을 핑크로 바꾸어 놓는 것은 불가능한 일이었다.

핑크 대왕은 마지막 방법으로 자신의 스승에게 묘책을 찾아보도록 했다. 밤낮으로 고심한 끝에 스승이 발견한 묘책은 핑크빛 렌즈를 끼운 안경을 만드는 것이었다. 핑크 안경을 낀 대왕의 눈에는 언제나 세상이 온

함께 읽고 생각하고 쓰고 소통하면서 성장한다 - 류제옥

통 핑크로 보였다.

핑크 대왕과 마찬가지로 색깔만 다를 뿐 프레임이라는 마음의 안경을 통해 세상을 바라보게 된다. 그렇다면 그 프레임은 세상을 보는 도구이기도 한 것이며, 어떤 도구의 프레임이냐에 따라 가치관과 판단이 충분히 달라질 수도 있다. 여기에는 절대적 가치의 판단 기준이 되는 프레임 도구가 필요한 것이고, 때에 따라서는 상대적 프레임도 필요한 것이다. 예를 들어서 물체의 무게를 측정할 때는 '저울'이라는 도구가 필요하지만 크기를 측정하고자 할 때는 '자'라는 도구를 사용하듯이 말이다.

가치관 프레임의 사례를 보자.

환경미화원으로 일하는 아저씨가 있었다. 이른 새벽부터 악취와 먼지를 뒤집어쓴 채 쓰레기를 치우고 거리를 청소하는 일을 평생 해 온 사람이었다. 누가 봐도 쉽지 않은 일이고 힘든 직종인데, 신기한 것은 표정이 늘 밝다는 점이다.

하루는 그 점을 궁금하게 여기던 어느 젊은이가 이유를 물었다.

"힘들지 않으세요? … 어떻게 항상 그렇게 행복한 표정을 지을 수 있으시죠?"

이 물음에 대한 미화원의 말이 걸작이었다.

"나는 지금 지구의 한 모퉁이를 청소하고 있다네."

이것이 바로 행복한 사람이 가진 가치관의 프레임이다. 행복은 무엇 What 이 아닌, 어떻게 How 의 문제인 것이다. 자기 일을 돈벌이나 거리 청소가 아니라, 지구를 청소하는 일로 여기고 있었다.

이런 이야기는 상위 수준인 의미 중심의 프레임이다. 행복한 사람은 의미 중심의 프레임으로 세상을 본다.

> 내가 헛되이 보낸 오늘은
> 어제 죽은 이가 그토록 간절히 원했던 내일이다.
> 다시는 사랑하지 못할 것처럼 사랑하라.
> 늘 마지막 만난 것처럼 사람을 대하라.

이런 말들은 언제 들어도 우리에게 세상을 다시 보게 만든다. 이렇게 의미 중심의 프레임으로 세상을 보는 사람들은 인생의 차원이 달라지는 것이고, 가치와 의미가 새로워지는 것이다.

그런데 보통 사람들이 자연스럽게 생각하는 쉬운 프레임은 대개 하위 수준이다. 다음과 같은 생각이 이런 프레임에 속한다.

> 그냥 하루를 대충 사는 거지 뭐.
> 귀찮아서.
> 남들도 다 안 하는데 뭘.

상위 프레임은 "why"를 묻지만, 하위 프레임은 "how"를 묻는다는 것이다. "why"는 왜 일이 필요한지 그 이유와 의미 그리고 목표를 묻고 비전과 이상을 세운다. 반면, "how"는 그 일을 하기가 쉬운지 어려운지, 시간이 얼마나 걸리는지, 성공 가능성은 얼마나 되는지 구체적 절차부터 묻는다.

함께 읽고 생각하고 쓰고 소통하면서 성장한다 - 류제옥

상위 수준의 프레임이야말로 우리가 죽는 순간까지 노력해야 할 삶의 태도이며 자손에게 물려줘야 할 위대한 유산이다. 자녀들이 의미 중심의 프레임으로 세상을 보도록 할 수만 있다면, 거액의 재산을 남겨 주지 않아도 험한 세상을 거뜬히 이기고도 남을 유산을 물려주는 것과 다름없다고 생각한다.

습관은 어떤 일도 할 수 있게 만들어 준다(도스토옙스키).

위대한 반복 프레임은 훈련을 통해 이루어진다. 인지 심리학 분야에는 '10년 법칙'이라는 규칙이 존재한다. 어떤 분야에서건 전문성을 획득하기 위해서는 최소한 10년 이상 부단한 노력과 집중력이 필요하다는 것이다. 우리가 지금 천재라고 생각하는 사람들도 상상을 뛰어넘는 집중과 반복의 결과라고 한다. 한 번의 결심으로 프레임이 쉽게 바뀌지 않는다. 리프레임 과정을 반복해야만 한다. 규칙적인 운동을 통해 근육을 단련하듯이 규칙적이고 반복적인 연습을 통해 새로운 프레임을 습득해야 한다.

우리 삶은 매 순간이 선택의 연속이다. 자신의 한계를 느낄 때, 프레임은 올바른 지혜로 이끄는 조력자의 역할을 하지만, 동시에 우리가 보는 세상을 제한하는 검열관의 역할을 한다는 것이 내겐 엄청난 깨달음과 교훈을 주었다. 남은 일생은 최고의 상위 수준 프레임인 예수님의 마음과 눈의 프레임으로 살아가고 싶다. 왜냐하면, 예수님의 프레임은 절대적 가치와 진리이기 때문이다.

책 ● 꿈 ● 행복

묵상을 통해 만난
하나님

주의 말씀은 내 발에 등이요 내 길에 빛이니이다. _시 119:105

내가 만난 하나님에 대해 글쓰기 미션이 주어졌다. 글을 쓰려고 눈을 감으니 어린 시절 할머니 손을 잡고 다녔던 시골 예배당 모습이 떠오른다. 또 성탄절 이브가 되면 해마다 대문 밖에서 심방 오신 성도들의 반주 없는 찬송가 소리를 듣고 기뻐했던 기억이 난다.

초등학교 시절에는 기관지 천식으로 몸이 아주 아팠었는데, 아버지께서 퇴근해 오시면 어린 나를 안고 볼에 뽀뽀하며 숨을 잘 쉬는지 확인하셨다. 한밤중이든 새벽이든 내가 아프기만 하면 오빠나 동생이나 누구든지 부르면 다른 동네로 약을 사러 가야 했기에 때로는 가기 싫어 잠든 척했다고도 한다.

조부모님과 부모님, 형제자매 등 너무 많은 사랑을 받고 살아왔다. 안

함께 읽고 생각하고 쓰고 소통하면서 성장한다 - 류제옥

먹어 본 약이 없을 정도로 많은 치료를 받았는데, 초등학교 시절 아플 때 나는 하나님께 두 손을 모아 "하나님 아버지! 제가 아프지 않고 30살까지만 살게 해 주세요."라고 간절한 기도를 수없이 드렸었다. 그때 너무 병약하여서 체육 활동을 할 수 없었던 중학교 시절, 어느 날엔가 기적을 체험하여 완치 받게 되었다.

사람들이 무엇을 먹고 치료가 되었느냐고 물었을 때 이것저것 너무 많은 종류의 보약과 약을 먹어 무엇이 약이 되었는지 모른다고 했지만, 지금 생각하면 분명히 하나님께서 치유해 주셨다. 만일 내가 약을 먹어서 나음을 입었다면 그 이후에 다시 재발하여서 또 병치레를 수없이 하였을 것이다. 지금의 나의 생명은 진정 주님의 한량없으신 크신 은혜와 놀라운 그분의 능력으로 완치된 것이다.

그래서 지금 나의 삶은 덤으로 사는 인생이다. 여기까지 오는데 시간이 참으로 많이 흘렀다. 지나온 모든 것들이 하나님의 은혜뿐임을 고백하며 감사드린다. 지나고 보니 "그랬구나, 그랬었구나."라는 말밖에 할 수 없다. 나의 삶은 완전히 비워진 가운데 주님께서 채워주신 보너스로 사는 덤 인생이다. 그렇다면 또 얼마큼 나를 비워야 주님이 원하는 것을 내 안에 채울 수 있는 것일까? 지금까지 나의 삶의 여정은 나를 비움과 주님의 채워주심의 반복이었다. 나의 삶 속에는 주님의 은혜의 손길이 나이테처럼 겹겹이 촘촘히 채워져 있다. 그런 지난 시간이 하루하루, 한 달 한달, 일년 일년 쌓인 것이다. 성 아우구스티노의 문구가 생각난다.

과거는 하나님의 자비에

미래는 하나님의 섭리에
현재는 하나님의 사랑에 맡겨라.

연약한 우리는 매 순간 주님이 필요하다. 말씀을 통해 내 뜻대로가 아닌 하나님의 뜻대로 살고 싶은 마음을 주셨다. 말씀은 하늘로부터 내려진 귀한 은혜인 것 같다. 말씀 속에서 날마다 주님을 만날 수 있으니 말이다.

대저 하나님의 모든 말씀은 능하지 못하심이 없느니라(눅 1:37).

나는 오래전부터 해 오던 묵상이 아직도 어렵고 힘들지만 묵상하기 전에 이렇게 시작하고 있다.

* 기도
하나님의 전능하신 말씀을 묵상하고 그 말씀을 바르게 이해하게 해 달라고 구하고 적용, 실천할 능력을 힘입도록 기도한다.

* 성경 읽기
다시 본문을 읽을 때 습관적으로 읽지 않고 처음 보는 것처럼 깊이 읽는다. 무의미한 반복이 아닌 말씀의 되새김을 통해 하나님의 생기를 채워 넣어 영성의 근육이 생기고 견고해지도록 말씀을 깊이 묵상한다.

함께 읽고 생각하고 쓰고 소통하면서 성장한다 - 류제옥

* 본문 중심 내용

오늘 읽은 성경의 큰 줄거리를 두세 문장으로 요약해 본다. 그리고 중심 내용을 두세 단어로 요약하여 주제, 제목을 따로 기록해 본다.

* 하나님이 어떤 분인가 찾는다

하나님, 예수님, 성령님이 어떤 분인지 관찰하여 나를 어떻게 다스리시는지 기록한다. 하나님이 하신 일, 사역, 하나님의 성품, 제자들의 고백을 찾아내게 하시는 하나님의 말씀으로 받으면 된다. 내가 발견한 하나님께 반응하는 것이 감사로, 찬양으로, 기도로 또 내가 본받을 점을 탐색한다.

* 나에게 주시는 교훈은 무엇인가?

순종해야 할 것, 본받을 점, 피해야 할 죄, 붙잡아야 할 약속, 드려야 할 기도 등 내가 할 수 있는 것을 적용하고 실천하려면 언제 무엇을 어떻게 할 것인가 구체적으로 적고 적용할 영역도 나, 가정, 교회, 이웃, 국가, 세계 등으로 그 지경을 넓히려 상고한다.

* 적용

적용한 내용을 구체적으로 기도하고 마무리한다.

항상 하나님께서 내게 주신 의미는, 기도하지 않고 하나님께 묻지 않고 내 생각으로 판단했던 문제들을 생각나게 했다. 묵상은 간절함 없이 하나님을 만나기 힘들다는 것을 늘 경험한다.

말씀을 볼 때 나 중심으로 묵상하면 하나님 뜻인 줄 알고 적용할 수도 있다. 넘어지고 실패하더라도 더 많이 배우고 넓혀 가야 한다.

오늘도 묵상을 통해 나를 돌아본다. 무책임은 없는지, 무엇을 바라보는지, 하늘의 지혜와 긍휼을 사모하며 날마다 기도한다.

몇 년 전 예배 시간에 하나님의 은혜를 처음 듣고 눈물을 멈출 수가 없었던 기억이 나는데, 오늘도 이 찬양을 불러본다.

나 주저함 없이 그 땅을 밟음도
나를 붙드시는 하나님의 은혜
한량없는 은혜, 갚을 길 없는 은혜
내 삶을 에워싸는 하나님의 은혜 …

하나님은 늘 우리 안에 평화이고, 아무도 정죄하지 않는 거룩하신 사랑의 본체이시다. 예수님께서는 간음하다 현장에서 붙잡혀 온 그 여인에게도 정죄치 아니하시고 두려움과 부끄러움에 떠는 그 여자에게 이렇게 말씀하셨다.

여자여 너를 고발하던 그들이 어디 있느냐 너를 정죄한 자가 없느냐 … 나도 너를 정죄하지 아니하노니(요 8:10-11).

나는 이 여인처럼 정죄 받지 않고 용서함을 받은 것같이 내 안에 계신

함께 읽고 생각하고 쓰고 소통하면서 성장한다 - 류제옥

주님의 크신 사랑 안에 거함으로 그 주님의 놀라운 은총을 감사하며 찬
양하며 경배할 수 있다. 이는 그리스도 안에서 자유함을 받은 자만이 누
릴 수 있는 놀라운 특권이다.

함께 읽고 생각하고
쓰고 소통하면서 성장한다

글을 쓰는 이유는 무엇일까? 하나님께서는 천지를 말씀으로 창조하신 분이시다.

태초에 말씀이 계시니라 이 말씀이 하나님과 함께 계셨으니 이 말씀은 곧 하나님이시니라(요 1:1).

하나님께서는 우리에게 서로 소통할 수 있는 문자를 만들 수 있는 지혜를 주시어 기록할 수 있도록 하셨다. 문명권의 인류는 그 나름대로 그들의 고유 문자를 만들어 사용하게 하셨다. 창세기를 포함한 모세오경을 하나님께서 모세가 기록할 수 있도록 하신 것은 인류의 시조와 그 후손들이 히브리 문자를 만들어 내었기에 하나님의 말씀을 문자로 기록하도록 하신 것이었다. 지금으로부터 약 3천5백 년 전에 하나님께서 이스라엘 민족이 십계명을 지키게 하려고 모세가 그들의 문자로 돌판에 기록하게 하셨기에 하나님의 말씀으로 오늘날까지 전해지고 있다.

이 시대에 우리 손에 성경을 갖게 된 것은 하나님께서 세우신 모세로부터 시작되어 시대마다 선지자들이 하나님께서 자신에게 말씀하신 것을 언어로 전하고 가르치고, 종국에는 그 말씀들을 두루마리에 편집하고 기록하게 하므로 지금의 성경이 만들어졌다. 이는 구전되는 언어가 문자로 기록될 때에 정확하게 전해지고, 가르칠 수 있는 정확하고 흠이 없는 하나님의 말씀이 된 것이다.

> 여호와께서 모세에게 이르시되 이것을 책에 기록하여 기념하게 하고 여호수아의 귀에 외워 들리라(출 17:14).

신약에서도 공관복음의 예수님의 제자들인 마태, 마가, 누가, 요한이 예수님의 행적과 말씀을 기록했고, 그 후에 사도 바울이 서신서를 13개나 기록하므로 오늘날의 신구약성경으로 탄생하였다. 그리고 그것이 동서고금을 막론하고 온 인류를 향해 전해지며 선포되고 있다.

> 우리 중에 이루어진 사실에 대하여 처음부터 목격자와 말씀의 일꾼된 자들이 전하여 준 그대로 내력을 저술하려고 붓을 든 사람이 많은지라(눅 1:1-2).

책 ● 꿈 ● 행복

이러한 하나님의 말씀이 문자로 기록되었지만, 그 말씀은 생명력을 지니고 있고, 성령이 함께하시기에 살아 있는 말씀으로 역사 되고 있다. 그 말씀이 내 심령에 임할 때 '로고스'가 '레마'가 되어 내 심령에 역사 되면 그 말씀이 거울처럼, 현미경처럼, CT 촬영기처럼 투사되어 나의 모든 내·외면을 다 들여다보며 환부가 있다면 의사에 의해 수술되듯이 그같이 치유의 역사를 발휘하기도 한다.

> 하나님의 말씀은 살아 있고 활력이 있어 좌우에 날선 어떤 검보다도 예리하여 혼과 영과 및 관절과 골수를 찔러 쪼개기까지 하며 또 마음의 생각과 뜻을 판단하나니 지으신 것이 하나도 그 앞에 나타나지 않음이 없고 우리의 결산을 받으실 이의 눈 앞에 만물이 벌거벗은 것같이 드러나느니라(히 4:12-13).

이 말씀 앞에 서면 두려워하지 않을 자가 없고, 치유되지 않을 자가 없다. 일반적으로도 성경을 본다는 것은 수동적인 독자의 관점에서 나를 그 말씀에 비추어 보는 것이다. 그러나 내가 읽는 입장이 아닌 능동적 입장에서 신앙에 관련된 영성 있는 글을 쓴다면 어떤 효과와 결과를 낳게 되는 것일까? 이에 대해 영성 작가로도 많이 알려진 강준민 목사님은 이렇게 말하고 있다.

> 사랑하는 한 분을 앞에 두고 가장 소중한 것을 나누기 위해 대화하듯 글을 쓰십시오.

함께 읽고 생각하고 쓰고 소통하면서 성장한다 - 류제옥

강 목사님께서 글을 쓰는 가장 중요한 이유는 독서와 묵상을 통해 자신이 알게 된 좋은 것들을 나누기 위해서였다.

그것은 곧 최상의 것을 나누는 것이고, 나누는 것은 곧 사랑의 교제인 것이다. 이는 하나님의 말씀으로 변화된 내가 그 말씀을 근거로 나의 신앙 고백을 글로써 드러내어 나의 지인들뿐만 아니라 불특정 다수와도 나누는 놀라운 능력으로 나타나는 것이다.

예를 들어서 어느 목사님이나 신학자가 쓴 영적인 메시지가 한 영혼을 변화시키기도 하며, 일반 평신도들의 신앙 수필이나 간증도 그에 못지않은 영향력을 발휘하기도 한다. 이처럼 하나님의 말씀을 근거로 한 글은 많은 사람의 마음을 감동하게 하며, 공감하게 하며, 깊은 호소력을 가진 메시지가 된다. 전문 작가가 아닌 평범한 한 신앙인이고 땜장이 출신의 평신도 전도자였던 존 번연의 『천로역정』이 그 대표적인 작품이다.

더 나아가 글을 쓴다는 것은 나 자신에게도 많은 유익을 주어 스스로 많은 지혜를 터득하는 과정이 되기도 한다. 글을 쓰다 보면 나 자신을 발견하며 많은 정보를 습득하게 되기 때문이다. 어느 경우에는 나 자신도 발견하지 못했던 나의 내면에 잠재되어 있던 문제들이 드러나 나의 자아를 발견하게 된다. 물론 나의 장점도 드러나 보이지만 약점도 드러나며, 연약함도 드러나게도 된다. 그런 과정에서 최종적으로 나타나는 결과는 나의 내면의 치유가 필요함을 발견하게 된다. 마치 의사가 나를 진단하여 나의 병명을 알아내고, 그것을 고치기 위해 처방하고 수술하여 결국은 완치되는 것과도 같은 것이다.

위대한 작가들 가운데는 인생 대학이니, 인생 병원이라 할 수 있는 감옥에서 불후의 대작을 쓴 경우도 허다하다. 『천로역정』의 존 번연은 감옥에서 12년을 보내며 성경 다음가는 명저를 남겼다. 러시아의 대문호인 도스토옙스키도 그러했고, 사도 바울도 로마서 같은 최고의 옥중서신을 썼다. 이들은 인생의 가장 고통스러운 환경에서 보석 같은 불후의 명저들을 우리에게 선물하였다. 그들의 그런 아픔이 없었다면 그런 위대한 작품들은 탄생하지 않았을 것이다. 이들의 명저는 성경을 뒷받침해 주는 성서 인문학이 된 것이다.

나는 그들과 같은 그런 환경을 경험해 보지 못했지만, 그들이 직접 체휼한 그 영성 있는 글들이 나를 치유하며 새롭게 거듭나게 하는 놀라운 그 진리와 생명력을 공유한다. 글은 쓰면 쓸수록 나의 삶의 파이π는 더욱 커지고, 나눔의 파이도 더욱 커질 것이다.

이 기회에 부족한 필력이지만 나의 삶과 마음을 함께 나누기 위해 과감한 도전을 하고자 한다. 글을 쓴다는 것은 내 영혼과 타인의 영혼을 부요하게 하는 힘이 된다고 확신한다.

함께 읽고 생각하고 쓰고 소통하면서 성장한다 - 류제옥

아버지를
추억하며

- 남점순

저자 **남 점 순** 은

전남대학교와 동신대학교 강사로 활동하였으며, 성진초등학교 교사로 근무하였다. 전남도립도서관과 시각장애인도서관, 초·중·고 어머니 독서회 독서지도, 내방마루도서관, 화정4동 도서관에서 독서치료 및 독서지도 강사로 활동하였다.

현재 아동복지 교사이며, 다독다독 도서관 책N꿈 교사, 독서지도 강사이다. '행복한 책 읽기' 독서회 활동을 십여 년 동안 계속해 오고 있으며, '다독다독 독서회' 회원으로도 활동 중이다. 사회복지사이며 평생교육사이기도 하다.

광주벧엘교회 권사로 새가족부에서 양육 교사로, 평생교육부에서 어르신들을 섬기고 있다.

이번 공저 『책·꿈·행복』에 참여하면서 그동안 읽고 메모에 그친 독서에서 한 걸음 더 나아가 좋은 글을 써야겠다는 새로운 희망과 꿈을 갖게 되었다.

■ 이메일 soon-518@hanmail.net

아버지를
추억하며

아버지! 무척 긴 시간이 흘렀습니다. 결혼 후 두어 번 편지를 드린 것이 전부인 것 같습니다. 서울에서 처음 직장생활을 시작했을 때 매 주일 아버지께 편지를 드리면 제게 정감 있는 답장을 해 주셨던 기억이 납니다.

어릴 적, 서너 번의 죽을 고비를 넘기며 아버지의 가슴을 몇 번이나 쓸어내리게 했던 큰딸은 이제 중년에 이르렀습니다. 어려서 크게 앓아서인지 잔병치레 없이 이제는 무척 건강하게 잘 지내고 있습니다.

막 태어나 젖을 먹지 못해 부모님의 가슴을 아프게 했던 일은 제 기억 속에 남아 있지 않지만, 그 어린 것을 들여다보며 얼마나 안타까워하셨는지요. 어느 때엔가 한밤중에 어린 동생이 고열에 시달릴 때 어쩔 줄 몰라 하시던 부모님, 불덩이 같은 몸을 물에 적신 수건으로 닦아 주고 밤을 꼬박 새우며 근심스러운 얼굴로 지켜보시던 부모님의 모습을 잊을 수 없습니다. 이제서야 겨우 부모님의 그 심정을 헤아리게 됩니다.

또렷하게 기억나는 일이 있습니다. 초등학교 입학 전쯤이었을까요? 목이 몹시 아파 아무것도 삼키지 못하고 침을 삼키는 것도 힘겨워하던 저를 자전거에 태워 먼 길을 오가며 꽤 오랫동안 치료를 받게 했던 때가 있었지요. 대나무의 긴 대롱을 이용해 회색 가루약을 목 안에 불어넣는 그 순간부터 몹시 고통스러웠습니다. 그런 저를 자전거에 태우고 이렇게 말씀하셨지요.

"아부지 등에 기대고 한잠 자거라."

아버지 등에서 느낀 따스했던 그 체온을 지금도 기억하고 있습니다.

아버지도 기억하시죠? 울퉁불퉁한 비포장 길인 신작로를 따라 집으로 돌아오는 길에 안도감 때문인지 잠은 오지 않고 길가의 나무랑 들판이 제 눈에 들어왔다 이내 스쳐 지나가곤 했습니다. 바람이 많은 날에는 아버지의 따스한 등에 얼굴을 바짝 기대고 두 손으로 아버지를 꼭 붙잡았지요. 가끔 뒤를 돌아보시며 괜찮으냐고 묻곤 하셨습니다.

아버지!

지나온 날들이 아련합니다. 그 시절로 다시 돌아갈 수만 있다면 아버지의 따스한 등에 다시 한번 기대보고 싶습니다. 늘 태산처럼 든든했고 아침 햇살처럼 따뜻했던 아버지, 지금도 그 순간으로 돌아가면 제 나이도 잊고 아버지 앞에 늘 어린아이가 된답니다.

살아오며 아무리 어렵고 힘든 일이 있어도 다시 일어설 수 있는 힘과 용기를 주시는, 늘 제 인생의 든든한 버팀목이 되어 주시는 아버지, 오

남매의 무거운 짐을 홀로 지시고도 단 한 번도 '무겁다.', '힘들다.'라고 내색하지 않으셨던 아버지의 그 넓고 따스한 등은 지금도 큰 산처럼 저에게 힘이 되어 줍니다.

해마다 가을걷이가 끝나면 고구마 저장과 소 먹일 볏짚까지 차곡차곡 쟁여 놓고 나서야 겨우살이 준비가 끝이 났지요. 분주한 일손을 좀 쉴 수 있는 농한기가 되면 아버지는 함평장에 다녀오마 하고 집을 나서셨습니다.

장터에서 붓글씨를 쓸 종이며 먹을 사 오셨지요. 저는 아버지가 붓을 들고 글씨를 쓰실 때가 제일 멋져 보였답니다. 마을에 상을 당했을 때, 주먹만 한 붓으로 분가루에 짠장을 개어 '명전_{상여의 맨 앞에 가는 깃대}'을 쓰실 때 아버지의 얼굴에 드리운 그 엄숙함과 묵직함을 기억합니다. 무척 자랑스러운 아버지의 붓글씨를 쓰시던 모습이 제 가슴 속에 한 폭의 그림으로 남아 있답니다.

평소에 붓글씨를 쓰실 때 제게 옆에 앉아 벼루에 먹을 갈라고 쥐여 주시던 아버지의 커다랗고 투박한 손, 거친 아버지의 강한 손의 힘이 느껴졌습니다. 제겐 너무도 든든한 아버지셨어요.

먹이 너무 커서 중간인 허리를 잡고 벼루 위에 동그라미를 그리면서 갈았지만 마알간 먹물은 한참을 갈아도 쉽게 진해지지 않았지요. 먹을 가는 게 시원찮으면, 제 손의 먹을 달라 하시고 아버지는 그 투박한 큰 손으로 먹에 힘을 주어 가셨지요. 벼루에 '사르륵사르륵' 먹이 갈리던 소리가 저는 참 좋았습니다. 큰 동그라미를 몇 차례 그리면 까만 먹물이 금방 만들어졌지요. 아버지 손은 마술을 부리는 것 같았어요. 작은 붓으로 글씨를 쓰면 자주 먹을 갈지 않아도 되었지만, 큰 붓으로 몇 번 먹물을 묻히면 금방 먹물이 다 닳아 버리곤 했지요. 저는 부지런히 먹을 갈아야 했는데 가끔은 싫증이 나기도 했습니다.

그래서 꾀를 내면 아버지께선 금방 눈치를 채시고 제 손에 작은 붓을 쥐여 주셨지요. 붓 잡는 법을 가르쳐 주시고, 글씨가 바르지 않다고 제 손을 잡고 글씨를 써 보이셨던 아버지, 아버지의 큰 손안에 작은 제 손이 쏙 들어가 아버지가 글씨를 쓰는 대로 움직이던 그 촉감이 아직도 그대로 느껴지는군요. 아버지의 손을 따라 붓을 가지고 놀던 그때가 가끔 그립습니다.

저에게 이렇게 아름다운 추억을 갖게 해 주셔서 참 고맙습니다.

아버지께서 애지중지하신 그 필묵함을 이십여 년 동안 가보家寶처럼 지니고 있지만, 아직도 붓을 들지 못하고 있습니다. 제 삶이 좀 단순해지면 한가로이 먹을 갈고 묵향에 젖어 붓글씨를 쓰는 날이 오겠지요. 좋아하는 시편도 쓰고, 잠언도 써 보고 싶습니다. 제가 붓을 다시 들면 그 시절로 돌아가 아버지의 손길을 다시 느낄 수 있겠죠.

먼 길 떠나신 아버지가 오늘은 유난히 그립습니다.

아버지를 늘 그리는
딸 점순 올림

아버지를 추억하며 – 남점순

하루하루의
생활

어슴푸레한 창밖, 눈을 뜨기 전 새날 주심을 감사하며 하루를 계획합니다. 일상적인 날들의 연속이지만, 매 순간 주님 안에서 주님과 동행하며 오늘 하루도 잘 살아내길 진심으로 소망합니다.

아직 식구들이 깨기 전 얼굴을 씻고 성경말씀 한 장을 필사합니다. 이어 아침을 준비합니다. 밥을 안치고 찌개를 끓이고, 찬을 준비하며 식구들의 오늘 하루의 안녕과 건강을 위해 마음으로 기도합니다. 출근 준비를 하며 계획한 일들을 떠올리고, 무사히 하루를 마치고 돌아올 수 있기를 바라며 집을 나섭니다.

오후가 되면 아이들을 만날 만반의 준비를 하고 자리에 앉아 조용히 눈을 감습니다. 구역에 속한 식구들의 기도 제목과 봉사하는 부서에서 받은 기도를 떠올리며 중보기도를 합니다. 기도하는 이 시간은 아이들이 학교에서 돌아오기 전인 가장 고요한 시간이기도 합니다.

아동복지교사로 일을 시작한 지는 올해로 여섯 해 되었습니다. 아이들을 처음 만났을 때 '학습지도에 최선을 다해야 한다.'는 일념뿐이었습니다. 차츰 시간이 지나면서 깨우친 것은 이곳 아이들에겐 학습이 전부가 아니라는 사실이었습니다.

각각의 아이들이 처한 환경은 내가 상상하기 어려운 상황이 대부분이었습니다. 가정에서 부모로부터 상처받은 아이들, 다문화, 한 부모, 조손, 부모가 장애가 있는 경우, 학교생활에서 친구들로부터 따돌림을 받는 아이 등 학습보다 상처가 많은 아이의 마음을 어루만지는 게 먼저라는 사실을 시간이 조금 더 흐른 후에야 알게 되었습니다.

기도 후, 차 한 잔을 마주하고 곧 맞이할 아이들 한 명 한 명을 떠올리며 노트에 이름을 적어갑니다. 아이 이름을 노트에 써 가면서 그 모습을 떠올리고 작은 변화도 놓치지 않으려고 노력합니다.

1월 2일, 아이들과 처음 만났을 때 서로 어색해서 쉽게 친해질 것 같지 않았는데, 지난 1년 동안 아이들은 몸도 마음도 훌쩍 자랐습니다. 한 달 두 달 그렇게 어느덧 1년이라는 세월을 함께하는 동안 아이들의 성격과 각각의 처한 형편을 어느 정도는 알 수 있게 되지요. 그 아이의 아픈 마음을 가슴으로 안고 기도하는 이 시간이 참으로 소중하다는 생각을 늘 합니다.

"선생님!"

나를 부르며 한 아이가 달려와 안깁니다. 처음엔 무척이나 낯을 가렸

아버지를 추억하며 – 남점순

고, 질문을 하면 대답도 없이 고개를 푹 숙인 체 제 옷자락만 감아올리던 아이였습니다. 자존감이 전혀 없고, 아무도 자기편이 없다고 생각했는지 도무지 마음을 열지 않았습니다. 말도 잘 안 하고 학습에는 더더욱 관심이 전혀 없던 조손가정 아이였습니다.

그랬던 아이가 어느 날부터 마음을 열기 시작했습니다. 학교에서 지역아동센터에 도착하면 가장 먼저 달려와 인사하고 바로 내 앞에 앉아 책을 펼칩니다. 미주알고주알 학교에서 있었던 이야기를 죄다 늘어놓고 그 까만 눈동자로 나를 뚫어져라 쳐다봅니다. 내 입에서 어떤 말이 나올까, 기대하면서 말입니다. 물론 나는 늘 그 아이 편이 되어 주고 지지해 줍니다. 시간적인 여유가 좀 생기면 동화책도 함께 보고 얘깃거리를 찾아 이야기도 나눕니다. 이 아이가 더는 어른들로 인해 상처받지 않기를 간절히 바라는 마음으로.

사춘기를 맞은 아이들은 이유 없이 반항하고, 내년에 중학생이 되는 한 아이는 학습이 싫다고 노골적으로 제 기분을 상하게도 합니다. 그러면 그런대로 주님이 제 마음을 다스려 주십사 마음으로 기도합니다. 소위 선생을 열 받게 하는데 재주 있는 아이도 있습니다. 그런 아이에게도 예수님의 마음이 전해지길 간절히 원하며 침묵합니다. 기도하지 않고는 하루도 조용히 지나가는 날이 거의 없습니다.

올 한 해를 이렇게 보냈습니다.

12월 둘째 주, 크리스마스트리를 장식하고 각자 소원을 색색의 예쁜 종이에 적어 매달고 점등식을 합니다. 아이들의 소원이 적힌 색색의 많은 카드가 반짝이는 불빛을 받아 더욱 아름답게 빛납니다. 나는 소박한 기도를 드립니다.

예수님, 이 아이들이 하나님을 알게 해 주세요. 각각의 마음에 그늘 없이 건강하게 잘 자라게 보살펴 주시고, 이 나라의 훌륭한 인재들이 다 되게 축복해 주세요.

다음날 출근했는데 기적이 일어났습니다.

"선생님, 내년에도 또 오세요."

이렇게 쓴 아이들의 소원 카드가 몇 장이나 된다고 귀띔해 줍니다. 센터 근무 8년 동안 처음 있는 일이라고 담당 선생님이 놀라워합니다.

"제가 한 것은 아무것도 없습니다. 모두 하나님께서 하신 일이지요."

내 인생의
꿈

그 많던 꿈들이 다 어디로 간 것일까? 소박한 꿈에서부터 조금은 허황된 꿈이라고 생각할 만한 꿈들이 한때는 많았다. 그동안 품어 왔던 몇 가지 꿈들에 대해 이야기해 보자.

대부분의 아이가 그렇듯 어려서는 누구나 한 번쯤 가져보았을 학교 선생님이 되겠다는 막연한 꿈을 꾸었다.

여고 때의 일이다. 가정 과목 수업 시간이었다. 선생님은 갑자기 이런 질문을 했다.

"여러분은 어떤 집에서 살길 꿈꾸나요?"

차례차례 대답해야 했는데, 내 차례가 되었다.

"잔디가 깔린 넓은 마당에 큰 나무가 한 그루 있고, 기다란 벤치가 있는 집의 잔디 마당에서 남자아이와 여자아이가 아빠와 함께 야구를 하는 모습을 주방의 넓은 창을 통해 흐뭇한 모습으로 바라볼 수 있는 하얀 집에서 살고 싶어요."

나는 터무니없게도 이렇게 대답했다. 지금 생각하면 정말 엉뚱한 대답이 아니었나 싶다.

그래도 선생님은 "네. 그 꿈 꼭 이루세요."라고 얘기해 주셨다.

지금 사는 집은 아파트, 주방 창으로 바깥 풍경이 보이긴 하지만 잔디는 없다. 대신 교회의 십자가가 주방 창의 정중앙에 아주 잘 보이는 집에서 딸은 없고 남편, 그리고 두 아들과 함께 살고 있다.

내가 고등학교 3학년이 되었을 때는 구체적으로 '국어 선생님'이 되겠다는 꿈을 가지고 있었다. 대학 진학이라는 목표를 향해 스트레스를 잔뜩 받는 아이들에게 좋은 시를 들려주고 싶었다. 수업 시간에 수박 겉핥기로만 시를 배운 데 대한 불만이랄까? 당시엔 시를 감상하기보다는 시험을 치르기 위한 껍데기를 외우는 정도의 수업이었다. 감성에 젖어드는 건 사치였던 국어 시간, 도서관에서 본 시집의 해설과는 너무 거리가 먼 수업이었다.

지금 나는 국어 선생님과 비슷한 길을 걸어오긴 했지만, 딱히 국어 선생이라고 말할 수는 없다. 그래서일까? 책과 조금은 가까운 독서모임 활동을 해온 지 올해로 십일 년이 되었다. 책을 읽은 후 회원들과 함께 꾸준히 독서 토의를 해 오고 있으며, 가르치는 아이들에게 책을 읽어 준 후에는 독후 활동을 꼭 하도록 권유한다.

내가 예수님을 알고부터 매 주일 설교를 들을 때 한동안 생각해 오던 꿈이 있었다. 우리 교회 '벧엘미션'에서 기자로 봉사하던 오래전에,

아버지를 추억하며 - 남점순

목사님의 설교를 타자해서 미션지에 싣던 시기가 있었다. 그때 설교 타자를 하면서 '이다음에 목사님 설교를 '시'나 '시조'로 정리해 보면 어떨까?'라는 생각을 했다. 이건 지금도 생각 중이다.

십여 년간 대학교에서 시간 강사로 강의를 해 오면서 생각한 또 한 가지 꿈은 내 책을 갖고 싶다는 것이다. 너무 야무진 꿈인가? 거창하고 훌륭한 인생을 살아오진 않았지만, 예수님과 함께하는 삶에서 소소하게 느낀 것들을 메모해 온 것과 그동안 읽어 온 책에 대해, 일상의 짧은 단상들을 한 권의 책으로 엮어보고 싶다.

마지막으로, 앞으로의 삶에서 내 인생의 꿈은 하나님을 기쁘시게 하는 삶을 살아가는 것이다. 비록 의지도 굳세지 못하고 결단력도 약하지만, 내 안의 성령님께서 나로 인하여 근심하지 않으시도록 내 인생을 살아가고 싶다. 매일매일의 삶 속에서 주님의 음성에 세심하게 귀 기울이고, 내 손길이 필요한 곳에 먼저 손을 내밀어 잡아 주는 그런 삶을 살아가고 싶다.

내가 맡은 작은 일에 최선을 다하고, 하나님 보시기에 기뻐하는 삶을 살아가자.

생각하고 실천하며 행동하자
『시도하지 않으면 아무것도 할 수 없다』

 20여 년 전쯤의 일이다.

결혼 후 둘째 아이가 갓 돌을 지났을까. 온종일 두 아이의 뒤를 졸졸 따라다니다 하루가 가고 또 하루해가 저물던 날들, 무료한 일상이 반복되었다. 나에게 변화가 필요하다는 생각이 늘 머리에서 떠나지 않았다.

우연히 책꽂이에서 발견한 책 한 권에 손이 갔다. 한번 읽기 시작한 책은 쉬이 손에서 내려놓을 수 없었다. 작은아이의 칭얼거림에도 한 손에 책을 들고 아이를 안았고, 품에서 잠이 들었어도 눕힐 생각조차 못했다. 아이를 안은 채 처음부터 끝까지 단숨에 읽었다.

당시엔 아이 둘을 키우는 중이라 동화책이 주로 내 손에 들려 있었다. 나를 위한 독서를 시작하기 전이었다고 볼 수 있다. 마지막 책장을 덮는 순간 무언가 한 대 얻어맞은 것처럼 정신이 번쩍 들었다. '그래, 이렇게 살면 안 되겠다. 시도하지 않으면 아무것도 할 수 없어.'라는 생각이 내 내 머릿속을 떠나지 않았다. 읽어가며 군데군데 접어놓은 부분을 다시 펼쳐 노트에 옮겨 적기 시작했다. 그동안 책을 가끔 읽었고, 어쩌다 메모도 했지만, 이번 책은 느낌이 달랐다.

메모를 마친 후에도 계속 입안에 맴도는 한마디가 있었다.

변화는 구호가 아니라 실천이다!

지금 가장 변화가 시급한 사람은 '나'이고, 당장 행동으로 옮길 원동력이 필요하다. 태도의 변화가 행동의 변화를 가져온다고 했다. 처음부터 '맞벌이는 안 된다. 집에서 아이를 양육하라.'라는 주변의 암묵적인 압박에 감히 아이를 맡기고 직장생활 할 엄두를 내지 못했다.

당시 어떻게 나를 만들어 갈 것인지 무척 고민했다. 일단 무슨 노력이라도 해 보자. 지금 당장 할 수 있는 것을 찾아보자. 노력만이 최상의 무기라고 하지 않았는가. 스스로 다그치며 남편의 동의로 방송대학교 교육학과에 지원했다. 졸업 후 12년 만의 새로운 시작이었다.

아이를 등에 업고 책가방을 목에 걸고 시내버스로 학교를 오갔다. 밤 늦은 시간 아이가 지쳐 등에서 잠이 들면 내 육신도 많이 고단했지만, 하나님의 은혜로 한 걸음씩 전진할 수 있다는 기쁨에 곧 새 힘을 얻곤 했다.

교육학을 마치고 행정대학원을 공부하며 부단히 나를 갈고 닦았다. 느슨해지면 다시 책가방을 들고 나를 채찍질하면서 힘든 시간을 달려왔

책 ● 꿈 ● 행복

다. 서서히 나를 채워가기 시작했다.

목표가 서니 스스로 조금 더 멀리 볼 수 있고, 같은 노력에도 가속도가 붙어 하나하나 결과물을 얻는 시간이 단축되었다. 목표가 정해지면 글로 써서 붙여 놓고 그것을 늘 되뇌인다. 일단 시작하겠다고 결단을 내리면 포기하지 않고 끝까지 밀어붙였다. 다시 국문학을 공부하고 아이들의 독서 발달 단계에 따라 관련 도서를 찾아 읽으며 차츰 독서에 대한 중요성을 깊이 인식하게 되었다. 시간 강사로 강의를 하면서도 한편으로는 아이들 학습 지도에 필요한 독서지도 교사로서 갖추어야 할 자격을 얻기 위해 부지런히 노력했다.

공부방을 운영하며 아이들 학습 지도부터 삼 년 여의 전남에 소재한 동신대학교 강사와 십여 년 동안의 전남대학교 강사로 오늘에 이르렀다. 환경을 탓하지 않고 자신의 머리를 믿지 않았다. 노력하는 나를 어여삐 보아주신 하나님의 이끄심이고 전적으로 그분의 은혜이다. 작은 일에도 감사하는 마음을 잊지 않았고, 내 삶의 매 순간을 동행해 주신 하나님의 은혜에 늘 감사한다.

강의를 하다 보면 이런 질문을 받을 때가 있다.

"자신의 인생에 가장 많은 영향을 미친 것은 무엇이며, 책을 한 권 든다면 무엇입니까?"

나는 일말의 머뭇거림도 없이 '독서'라고 대답하고, 주저앉은 나를 다시 일으켜 세운 '최초의 책'은 지그 지글러의 『시도하지 않으면 아무것도 할 수 없다』라는 책이라고 말한다.

책을 통해 얻은 것은 지식과 지혜뿐만 아니라, 조금은 미래를 내다볼

아버지를 추억하며 - 남점순

수 있으며, 내 생각이 내가 뜻하는 대로 움직이고, 그 생각은 다시 내 말과 행동을 변화되게 한다는 사실이다.

나는 또 한 번의 변화를 꿈꾼다. 작가로의 꿈이다. 지금까지의 독서모임을 통하여 여러 사람과 책에 대해 토의하고 메모에 그치는 시대는 끝났다.

"이젠 쓰기다!"

"Now, Writing!"

쓰기에 대한 두려움을 극복하고 현재와 미래의 사람들에게 나를 전달하고 그들과 소통하는 '글쓰기의 시대'가 이미 와 있다. 두려움이 앞서기도 하지만 하나님께서 인도하신 문학의 신세계를 향하여 나는 비상할 것이다.

더 늦기 전에 "내 안에 남아 있는 가능성에 도전하자!"

"아자!"

책 ● 꿈 ● 행복

우리 인간이

지상에서 이루어 놓은 것이나

만들어 낸 것 중에서

무엇보다 가장 중요하고 경이로우며

또한 가치가 있는 것은

바로 책이다.

- 토마스 카알라일 -

가슴 속에 새겨진
나의 아버지와 어머니의
사랑 이야기

– 강석진

저자 **강 석 진** 은

20여 년간 북한선교와 통일을 위해서 인생의 가장 귀중한 시간을 헌신한 하나님의 사람이다(1991~2012). 2012년, 북한선교의 현장에서 귀국하여 국내 사역을 하면서부터 극동방송을 통한 방송선교 사역(2012~현재)과 글을 쓰면서 소중한 사역을 역사로 남기는 일을 계속해 나가고 있다.

건국대학교 농대 임학과, 성균관대 무역대학원에서 공부했다. 한국관세무역원 연구원으로 근무하던 때, 하나님의 종으로 부름을 받고 백석신대원에서 신학을 공부하고 목사 안수를 받았다. 현재 충주 양의문교회 담임으로 섬기고 있다.

지은 책으로는 『오래된 소원』(홍성사), 『북녘, 남은 자들의 외침』(예영커뮤니케이션), 『통일을 앞당겨 주소서』(공저, 예영커뮤니케이션)가 있으며, 해방 이후의 암흑기 70년의 북한 지하교회 역사를 기록한 네 번째 책 『북한 교회사』(비전북하우스)의 출간을 준비하면서 통일 한국을 구체적으로 꿈꾸고 있다.

■ 이메일 21exodus@hanmail.net

밤이면 아들의 신발을 숨겨 놓는
나의 어머니

어느 날 아침, 나는 일상을 시작하기 위해 현관에 벗어 둔 구두를 신고 나가려 했다. 그러나 기이하게도 어제 내가 신고 들어와 벗어 놓은 그 구두가 눈에 안 보였다. 나는 가정부 아주머니가 내 구두를 신발장에 넣어 두었을 것이라는 생각으로 신발장 칸마다 찾아보아도 그 구두가 보이질 않았다. 요즘 신발 도둑은 없는데 이상하였다. 결국 나는 다른 구두를 신고 외출하였다. 그 후에도 그 구두는 보이질 않았다.

그 당시에 나는 어머니가 계신 김포 풍무동 아파트에 거주하며 어머니를 돌보면서 나의 일을 보고 다녔다. 2년 전만 하여도 아버님이 계셨기에 어머니는 아버님과 함께 그 아파트에서 생활하고 계셨지만, 아버님께서 돌아가신 후에 어머니의 건강 상태가 좋지 않았다. 그래서 간병인 아줌마를 두었다. 하지만 그분에게만 맡겨 둘 수가 없었기에 나는 서울 강남구 논현동 집의 가족들과 떨어져 주말 부부처럼 지내면서 어머니 집에 기거하며 어머니를 돌보았다.

어머니께서는 아버님과 60여 년 가까이 지내셨지만, 아버님께서 88세에 소천하시면서 홀로 되신 것이다. 거기에다가 어머니는 혼자되시기 4년 전에 유방암 수술을 하였지만, 2년 후에는 그 암이 다시 폐암으로 전이 되면서, 고령에 수술을 두 번이나 받았기에 건강 상태가 더욱더 악화되었다. 그런 이유로 가사 도우미가 필요하게 되어 중국에서 온 아주머니를 청하여 가사와 어머니를 보필하게 하였다.

하지만 어머니께서는 내가 늘 곁에 있기를 원하셨다. 그렇다고 나의 모든 일을 다 포기하고 어머니와 늘 함께 있을 수만은 없는 노릇이었다. 어머니께서는 수십 년 전부터 3남 2녀의 5남매 중에 4명의 자녀가 모두 미국 이민 생활을 하고 있었기에 나에 대해 사랑과 의존심이 강하셨다. 또 나로서는 언제 돌아가실지도 모르는 어머니의 건강 상태가 늘 염려되어 어머니 곁에 있게 된 것이었다.

구두가 없어진 일 이후, 나는 헌 구두 하나 없어진 것처럼 잃어버린 구두에 대해서는 더 관심을 두지 않고 있었다. 그런데 어느 날, 가사 도우미 아주머니가 소파에 앉아 있는 나에게 잃어버렸던 그 구두를 들고 와서는 따지듯 물었다.

"목사님! 왜 목사님의 구두가 할머니 안방 장롱 속에 있지요? 목사님이 거기에 두셨나요? 제가 할머니 옷장을 정리하다가 발견했습니다."

참으로 어이없는 일이었다. 나는 마치 추리 소설을 쓰는 작가가 된 것

가슴 속에 새겨진 나의 아버지와 어머니의 사랑 이야기 - 강석진

처럼, 그 구두가 왜 안방 장롱 속에서 발견이 된 것일까 생각해 보았으나 금방 답이 나오질 않았다.

잠시 후, 그 아줌마는 "아무래도 할머니께서 목사님 구두를 할머니 안방 장롱에 숨겨 놓은 것 같아요. 할머니가 아니면 누가 그런 짓을 하겠어요."

그 말에 나도 확답을 얻었다.

"그래, 내 구두를 숨겨 둔 범인은 바로 나의 어머니셨구나."

그 집에는 어머니와 나와 간병인 아주머니 세 사람뿐이었기에 더는 누구를 지목하여 생각할 필요가 없었다.

갑자기 내 눈에 눈물이 핑 돌았다. "아! 우리 어머니!" 내가 밖에 나가면 얼마나 적적하시고 외로우셨으면 그리하셨을까? 얼마나 아들과 함께하고 싶으셨으면 외출까지도 막아내려 하신 것일까? 어머니의 어린애 같은 행동이었지만, 오히려 어머니의 그런 행동이 나에 대한 지고한 사랑으로 느껴지면서, 그 사랑이 나의 가슴팍에 화인처럼 새겨지는 것 같았다. 이것이 나에 대한 사랑이라고 생각되면서도 한편으로는 이제 어린아이처럼 되어버린 어머니의 그런 행동에 가슴이 미어졌다.

나는 그 구두를 손에 들고 어머니가 누워 계신 안방으로 가서 "어머니! 내 신발을 왜 장롱 속에 숨겨 놓았어요?"라고 항의하듯 여쭈어보았다. 어머니는 갑자기 구두를 가지고 와서 자신을 바라보며 그같이 묻는 말에 의아스러운 표정을 지으셨다.

"나는 안 그랬다. 내가 네 신발을 왜 거기다가 두냐?"

나는 그런 어머니의 말에 더는 추궁하지 않았다. 어머니는 며칠 전의 자신의 행동을 전혀 기억 못 하시는 것이었다.

어머니는 4년 전의 유방암과 폐암 수술, 이어진 무릎 인공 관절 수술로 뇌 건강이 매우 안 좋아지셨다. 인지 능력이 매우 떨어진 것이었다. 그러면서 치매기가 오기 시작한 것이다. 물론 가벼운 증상이기에 대화도 하시고 지난날의 일들은 매우 정확히 기억하시며 시간 개념과 숫자 계산 능력도 있었지만, 바로 어제 있었던 일이나 조금 전에 있었던 일에 대해서는 기억력이 매우 떨어지신 것이다. 그러면서도 생각하시는 것도 단순해지셨다. 어떤 면에서는 아이처럼 되어버린 어머니의 그런 모습이 신발 증발 사건을 통해 더욱 확실하게 된 것이었다.

그 후에도, 나의 구두가 눈에 보이지 않는 일이 종종 벌어지곤 했지만, 어머니에게 더 확인하려 하지 않았고, 다른 구두를 신고 나가거나 아니면 집안 구석을 찾아보아 신발을 찾아내곤 하였다. 어떤 날에는 현관에 벗어놓았던 신발이 밤중에 탁자 밑이나 소파 뒤에서 발견되기도 하였다. 어머니는 내가 외출하는 것을 제일 싫어하셨다.

내가 밖에 나가려고 옷을 입으면 나에게 다가오셔서 말씀하셨다.

"애야! 오늘 꼭 나가야 하니? 오늘만큼은 네가 안 나가고 엄마하고 집에 같이 있으면 좋겠다. 왠지 몸이 아픈 것 같은데 병원에 가야 할 것 같다. 네가 없으면 내가 어떻게 혼자 병원을 가냐, 나는 돈 가진 것도 없는데…."

이런 어머니의 말은 나를 집안에 묶어 두려는 고도의 전략이었다.

"그래, 꼭 나가야 하냐? 그러면 약속 시각을 좀 늦추면 안 되냐?"

이런 말은 나와 흥정을 하려는 2차 전술이었다.

"애야, 몇 시까지 올 거냐? 엄마가 기다릴게. 밤늦더라도 꼭 와야 한
다. 엄마가 자지 않고 기다릴게."

이런 어머니와의 대화는 함께 늙어가는 60대로 접어든 아들과 늘 반
복되었다. 그때 나를 더욱 당황하게 하고 괴롭게 한 것은 어머니가 정상
적인 정신이 아닌, 지난날 우리 어머니의 모습과는 너무도 달라진 쇠락
해져 버린 병약자의 모습이었다. 특히 밤이 되면 수면제에 취해서 어떤
때는 나를 자신의 남동생으로 착각도 하고 나를 바로 인지하지 못하면
서 망상과 환상에 사로잡혀 엉뚱한 말을 하시거나 예기치 못한 행동까
지 하시었다. 그런데 늘 그렇지는 않았다. 어떤 때는 매우 정상적인 기
억력과 판단을 하시면서 아버님과 지난날 있었던 연애 시절 이야기도
하시고, 처녀 시절 고전문학을 보신 이야기도 하시곤 하시었다. 어떤 때
는 같은 질문을 여러 차례 반복하기도 하였다.

나는 어머니의 절제되지 않는 행동과 말에 분노하기보다는 지난날 내
가 아기였을 때, 어머니를 얼마나 성가시게 하였고, 내가 아파했을 때
밤잠을 못 주무시면서 온밤을 꼬박 새우셨을 어머니, 또 내가 학교 입학
에 실패했을 때 나보다도 더 괴로워하셨던 어머니, 내가 군대 갈 때 문
밖에서 나를 바라보시며 눈물 흘리셨던 어머니, 내가 군에 입대하여 전
방 강원도 화천 산골짜기로 배치받았을 때, 그곳까지 면회 오셔서 내 거
친 손을 잡으시며 눈물 흘리셨던 어머니, 면회를 마치고 버스 타고 가실
때 손을 흔들어 보이시면서 뒤창에서 나를 보이지 않을 때까지 바라보
셨던 어머니, 또 군 생활 내내 끊임없이 정감 있는 편지를 보내 주셨던
어머니, 그 당시 나는 그 편지를 고이 접어서 윗주머니에 넣고 달아 빠

져 더는 볼 수 없을 때까지 만지작거리면서 보았던 어머니의 육필 편지는 지금 40여 년이 지나도 코끝이 찡해지는 어머니 사랑의 흔적이었다.

내 삶의 모든 발자국 뒤에는 어머니의 발자국도 그 옆에 늘 찍혀 있었다. 지난날 내게 베풀어 주셨던 어머니의 극진한 사랑, 지금 어머니의 모습 속에서 지난날의 흔적은 세월의 풍상 속에 흐려졌지만, 그러나 나의 가슴 속에는 분명히 깊게 새겨져 있다. 그러하기에 나는 어머니에게 다시 다가갈 수 있고, 어머니의 쭈글쭈글해진 손과 발을 만질 수 있다.

어머니의 병세가 해를 거듭하면서 감사하게도 많이 호전되었다. 특히 수면제를 끊어버린 후에는 이상스러운 행동과 집을 뛰쳐나가는 일도 없어졌다. 사고력이 쇠한 것은 확실한데 인지 능력과 정서적인 안정은 걱정스럽지 않은 정도로 매우 좋아졌다. 나로서는 안심하고 가정부에게 어머니를 맡기고 외출을 할 수가 있었기에 나의 마음도 안정되어 갔다.

그 이후 어머니와 대화도 많아졌다. 나도 서서히 정서적으로 여유가 생기면서 몇 년 전에 선교지에서 거의 독학으로 배워둔 첼로를 꺼내어 찬송가와 동요와 내가 좋아하는 노래를 택하여 어머니 앞에 연주하였다. 나의 연주 솜씨는 왕초보 수준이지만 저녁이 되면 식사 후 어머니 앞에서 재롱 잔치하듯 악기를 잡고 1인 객석 앞에서 홈 콘서트를 하였다. 그런데 어머니의 시선은 딴 데를 바라보시고 있었다. 별로 관심이 없는 듯했다. 아마 깽깽이 수준의 그런 소리라고 생각되었는지 도대체 어머니의 반응은 없었다.

그렇게 하기를 나는 몇 개월을 연습 삼아 그런 콘서트를 반복했다. 그런데 어느 날 드디어 기적이 일어났다. 내 연주가 끝나자, "애야 이제는 들을 만하구나. 많이 늘었다. 소리가 많이 좋아졌어.”라고 평가하시는 것이었다. 나는 내 연주 솜씨가 늘었다는 그 말보다는 어머니의 음에 대한 그런 인지 능력이 회복되었다는 것에 더욱 감사했다.

사실 나는 어린 시절 어머니께서 라디오 앞에 앉아서 뜨개질이나 바느질을 하시면서 음악을 듣는 그런 모습을 많이 보아 왔다. 1960년대 초에는 집에 최초의 “금성 라디오”와 일제 트랜지스터라는 조그만 라디오가 있었다. 아버님이 그 라디오를 사 오셔서 안방의 벽에 선반을 만들어 놓고 거기에 설치하셨다. 저녁을 먹고 나면 라디오 연속극 드라마를 듣기 위해 할아버지, 할머니, 어머니, 나와 누님과 고모들이 연속극 드라마에 귀를 기울이며 함께 들었다. 그 당시 KBS 라디오에서 가장 인기 있는 일일 연속 드라마 이름은 “검은 장갑의 여인”이었고 그 후 “임금님의 첫사랑”도 있었다. 날마다 기다려지는 시간이었다.

또 어머니는 낮에도 라디오를 통해 음악을 종종 들으셨다. 그 당시에는 집에 전축이나 텔레비전은 없었다. 나는 어머니를 통해 어린 시절에 클래식 음악을 듣게 되었다. 어린 시절에 음악과 고전문학을 어머니를 통해 배웠던 내가 이제는 어머니에게 들려주는 연주가가 된 것이다.

나는 어느 때에는 어머니의 칭찬에 신이 나 여러 곡을 반복해서 연주하면 “얘야! 됐다. 오늘은 그만해라.”라고 하시기도 하였다. 나는 나이가 들어도 눈치가 없는 것은 예나 지금이나 달라진 것이 없는 것 같다.

몇 달 전에 그동안 무심하게 지나쳤던 어머니의 발톱을 보니 엄지발가락 발톱이 마치 고목 껍질처럼 검은색으로 변질되어 들떠 있었다. 그 발톱은 빠지기 일보 직전의 상태였다. 나는 어머니의 그 발가락을 만지

책 ● 꿈 ● 행복

면서 "어머니! 발톱이 왜 이렇게 되었어요?"라고 물었다. 마치 큰 상처라도 입은 것 같이 말이다. 어머니는 무심하게 답하셨다. "글쎄, 나도 모르겠다. 왜 그런지…." 80여 년 된 발톱이 이제 세월이 지나면서 생기를 다한 나뭇잎처럼 떨어져 나갈 것 같았다. 나는 손톱깎이로 튀어나온 그 발톱을 잘라 내었다. 그 발톱은 힘없이 잘려져 나갔다. 뽑히지는 않았지만, 간당간당 붙어 있는 듯했다. 곧이어 다른 발톱도 깎아 드렸다.

어머니는 나의 그런 행동에 마치 어린아이처럼 만족해하셨다. 어머니는 아들의 신체접촉을 통해 흡족해 하는 것 같았다. 마치 갓난아이가 어머니의 젖을 흠뻑 먹은 뒤에 그 만족감에 젖은 그런 표정인 듯했다.

"엄마! 앞으로는 내가 발톱과 손톱 깎아 드릴게요."

나의 말에 어머니는 "네가 그렇게 해 주면 나는 좋지."라고 꼭 그렇게 해달라는 듯 말씀하셨다. 내가 어렸을 때는 어머니께서 나의 발톱과 손톱을 잘라 주셨을 것인데, 이제는 60이 된 아들이 팔순이 되신 어머니의 손발톱을 깎아 드리게 된 것이다.

그 후, 나는 어머니의 손톱과 발톱을 자주 깎아 드렸다. 그런데 늙으면 손톱, 발톱도 그 모양새가 반듯하질 못했고 흉한 모양새로 생겨났다. 어머니의 목욕과 머리를 감겨드리는 일은 가사도우미 아줌마가 다 해 드리고 있다. 과연 어머니와 나와의 이런 시간과 나눔의 기회가 얼마나 지속할까? 아프시고 가끔은 속상하여도 그래도 오래 사셨으면 하는 마음이 늘 가슴 속에 자리 잡고 있다.

분명한 점은 나도 어머니를 사랑하고 있고 여생을 행복하게 해 드려야겠다는 생각에 나 스스로가 흐뭇해졌다. 모든 어머니는 자식이 속을 썩이고 무관심할지라도 그에 상관없이 그 자식을 더욱 사랑하는 것처럼 나 또한 정상적인 어머니의 모습은 아니지만, 평생 나를 극진히 사랑하고 인도해 주시며 어려울 때마다 길을 열어 주신 어머니에게 내가 온 힘으로 보답한다 하여도 어디 족히 비교될 수 있겠는가!

작년 봄에 교회를 다녀와서 오후에 인천 아라뱃길 가의 꽃구경시켜 드렸다. 그런데 한편으로는 왠지 슬퍼졌다. '내년에도 어머니와 함께 여기에 올 수 있을까?'라는 생각이 들면서 이제라도 열심히 모시고 다니면서 좋은 구경시켜 드려야겠다는 생각을 해 보았다. 차를 타고 가는 도중 차창 밖의 공기를 호흡하려고 창을 내리었다. 어머니는 머리가 날린다며 다시 닫으라고 하시었다. 갑자기 얼마 전에 텔레비전 방송에서 본 소리꾼인 장사익의 "꽃구경"이라는 노래가 떠올랐다.

어머니 꽃구경 가요

제 등에 업히어 꽃구경 가요

세상이 온통 꽃 핀 봄날

어머니는 좋아라고 아들 등에 업혔네

마을을 지나고 산길을 지나고

산자락에 휘감겨 숲길이 깊어지자

아이구머니나! 어머니는 그만 말을 잃더니

꽃구경 봄 구경 눈감아 버리더니

한 움큼씩 한 움큼씩 솔잎을 따서

가는 길 뒤에다 뿌리며 가네

책 ● 꿈 ● 행복

어머니 지금 뭐 하나요

솔잎은 뿌려서 뭐 하나요

아들아 아들아 내 아들아

너 혼자 내려갈 일 걱정이구나

길 잃고 헤맬까 걱정이구나

옛날 고려 시대에는 보릿고개라는 계절에 살기 힘들어지면 '고려장'이라 하여 나이든 어머니를 지게에 지고 산으로 가서 그곳에 버려두고 왔다고 한다. 왜냐하면, 보릿고개 때에 양식이 기갈하면 식구 중 한 사람의 양식을 절약하기 위해 세상을 다한 연로한 노인네를 산에 두고 왔다는 비극적인 풍습이 있었다고 한다. 하지만 이 노래에서는 그런 끔찍한 분위기를 노래한 것이 아니라, 어머니를 지극정성으로 모시는 아들이 거동도 못 하는 어머니에게 봄날에 꽃구경시켜 드리기 위해 지게에 지고 그 어머니를 모시고 꽃길을 가는데, 그 어머니의 판단은 그 아들이 자신을 좋은 봄날을 택하여 산중에 버리러 가는 줄 알았다. 그러나 그 어머니는 그 아들에게는 한 마디의 원망도 없이 오히려 그 아들이 산에서 내려올 때 길 잃을 것이 걱정되어 솔잎 가지를 꺾어서 길에 던져 놓는 눈물겨운 모자지간의 사랑을 애달프게 부르는 노래이다. 자식을 위해서라면 무엇이라도 희생하는 어머니의 한량없으신 사랑을 표현한 것이다. 하지만 시대가 변했을지라도 어머니는 자신의 안일보다는 가장이 된 아들을 어린아이처럼 생각하고 자신의 품에 품는 지고한 모성애가 이 노랫말 속에 담겨 있기에 지금도 많은 사람이 애창하는 곡이다.

가슴 속에 새겨진 나의 아버지와 어머니의 사랑 이야기 - 강석진

지금도 가끔 어머니는 주일 저녁이 되면 "애야, 오늘 저녁에 꼭 너희 집에 가야 하냐?"라고 근심스러운 표정으로 나를 바라보시면서 애걸하듯이 말을 건네신다. 나는 차마 그 간구함을 거절 못 한다.

"엄마, 오늘 안 가고 내일 아침에 갈게요."

"그래, 고맙다. 내가 너를 잡아 두는구나. 너희 처에게 미안하구나. 내가 빨리 죽어야 너희들도 편해질 텐데…."

어머니는 말끝을 흐리신다. 그 말에 나는 더욱 마음이 가라앉는다. 내가 잠들기 전에 꼭 하시는 말이 있다.

"애야, 석진아! 내일 아침에 갈 때 꼭 엄마보고 나한테 얘기하고 가야 한다. 알았지?"

어머니는 나에게 다짐을 받으셔야 안심이 되는지 내 대답을 받은 다음에야 자신의 방으로 가신다. 그러고는 가끔 어머니는 내가 잠든 중에 현관에 벗어 놓은 신발을 본능적으로 어디엔가 숨겨 놓으시는 것이다. 그다음 날 아침, 어머니와 나는 신발을 놓고 숨바꼭질을 한다.

"엄마! 내 구두 어디에다 감추셨어요?"

"난 모른다. 내가 왜 너의 신발을 감추냐?"

그래도 어머니와 그런 실랑이를 할 수 있다는 것이 감사할 뿐이다. 만일 어머니의 인지력이 더 떨어지면 그런 어머니와의 해프닝도 있을 수 없을 테니까 말이다.

"어머니! 그래도 좋으니, 오래오래 사세요! 사랑해요, 어머니!"

신발과
나의 성장기

　　　　　　　　　　　　　　나는 유독 신발에 대한 추억이 남다른
것 같다. 어린 시절 신발에 관련된 추억이 그때로부터 성인이 되어서도
이어졌다. 어린 시절 최초의 신발 기억은 초등학교 가기 전에 꽃무늬가
있는 꽃장화를 거의 일 년 내내 신고 다니기도 하였다. 내가 초등학교
가기 전에는 아버님이 경기도 용인군의 등기 소장님이셨고 치안감직까
지 겸하셨다. 6·25전쟁이 끝난 후에 아버님은 20대 후반에 그곳으로 발
령을 받아 가신 것이다. 그러하기에 초등학교 가기 전까지 그곳에서 어
린 시절을 보내었다.

　그때 우리 가족들은 관사에 살았다. 그 집은 적산가옥 일본 집으로 다
다미방이 있었고, 화장실이 집 안에 있었다. 아버님 사무실도 바로 옆에
붙어있어서 아버님 사무실을 마음대로 출입하였다. 집 앞에는 큰 길이

나 있었고, 길옆으로는 도랑물이 흘렀다. 큰 길로는 종종 수원으로 가는 버스가 다녔고 비가 오면 흙탕물 구덩이가 곳곳에 생겨 차가 지나가면 흙탕물이 튀겼다. 길이 마르면 차가 지나갈 때 흙먼지가 뿌옇게 흩날리었다. 관사 뒤로는 언덕 위에 예배당이 있었다. 그 뒤로는 낮은 산이 있어서 봄철이면 진달래꽃을 꺾으며 그곳에서 뛰어놀던 생각이 새록새록 난다.

그 시절에 나는 그 꽃장화를 일 년 내내 비 올 때나 눈 올 때나 산에서 놀 때나 오로지 그 장화만을 신고 다녔다. 어머니께서 그 꽃장화를 그만 신으라고 하여도 막무가내로 고집을 부리며 그 신발만 신고 다녔다. '왜 그 꽃장화만을 신고 다녔을까?' 회상해 보면 1950년대와 60년대, 그 당시 한국의 생활수준은 매우 어려운 가난한 시절이었다. 그 꽃장화는 나와 같은 또래의 애들이 신고 다니지 않았기에 상대적 우월감을 느끼고 친구들에게 뽐내려고 사시사철을 꽃장화만 고집했던 것이 아닌가 생각된다. 그 당시 어린 시절에 유일하게 멋을 부릴 수 있고 다른 아이들과 차별화할 수 있는 것이 바로 그 꽃장화가 아닌가 싶다.

그런데 그 꽃장화 시절도 아버님께서 서울중앙지방법원으로 발령이 나시면서 막을 내렸다. 다섯 식구가 서울로 올라와 새로운 삶을 살게 되었다. 용인에서는 우리 형제지간 다섯과 부모님이 우리의 식구들이었으나, 서울로 올라와서는 할아버지, 할머니와 고모와 삼촌과 한 지붕 밑에 살게 되면서 용인에서의 우리 가족의 단란한 분위기의 삶은 더 지속하지를 않았다. 할아버지는 매우 엄격하셨고 훈계가 많으셨다. 그뿐만 아니라 예절 등을 강조하셨다. 자유분방하게 자라났던 나의 쾌활한 성격

244

도 새로운 경직된 환경 속에서 점차 내성적으로 변해갔다.

식사할 때면 온 가족 12명이 한 식탁에 둘러앉아 밥을 먹었다. 음식을 씹는 소리도 내지 말아야 하고, 식구들 간에 일체 얘기도 못 하게 금하였다. 밥 먹을 때는 조용히 먹어야 한다는 가르침이었고, 할아버님이 수저를 먼저 드신 다음에야 그제야 우리도 수저를 들었고 마치 수도원이나 군대 같은 경직된 분위기에서 밥을 먹어야 했다. 꽁치 반찬도 한 사람 앞에 한 토막씩이었고 김도 화투장만 하게 썰어서 몇 장씩 배당을 주었다. 겨울철 저녁 시간이면 전력 사정이 좋지 않아 전등이 밝지도 못했고, 가끔은 정전이 되어 촛불을 켜고 밥을 먹기도 하였다. 전기다리미는 사용할 수 없었기에 숯덩어리를 거북선 같은 다리미 속에 넣어 옷을 다리는 모습을 여러 차례 본 기억이 나기도 한다.

서울에 올라와서는 무학초등학교를 다녔다. 나의 삶도 많이 달라졌다. 서울에서는 이제 더 꽃장화가 필요 없게 되었다. 발도 커졌을 뿐만 아니라 흙탕물이 고인 길이 없었기에 장화가 필요치 않았다.

서울로 올라와서 달라진 것 중의 하나가 바로 신발이었다. 서울에서는 내게 신발이 두 개가 있었다. 하나는 지렁이 색깔의 "말표" 황색 고무신과 또 하나의 신은 까만 운동화로서 발등 윗부분에 흰 줄과 까만 줄이 그어진 "왕자표" 운동화였다.

그런데 할아버님께서 신발 신는 것도 규칙을 강요하셨다. 학교 갈 때는 운동화를 신고 갔지만, 집에 돌아오면 반드시 고무신으로 갈아 신고 밖에 나가 동무들과 놀아야 했다. 만일 집에 와서도 운동화를 신고 놀면 할아버님한테 혼이 났다. 그뿐 아니었다. 세수할 때는 분홍색 "장미표"

세수 비누로 얼굴을 닦았지만, 머리를 감을 때는 반드시 큼직하고 양잿물 냄새가 풀풀 나는 빨랫비누로 감아야 했다. 머리 모양도 군대식처럼 거의 빡빡 깎아야 했다. 할아버님은 일본 강점기에 문산 군청에서 제복을 입고 공무원 생활을 하셨다고 한다. 그런 이유인지는 몰라도 매우 경직된 성격이시고 엄하시었다.

어느 날 친구들과 학교 근처에 안정사라는 절에 놀러 갔었다. 절의 조용한 분위기며 정적이 느껴지는 곳이고 가끔 목탁 소리도 들렸다. 그런데 중들이 거하는 방문 앞 댓돌 위에는 어김없이 하얀 고무신이 정갈하게 벗어놓은 채 있는 모습이 눈에 자꾸 들어오면서 내가 신고 있는 황색 고무신이 너무도 촌스럽고 싸구려 티가 나게 느껴졌다. 그 후 점차 내 고무신이 싫증이 났고 창피하게만 느껴졌다. 절간 앞마당에 놀러 가면 댓돌 위의 가지런한 하얀 고무신만이 내 눈에 들어왔다.

나는 어머니에게 황색 고무신은 싫증이 나니, 이제는 깨끗하게 보이는 하얀 고무신을 사 달라고 졸라대었다. 그런데 어머니는 그 하얀 고무신이 내가 신고 있는 누런색 고무신보다 더 비싸다고 하면서 나의 간곡한 요청을 들어주시지 않았다. 그 고무신은 잘 해지지도 않았다. 결국, 그 고무신이 바닥에 구멍이 나자 어머니께 졸라서 드디어 그렇게도 원하던 하얀 고무신을 신게 되었다. 우리 집에서는 그동안 할아버님만 유일하게 하얀 고무신을 늘 신고 다니셨는데, 내가 하얀 고무신을 신게 되므로 집안 서열 2위로 격상된 것처럼 보였다. 하얀 고무신은 참으로 파격적인 변화였다. 어머니께서는 내가 장남이라서 그런지 내 요청을 들어주신 것 같았다.

어느 날 우리 집에 종종 마실을 오는 앞집 아주머니가 어머니에게 이렇게 말했다.

"근데, 제는 새끼중처럼 왜 하얀 고무신을 신고 다녀?"

나는 그 당시에 '새끼중'을 본적이 없었기에 그게 무슨 말인지 이해가 되지 않았다. 그런데 거의 30여 년이 지난 뒤에는 목사가 되었으니 그 신발은 예비 목사용 하얀 고무신이었던 것이다.

초등학교 시절 또 잊을 수 없는 추억의 신발이 있었다. 다름 아닌 겨울철에 신는 털신이었다. 겉은 고무였지만 속은 털이 바닥과 등 부분까지 덮여있었고 단추가 장식처럼 달려 있어서 고급스럽게 보였다. 그런데 그런 털신은 보통 나이 많은 어른들이 신고 다녔지, 아이들이 신고 다니는 경우는 드물었기에 언감생심으로 그 털신을 신는다는 것은 상상할 수도 없었다.

어느 겨울철에 어머니가 을지로6가에 사시는 고모할머니 댁에 나를 데리고 가셨다. 그때 공교롭게도 내가 신고 있는 운동화 옆구리가 터져 있었다. 고모할머니는 나의 그런 신발을 보시더니, "석진아! 오늘 고모할머니가 너에게 좋은 신발을 사 주마." 하고는 나의 손을 잡고는 신발 가게로 데리고 가서는 신발 가게 주인에게 "애에게 맞는 털신을 줘 보세요."라고 말하는 것이었다. 나는 너무도 기쁘고 가슴이 뛰었다. 부잣집 영감님들이나 신는 털신을 내가 신게 된다는 것이 믿어지지 않았기 때문이었다. 그 신발 가게 주인은 한참을 신발 진열대에서 나의 발 치수에 맞는 신발을 찾았고, 마침내 그 털신을 내 앞에 놓고는 신어 보라는 것이었다.

　　나는 정말 이 털신을 신어도 되는지 몰라서 고모할머니 얼굴을 다시 쳐다보았다. 할머니는 허리를 굽히시더니 직접 내 발에 신겨 주시었다. 딱 맞는 신발이었다. 이를 확인한 할머니는 그 주인에게 돈을 치르자 그 주인은 신문 종이로 둘둘 말아서 쌓은 그 신발을 내게 안겨 주었다. 할머니 집으로 돌아와서 나는 자랑스럽게 어머니에게 그 털신을 보여드렸다. 어머니는 예상치 못한 비싼 그 털신을 보시자, 고모할머니에게 "이런 비싼 털신을 사줄 필요가 없고 그저 지금 신고 있는 운동화면 되는데, 아이에게 너무 고급 신발을 사 주셨어요."라고 하시면서 고모할머니에게 연방 고맙다는 말씀을 몇 번이고 하셨다.

　　나는 집으로 돌아올 때는 그 신발을 신지 않고 옆이 꿰매진 그 운동화를 신고 그 털신은 가슴 품에 품고 왔다. 그날부터 학교에 갈 때만 그 털신을 신었고, 집에 와서는 그 신발을 깨끗하게 물로 닦고 방으로 가지고 와서는 잘 때도 내 머리맡에 두고 잠을 잤다. 내게는 그 신발이 동화 속에 나오는 왕자님의 구두 같은 것이었다.

　　나의 신발 이야기는 초등학교를 졸업하고도 계속 이어졌다. 그 당시에는 대학생들이 감색 교복이나 그렇지 않으면 국방색 군복을 검은색 물감을 들여서 바지며 상의와 잠바로 많이 입고 다녔다. 거의 일 년 내내 가난한 대학생들의 일상적 복장이었다. 그리고 그들에게는 특색 있는 구두가 있었다. 다름 아닌 군용 구두로서 일명 '워커'라는 구두였다. 그 군용 구두는 목이 길어서 신고 벗고 하기에 불편하여 대학생들은 그 군화의 목 윗부분을 잘라내어 구두 목 끝이 발목 아래 복숭아뼈 있는 곳까지 잘라서 단화처럼 신고 다녔다.

책 ● 꿈 ● 행복

내가 중학교 때에 삼촌은 대학생이었다. 가끔 그 친구들이 집에 오면 자주 보는 대학생 구두였다. 그런데 왠지 그 워커가 멋있게 보였다. 몰래 신어 보아도 나에게는 너무 큰 구두였다. 그 신발을 신은 대학생들이 그렇게 멋지게 보였고, 그 워커가 선망의 대상이 되었다. 나는 그 워커를 신고 싶어서 아버지에게 졸랐다. 그 워커의 가격이 절대 낮지는 않았을 것이다. 처음에는 어머니에게 졸랐으나 그 구두는 엄마가 사 줄 수 있는 가격대가 아니었다. 그래서 아버지에게 졸랐다.

그러기를 몇 달이 지났을까, 어느 날 아버님이 양회 봉지에 둘둘 말은 무엇을 들고 들어오셨다. 아버님은 나를 부르시더니 포장을 펼치시면서 신어 보라고 하셨다. 나는 그 순간 꿈인지 생시인지 너무 기뻤다. 까맣고 윤이 번득번득 나는 워커를 바로 신어 보았다. 그런데 그 구두는 나에게 너무 컸다. 나의 발이 그 워커 안에서 놀아났다. 나는 아버님께 너무 큰 걸 사오셨다고 불평하자, 아버님은 동대문시장에 있는 군대용품 상점에서 사 온 것인데, 그 워커 치수 가운데 제일 작은 것이라고 하면서 지금 크면 그 구두를 두었다가 발이 커지면 그때 신으라면서 나를 타이르셨다. 내가 보기에도 개미 다리에 워커였다. 그러나 나는 그 워커가 너무 신고 싶었기에 그다음 날 바로 그 워커 구두를 신고 학교에 갔다. 구두약을 한껏 발라 광을 내고 모든 사람이 보라는 듯 마룻바닥에 저벅저벅 소리를 내면서 걸었다. 나를 향한 친구들의 시선에 기분이 아주 좋았었다.

지금 생각하면 너무도 웃기는 장면이었다. 조그만 중학교 1학년이 대학생들이나 신고 다니는 군용 워커를 신고 다니다니. 그런 중학생은 오

가슴 속에 새겨진 나의 아버지와 어머니의 사랑 이야기 - 강석진

직 나밖에 없었다. 나는 학교 마루 복도나 교실에서도 보라는 듯이, 들으라는 듯이 소리를 내어 걷곤 하였다. 나중에 뒤꿈치가 달아빠지면 뒤에 쇠징을 박아서 신고 다녔다.

그 후 고등학교를 들어가자 나의 구두는 다시 달라졌다. 고등학생이 되자 누님의 소개로 교회를 다니기 시작했다. 나는 교회를 다니면서 이성에 관한 관심을 자연스럽게 갖게 되었다. 내가 속한 고등부에는 다름 아닌 여학생이 여러 명 있었다. 그 가운데 가장 나의 관심을 끄는 여학생은 예배 시에 피아노를 반주하는 학생이었다. 정갈한 단발머리이며 하얀 색의 옷깃이 달린 교복에 피아노에 앉은 그 여학생의 뒷모습만 보아도 가슴이 뛰었고, 어쩌다 눈이 마주치면 얼굴이 붉게 달아오르기까지 하였다. 교회에는 주일만 아니라 토요일에 모여 성경공부를 하였고 그 공부가 끝나면 탁구장에 가서 함께 탁구를 했다. 여학생들이 보는 가운데 열심히 있는 실력, 없는 실력을 발휘하여 관심을 끌려고 하였다.

사실 주일보다는 토요일이 더 기다려졌다. 그때 나는 나 자신의 깔끔한 모습을 보이려고 교복보다는 사복을 입고 다니면서 조금이라도 여학생들에게 관심을 더욱 끌려고 하였다. 특히 피아노 반주하는 여학생을 의식하였다.

그 즈음에 "금강제화"에서 나온 학생용 단화를 몹시 신고 싶었다. 그러나 그 당시 구두 가격이 매우 비쌌기에 쉽게 살 수 없는 구두였다. 나는 그 구두를 사 달라고 어머니를 졸랐다. 마침내 나의 성화에 어머니는 크게 마음먹고 내가 그렇게도 신고 싶어 하던 "금강제화"의 구두를 신게 해 주셨다. 어머니께서 나를 데리고 명동에 가서 금강제화점에서 그 고급 구두를 사 주신 것이다. 그 당시 명동은 별천지처럼 화려하게 보였다. 그때도 내가 다니는 학교에 그런 구두를 신은 학생은 소수에 불과하였다. 사실 우리 집 형편은 그런 고급 구두를 사 줄만 하지는 않았다.

그런데 구두만 고급이었지 교복은 모두가 입는 검은색의 무명 교복이었기에 그 교복이 어울리지 않았다. 그때 마침 "제일모직"에서 최초로 나온 "엘리트 교복"이 있었는데, 가격이 기존 것에 비해 많이 비쌌다. 나는 다시 어머니를 졸라서 그 교복을 맞추어 입게 되었다. 마치 비단 옷 같이 보이는 최고급 교복에 최고급 구두를 신고는 교회 여학생들에게 보일 수 있는 토요일과 주일이 오기를 기다렸다. 그 날들은 항상 내게 가슴 설레는 날이었다. 그리고 교회에 가기 전에는 반드시 머리를 감고 갔다.

그 당시에는 여학생과 함께 자리를 같이 하는 공간이 유일하게 교회였다. 일명 '연애당'이라고도 했다. 그때도 교회 근처에 빵집이 있었지만 어느 누구도 감히 여학생과 단 둘이 같이 빵을 먹는다는 것은 상상도 할 수 없는 일이었고, 가능한 방법은 고등부 학생들 여러 명이 함께 빵집에 가는 것은 가능하였다. 어쩌다 어느 남·여학생과 단둘이 골목에서 대화하는 것이 다른 친구들의 눈에 띠어 소문이라도 나면 마치 크나큰 스캔들이라도 난 것처럼 몹시 부끄러워하기도 하였다.

고등학교 때에 신게 된 단화 구두는 사춘기 때에 나의 존재감을 한껏 높여 주는 장식품 같은 것이었다. 이때는 어른들도 길거리의 구둣방에서 뒤축이 닳아 빠지면 새로운 구두 뒤꿈치를 교체하여 신고 다녔으며, 구두의 옆구리가 터져나가면 꿰매서 신고 다니었다. 뿐만 아니라 음식점에서 다른 사람의 새 신이나 좋은 구두를 몰래 도둑질 하듯이 바꿔 신고 가는 사람들도 있었기에 식당에 경고문이 흔히 붙어 있곤 하였다.

대학 시절이 되어서도 새로운 신발 이야기로 이어졌다. 그 당시는 하얀 BB 농구화에 청바지가 유행이었다. 그 시대는 통기타와 청바지가 청년문화의 상징이기도 하였다. 멋에 민감한 나는 그리 비싸지 않은 흰 농구화를 신고 다녔는데, 여기에 딱 어울리는 청바지가 없었다. 그 당시 국내산 청바지는 없었고 바다 건너온 미국제 청바지가 상류층 자제들이 입고 다녔다. 그때 김영삼 국회의원도 장발머리에 청바지 입은 모습이 신문에 날 정도였다. 그 청바지를 사려면 미군 부대를 통해 사거나 그렇지 않으면 동대문시장에서 중고 청바지를 살 수 있었지만, 그 가격 또한 만만치 않았다. 아마 봉급쟁이 한 달 봉급 정도가 아니었었나 대충 집어보게 된다. 그 청바지 종류 가운데 가장 비싼 상표가 일명 "쌍마표"였다. 영어명으로 "LEVI STRAUSS"였는데 뒷주머니 위 혁대가 지나가는 그 위치 가죽 상표에 두 마리 말이 청바지를 양쪽에서 잡아당기는 그림이 새겨져 있었다. 그 외에 'LEE", "CANTON" 등이 있었다.

나는 또 그 청바지를 꼭 입고 싶었다. 1973년에는 미국에 가신 누님에게 청바지가 필요하니 꼭 보내달라는 장문의 호소 편지를 써서 보내었다. 그리고 손꼽아 기다렸다. 약 두 달 후쯤에 그 바지가 도착하였다. 신촌의 연세대학 앞에 있는 국제우편소에 가서 꿈에도 그리던 청바지를 품에 안고 집으로 왔다. 그런데 새 바지인 관계로 멋진 하늘 빛이 아니라 우중충한 짙은 청색이라 맘에 들지 않았다. 나는 그 바지를 물에 담가서 그 청색을 내기 위해 솔로 박박 문질러서 푸른색을 내려 끙끙거리며 수고로움과 번거로움을 마다하지 않았다. 그 바지의 길이가 너무 길어서 하단을 접어 입었다. 그 당시는 그렇게 접어서 입는 것이 유행이기도 하였다. 그렇게 해서 폼을 잡고 하얀 농구화에 쌍마표 청바지를 입고 다녔지만, 그 흔한 여자 친구도 없었다. 그저 나만의 낭만을 위해서 자기만족을 위해서 그런 멋 부리기에 정성을 들였다.

군대를 마치고 다시 학업을 끝내고 직장생활을 하면서 구두에 대한 호기심과 관심이 없어졌다. 가만히 생각해 보면 그때는 생활수준이 높아져서 구두로는 자신의 존재감을 드러내는 용품이 되지를 않았기 때문인 것 같다.

1980년대 들어서자 '마이카 붐'이 일면서 이제는 신발이 아닌 고무 타이어가 달린 승용차를 타고 다니는 것이 직장인들의 로망이 되었다. 나는 1987년이 되어서야 그렇게도 바라던 꿈의 마이카를 구입하게 되었다. 그 당시에 자기 차를 몰고 출근하는 그 모습이 그렇게 부럽기만 하였다. 특히 양복 정장 상위를 뒤 자석 옷걸이에 걸어놓고 흰 와이셔츠에 넥타이를 맨 직장인들의 모습이 나에게는 크나큰 로망이었다. 그때 포니 신형을 사려면 3백만 원대의 비용이 들었고, 유지비를 위해서는 약 20만 원대가 필요했는데, 그때 내 봉급 수준은 30만 원대이었으므로 새 차를 사는 것은 불가능하였다. 차를 사려면 일 년 치 봉급이 필요했고 지금같이 2년 또는 3년 할부 구매 제도가 없었다.

나는 차선책으로 4년 동안 사용한 중고차를 240만 원에 샀다. 그 차의 이름은 '스텔라'로 1,500의 배기량에 84마력의 차였다. 에어컨을 작동하면 힘이 떨어지는 차였지만, 중형급을 탄다는 허영심이 작동되어

가슴 속에 새겨진 나의 아버지와 어머니의 사랑 이야기 - 강석진

무리하게 그 차를 타고 다녔다. 집과 직장과의 거리는 차로 5분 거리였지만 무게를 잡고 운전을 하였다. 회사 건물 주차장에 차를 대어 놓고 근무 시간에도 사무실 창으로 수시로 내려다보면서 확인하는 것이 즐거움이었다. 집에 오면 자동차 커버를 덮어서 문 앞에 주차해 두었다. 그리고는 밤에도 수시로 확인하고, 아침에 일어나면 제일 먼저 차가 밤새 안녕하셨는지 확인하는 것이 낙이기도 하였다. 시간만 되면 몰고 다녔고, 세차를 하고 왁스로 광내는 것이 취미가 되어버렸다. 그야말로 그때 그 중고차가 나에게는 우상 같은 소유물이었다.

그런데 그 차는 산 후 계속 고장이 나서 수리를 끝없이 해야 했다. 산지 1년도 안 되어서 수리비가 차 구매 비용을 초과하였다. 그야말로 그 차는 애물단지가 되었다. 나는 차를 사기 2년 전에 결혼하였고 1년 전에는 야간 신학대학원을 다녔기에 재정적으로 매우 빡빡하였다. 퇴근하자마자 바로 야간 신학교를 다녔다. 그 차는 주로 통근과 통학용이었다. 그 고물차를 그렇게 4년을 끌고 다녔고 91년에 폐차시켰다. 그 차는 나에게 마이카 꿈을 실현해 준 꿈의 차이기도 하였지만, 나의 신발이 되어준 충성스러운 차이기도 하였다. 토요일과 주일에는 전도사로서 교회용으로, 금요일에는 기도원용으로 엄청 우려먹은 애마였다.

드디어 신학 과정을 다 마치고 회사를 사직하고 여러 곡절 끝에 1991년 4월에 목사 안수를 받고 세상 허영과 멋을 포기하고, 그해 10월에 중국에 선교사로 떠났다. 중국 하얼빈에 도착하여 조선족들과 어울리면서 그들이 입는 중국제 옷을 입고 복음의 신발을 신고 중국을 기차로 버스로, 삼륜 인력거로, 택시로, 배로, 비행기로 그야말로 모든 교통

수단을 다 이용하면서 중국 전역과 특히 북한 선교를 위해 두만강과 압록강 산골 지역을 두루두루 다니면서 다양한 중국제 신발을 신고 다니게 되었다.

선교사가 된 후에는 지난날 구두와 차로 나 자신을 과시하고자 하는 허영심으로부터 자유함을 누리며 복음의 신발을 신고 다녔다. 어느 때에는 나의 허접스러운 신발을 보고 조선족 집사님이나 한인교회 성도들이 구두를 사 주기도 하였다.

나의 선교 사역 초창기에는 주로 흑룡강성 하얼빈에서 활동하였다. 한겨울 가장 추울 때는 밤에 영하30도 이하로 내려가고 대낮에도 영하 15도였기에 털모자를 쓰고 나가도 머리가 시리고 눈의 통증을 느낄 정도였다. 그 추위를 견디려면 털모자와 방한화가 필수였다. 시장의 과일 가게는 과일들을 모두 두꺼운 솜이불로 덮어놓아 냉동을 방지하였다. 그때 나도 추위를 극복하기 위해 머리끝부터 발끝까지 중무장하고 다녔다. 나는 주로 하얼빈의 도심지에 가정 처소교회들을 상대로 해서 예배와 성경공부를 지도했고 하얼빈의 외곽 지역으로 두세 시간이 소요되는 마을도 다녔다. 근교로 나갈 때는 조그맣고 허접한 "멘빠오"라는 다인승 소형 버스를 타고 이동하였다. 그 버스를 탈 때면 사람들을 구겨 넣듯 하였다. 거기서 다시 인력거나 오토바이에 리어카를 붙여 만든 지붕이 없는 차를 타고 처소 교회로 다녀야 했다. 추운 날씨에 칼바람을 맞아가면서 온몸을 움츠려도 그 차가운 바람은 몸으로 파고 들어왔고 특히 발가락은 얼어붙는 것 같이 통증도 따라왔다.

그곳의 교회 집사님들이 그곳 현지인들이 신는 신발을 신고 다녀야

가슴 속에 새겨진 나의 아버지와 어머니의 사랑 이야기 - 강석진

동상에 안 걸린다고 하여, 나는 하얼빈백화점에 가서 가죽과 내부에 털이 있는 구두를 사 신었음에도 발가락이 시려 옴은 막을 수 없었다. 그곳에는 길가에 신발 깔창들을 많이 팔았다. 그 깔창을 깔면 그 냉기가 많이 차단되었지만, 워낙 추운 날씨에는 한계가 있었다. 그 냉기를 인내로 견딜 수밖에 없었다. 차라리 내려서 계속 걸을 때는 발가락 시려 옴을 극복할 수 있었다.

구한말에 외국인 선교사들이 한국에 와서 조선 8도를 다니며 전도 활동을 하였는데 겨울철에 이북 지방을 다닐 때는 조선인 일꾼들을 데리고 조랑말을 타고 다녔었다. 어느 선교사의 회상기에 보면, 그때 선교사들이 가장 큰 고통을 겪은 것이 바로 발가락 동상이었다고 한다. 말을 타고 가면 발가락의 냉통증을 이겨낼 수가 없었기에 내려서 걷기도 하고 발이 아프면 다시 말을 타면서 수백 킬로미터의 긴 장거리 선교여행을 하면서 그 같은 발가락 통증을 견디어 내었다고 한다.

나도 100여 년 전 선교사들이 겪었던 그런 경험을 같이 하면서 그 당시 선교사들이 얼마나 많은 고통과 불편함을 감수하면서 선교 사역을 하였는지 어느 정도 체험할 수 있었다. 나는 내 인생의 가장 황금기 20여 년을 복음의 신을 신고 중국과 연해주와 압록강, 두만강 일대의 마을들을 찾아다니면서 복음을 전하였다.

아름답도다 좋은 소식을 전하는 자들의 발이여 함과 같으니라
(롬 10:15).

책 ● 꿈 ● 행복

시장 보러 가기와
빵떡 먹기

수년 전에 어느 유명한 작가가 라디오를 통해 떡 장사한 자기 어머니의 이야기를 들려주었다. 지금도 그 기억을 돌이키면 왠지 가슴이 짠해진다. 그 이야기는 이렇다.

그는 어린 시절 시골에서 자라났는데, 어머니는 떡 장사를 하여 가족들을 부양했고, 자기는 홀어머니의 보살핌으로 자라났다는 것이다. 그 당시 어머니가 무슨 장사를 하는 줄 모르고, 그저 어머니가 시장에서 장사하는 어머니로서만 알고 있었다는 것이다. 그런데 어느 날 친구들과 놀다가 시장터로 가게 되었는데 자기를 발견한 엄마가 자기의 이름을 부르며 "애야! 이리로 와서 친구들과 함께 떡 먹고 가라."고 외치신 것이었다. 그는 그제야 어머니가 시장에서 떡 장사를 하는 것을 알게 된 것이다. 자기의 엄마가 시장에서 광주리에 떡을 놓고 "떡 사세요!"라고 외치는 엄마가 너무나 창피했다는 것이다. 그것도 떡 장사하는 엄마가 친구들 앞에 보인 것이 너무도 수치스러웠고 원망스러웠다는 고백이었다. 그는 그때 어머니에게 달려가서 떡을 받은 것이 아니라, 엄마의 손길을 뿌리치고 집으로 돌아와 눈물을 펑펑 흘리며 울었다는 것이었다.

라디오 방송에서 그 인사가 어머니날을 맞이하여 자기 어머니를 소개하면서 그 같은 이야기를 한 것이었다. 그는 나중에 철이 나서야 어머니의 지극한 사랑과 가족의 생계를 책임지고 너무도 많은 고생을 한 어머니의 모습과 "애야 친구들과 여기 와서 떡 먹고 가라."고 하신 그 어머니의 그 외침을 뿌리치고 집으로 돌아와 울었던 그때의 일만 생각하면 어머니에 대한 죄책감과 자식으로서 어머니에 대한 고생에 보은을 다하지 못한, 불효한 자신이 중년이 된 지금도 가슴이 저리고 마음이 아프다는 고백을 하였다.

그가 결론적으로 말한 점은 그 어린 시절에 어머니가 광주리를 메고 시장에서 떡 장사를 한 것이 그 당시에는 어머니가 창피하였고 원망스러웠지만, 성년이 된 후에는 그 어머니가 너무도 자랑스럽고 감사했고, 나의 어머니가 떡 장사를 하였다는 것을 누구에게도 말할 수 있는 자랑스러운 어머니였다는 것이었다.

60년대 한국의 어머니들 대부분이 많은 고생을 하셨다. 그 당시에는 대가족 제도였기에 많은 가족을 남편의 박봉으로는 생활비가 늘 부족했던 그 시절이었다. 그 당시 새마을 운동 주제곡 가사에 "우리도 한 번 잘 살아 보세"가 지금도 기억난다. 그 가난은 수천 년 동안 우리 민족이 숙명처럼 안고 살았던 것이었다. 한 맺힌 가난은 고통이었고 불행이었던 것이었다.

1964년 내가 초등학교 시절에 '일본 동경올림픽'이 개최되었을 때 신문에 그 올림픽 소식이 날마다 소개되었다. 그때 한국 올림픽 사상 최초로 레슬링에서 은메달을 딴 선수가 신문에 크게 보도되었다. 신문 일 면에 은메달을 목에 걸고 시상대에 서 있는 모습이 실렸다. 그런 후, 그 선수에 관한 기사가 계속 소개되었는데, 그 당시 그 선수에 관한 이야기가 많이 회자하였던 것은 그 어머니가 부산 시장터에서 콩나물 장사를 하면서 그 선수의 뒷바라지를 하였다는 감동적 뒷이야기였다. 그 이야기는 은메달보다 더 값진 금메달 못지않은 훈훈한 감동 실화였다.

그 시대를 보냈던 지금의 청장년들은 그러한 많은 추억이 있을 것이다. 나에게는 그런 큰 감동적인 이야기는 없었지만 내 나름대로 어머니에 대한 잊을 수 없는 기억들이 있다. 60년대 어린 시절에는 모든 어머니가 지금 같은 대형슈퍼가 없었기에 재래시장을 사용하였다. 시골에서는 5일 장터처럼 정해진 날에 길가에 좌판으로 거래가 되었기에 시골에 사셨던 분들은 그에 대한 추억과 그 나름대로 낭만의 기억을 간직하고 있을 것이다.

내가 살던 동네 근처에는 지금의 서울 중구 신당동 근처에 중앙시장이 있었다. 우리 집에서는 약 20분 정도 걸어가는 거리였다. 그때 아버님께서는 용인 등기소장직에서 서울중앙지방법원 등기과로 발령을 받았기에 다섯 명의 자식을 데리고 서울로 올라오신 것이다. 그러면서 할아버지와 할머니 삼촌과 고모들 모두 다섯 명이 더해져서 조그만 한옥 방 세 개에서 함께 살게 된 것이다. 그때 아버지의 가족 부양에 대한 어

가슴 속에 새겨진 나의 아버지와 어머니의 사랑 이야기 - 강석진

깨가 몹시 무거웠을 것이다. 자그마치 갑자기 열두 명의 대가족이 되었으니, 지금 같으면 숨 막히는 일이고 있을 수 없는 일이다. 지금 생각해도 왜 함께 살아야 했는지는 지금도 알 수 없지만, 그 당시 아버지뿐만 아니라 누구보다도 어머니의 심신의 고통과 그 수고스러움이 가장 컸을 것이다.

저녁과 아침에 밥을 먹을 때에는 교자상 두 개를 펴서 그 많은 식구가 밥을 먹었다. 예수님의 최후의 만찬에도 제자 열두 명과 예수님이 앉아 계셨으니까 그 테이블의 모습과 비슷한 규모였을 것이다. 우리 가족은 그 같은 최후의 만찬 같은 식사를 날마다 한 것이었다. 부엌 부뚜막에는 두 개의 가마솥이 좌우에 있었고 부엌 밖에는 별도의 화덕이 있어서 연탄불에 김이나 생선을 구울 때 사용하였다. 우리 가족은 아버님의 공무원 박봉에 근근한 생활을 이어 갔었다.

할아버지는 그때 동네 복덕방을 친구들과 함께하셨다. 동네 길가에 '복덕방'이라는 큰 글자가 새겨진 깃발을 달아 놓았다. 그리고 할아버지 몇 분이 긴 나무 의자에 일렬로 앉아 방을 찾는 손님들을 기다리는 것이다. 그날 운 좋게도 한 건을 하면 겨울철에는 동태 꾸러미를 사 들고 오셔서 그날은 회식 같은 식사도 하였다. 여름철에는 수박 한 덩어리나 개구리참외를 사 들고 오셨다. 그러하기에 나와 동생들은 할아버지가 큰 기침을 하시면서 문을 열고 들어오실 때는 할아버지에게 인사를 하기보다는 할아버지의 손을 먼저 보았다. 할아버지는 그런 생활로 간간이 도움을 주셨다.

어머니는 아버지가 벌어다 주시는 적은 생활비로 열두 명의 식구 먹거리를 해결해야 했으므로 마음의 고충이 심하였을 것이다. 그 많은 식구의 부식을 해결하려면 시장에 가서 채소와 반찬거리를 사와야 했기에 시장을 보러 가실 때는 장남인 나를 늘 데리고 가셨다. 어머니 손에는 시장바구니와 그 속에는 보자기가 있었다. 어머니께서 나에게 "석진아! 엄마와 같이 시장 보러 가자."라고 하시면 나는 신바람이 났다. 그 소리는 내가 늘 기다리는 기쁜 소식이었다. 거기에는 이유가 있었다. 어머니는 시장을 보시면 열두 명의 먹거리를 적어도 일주일 치는 사야 했기에 시장 보는 양이 많을 수밖에 없었다. 가격도 저렴하고 양도 많은 찬거리를 사야 했기에 어머니의 고민도 컸을 것이다.

그러나 나는 그 당시 어머니의 그런 마음을 헤아리지를 못하였다. 내가 시장가기를 좋아했던 것은 어머니께서 시장을 다 본 다음에는 항시 나에게 김이 무럭무럭 나는 팥소가 들어 있는 큰 찐빵을 사 주셨기 때문이었다.

우리 오 남매와 내 또래와 위 삼촌과 고모들 모두 여덟 명이 초등학교와 중고등학교와 대학교를 다녔기에 그들 모두에게 찐빵 같은 간식을 사서 간다는 것은 어머니의 능력으로는 생각할 수 없었다. 그런 가정 환경 속에서 어머니는 시장에 갈 때면 나를 데리고 가서 수고의 보상으로 찐빵을 사 주셨다. 그것을 먹은 후에는 무거운 찬거리를 담은 보자기를 어깨에 메고 20여 분 걸리는 길을 걸어오는 수고를 당연히 해야 했다. 그러나 나에게는 팥이 든 달콤한 그 찐빵을 먹는 것 자체로서 무거운 시장 짐이 전혀 불평 거리가 되질 않았다. 나는 짐꾼 같은 역할을 했지만, 그것 또한 내가 식구 중에 한 구성원으로 의무를 다하는 것이기도 한 것이었고, 장남의 역할을 한 것이기도 한 것이다.

그 후 나에게는 또 빵을 먹을 새로운 기회가 생기게 되었다. 다름 아니라 할아버지는 아버지의 무거운 가족 부양을 조금이라도 덜어드리는 방법으로 부업을 생각하신 것이다. 그 부업은 다름 아니라 마당 한구석에 닭장을 2층으로 만들어서 양계하여 달걀을 낳게 하여 이웃집에 팔아서 부수입을 올려 조금이라도 많은 식구를 먹이고, 애들을 교육하는데 조금이라도 보탬을 주고자 하는 부양 방책이었다. 할아버지는 매우 총명하시고 재주가 많으셨다. 2층짜리 닭장을 며칠 만에 만드시고 시장에서 병아리들을 사서 양계를 시작하였다. 그런데 나에게도 임무가 주어졌다. 다름 아닌 사료를 시장에서 사 오는 일이었다. 사료 가게에 가려면 그 시장 근처에 있었기에 20분 정도를 가야 했다. 그 당시 초등학교 3, 4학년이었던 것으로 기억한다. 사료 한 포대가 몇 킬로그램인지 기억은 나지 않지만, 나에게는 무겁게 느껴지는 사료 포대였다.

어머니께서 나에게 사료를 살 수 있는 돈을 주셨는데, 거기에 더해서 찐빵 하나를 살 수 있는 돈을 더하여 주셨다. 나는 그 일을 즐겁게 하였다. 그 사료를 사고 난 다음 도중에 오다가 찐빵뿐만 아니라 선택적으로 만두나 호떡도 사서 먹을 수 있기에 힘이 든다는 생각을 해 보질 않았다. 그러나 사실 그 사료 포대를 메고 가깝지 않은 거리를 어깨에 메고 올 때는 여러 차례에 내렸다가 다시 올려서 왼쪽 어깨에 메었다가 다시 오른쪽 어깨로 번갈아 가면서 메고 와야 했다. 그런 수고가 있었지만 늘 즐겁게 불평 없이 하였다.

그런데 어느 날 그만 맥이 풀리고 너무도 힘들게 마치 십자가 멘 것 같은 무거운 사료 포대를 메고 와야만 했다. 나는 그 상점 아저씨에게 준비해 간 사료비를 주었는데, 그 주인은 사료비가 얼마 전에 올라서 돈을 더 내야 한다는 것이었다. 그 당시 사료 가격이 얼마인지 기억이 나지 않지만, 나는 내 주머니에 꾸겨 넣은 빵떡 살 돈까지 주면서 이것밖에 없다고 하자, 그 주인은 그 돈을 받으면서 다음부터는 인상된 값을 더 가져와야 한다는 것이었다. 물론 내 빵떡 살 돈을 더 주었어도 모자랐다. 나로서는 빵떡 살 돈을 그 아저씨에게 빼앗긴 것만 같았다. 그 순간은 마치 모든 희망이 사라진 것 같은 기분이었다. 정말 울고 싶은 심정이었다.

그날 사료 포대는 어느 때보다도 몇 배 더 무거웠고, 오는 길도 훨씬 길게 느껴졌다. 마치 며칠 치 밥을 굶은 것처럼 너무도 힘이 빠졌다. 집에 도착해서 그 포대를 땅바닥에 팽개치듯 내려놓았다. 어머니는 내 표정을 보시면서 오다가 무슨 일이 있었냐고 물으셨다. 그 얘기를 하자, 어머니는 나에게 "다음에 갈 때 더 주마."라고 하셨지만 이내 분이 풀리지 않았다.

그렇게 키운 닭들은 자라나면서 알을 낳게 되었고, 어머니께서는 그 알을 모아다가 이웃집 트럭을 갖고 운수업을 하는 부잣집에 납품 아닌 납품을 하였다. 그 달걀을 판 돈이 우리의 가정 살림에 도움이 되었을 것이다. 물론 우리 모두 다 달걀을 먹고 싶은 것은 당연하였지만, 그 달걀은 그림의 떡이나 마찬가지였다. 그 당시 우리들의 도시락 반찬은 콩자반이나 김치, 무말랭이 혹은 가끔 덴뿌라_{어묵} 볶음이었다. 그 시절에 달걀 반찬을 도시락에 싸 오는 애들은 매우 적었다. 달걀 반찬은 최고

등급으로 모두에게 부러움의 대상이었다.

그때 어른들 생일이나 명절 때에는 선물용으로 볏짚으로 만든 볏짚 꾸러미에 달걀 열 개가 들어 있었는데 그것을 들고 오곤 하였다. 그뿐만 아니라 시골 노인네들이 서울 친척 집에 올 때는 달걀 꾸러미나 참기름 병을 갖고 상경하는 모습을 기차나 버스에서 종종 볼 수 있었다.

그런데 어느 날부터 가끔은 달걀을 먹을 기회가 주어졌다. 닭들이 달걀을 많이 낳게 되면서 변화가 나타났다. 아버님께서는 아침 일찍 출근하시기에 아버님이 먼저 혼자 식사를 하고 나가셨다. 조그만 밥상을 어머니가 차려 주셨다. 그 밥상 반찬 가운데는 종종 달걀찜이 작은 종지에 담겼다. 그 달걀찜은 우리 가족 모두를 책임지는 아버지에게만 특식으로 어머니께서 대접해 드리는 것이었다. 나는 가끔 일찍 일어나게 되면 아버지가 식사하는 모습을 지켜보았다. 아버님은 그 달걀찜을 다 드시지 않고 거의 절반 이상을 꼭 남겨 놓고 나가셨다. 그때 나는 아버지가 먹기 싫으셔서 남겨 놓은 것으로 만 알고 있었다. 그러나 후일에서야 알게 된 것이 아버님은 자식들도 한 숟가락씩이라도 먹으라고 그렇게 일부러 남겨 놓으신 것이었다.

그와 비슷한 먹거리에 관한 재미있기도 하고 눈물겨운 이야기가 또 있었다. 지금도 가끔 생각나는 소갈비뼈 이야기다. 어느 날 아버님이 저녁 늦게 오셨는데 신문지에 뭔가를 싸 오셨던 거다. 나는 잠자리에 들었는데, 어머니가 우리 형제들을 깨우신 것이었다. 눈을 비비고 보니 소갈비뼈였다. 처음 보는 소갈비뼈였는데, 내가 추측하기로는 아버님이 어느 지인에게 갈비구이 식사를 대접받고 먹다 남은 것을 신문지에 싸 오

책 ● 꿈 ● 행복

신 것이다. 지금 생각하면 공무원 신분에 제 돈 주고 갈비를 사 먹는다는 것은 불가능했을 것이고 아마 어떤 문제를 해결해 달라고 청탁성 식사를 대접받은 것이었을 것이다.

그런데 그 비싼 갈비를 드시다가 아마 식구들이 생각이 나서 다 드시지 않고 싸 오셨던 것이었을 것이다. 어쩌면 대접하는 사람에게 우리 집에 개들을 여러 마리 키우는데 갖다 줘야겠다며 더 드시지 않고 싸서 왔을 것이다.

좌우간 그 덕택에 평생 처음 갈비를 뜯었는데, 입들이 많은 관계로 그저 살짝 맛만 보았던 것 같다. 지금 생각하면 마치 강아지들이 주인이 던져준 뼈다귀를 뜯어먹는 그런 모습으로 연상할 수 있을 것이다. 그런데 그 갈비뼈가 그다음 날 아침 먹을 때에 국에 들어 있었다. 물론 살점은 없었다. 어머니는 그 갈비 뼈다귀를 그냥 버리기가 아까워서 그 갈비뼈를 우려서 갈비탕 아닌 뼈다귀 갈비탕을 만드신 것이었다. 그 맛 또한 일찍이 먹어보지 못한 갈비 뼈다귀탕이었다. 지금 생각하면 참으로 눈물겨운 장면이지만 나에겐 아름다운 추억의 장면으로 남아 있다.

아버님께서는 자신이 맛있는 것을 대접받으시면 식구들을 먼저 생각하셨던 것 같다. 내가 초등학교 2학년쯤인 걸로 기억하는 어느 겨울날 아버님은 조그만 상자를 갖고 들어 오셨다. 그 상자 안에는 하얀 크림으로 덮여 있는 케이크가 들어 있었다. 우리 가족들에게 그 케이크는 그저 제과점의 전시품 같은 것으로 그야말로 그림의 떡 같은 케이크였다. 그런데 그 케이크가 우리 집 안방으로 들어온 것이다. 할아버지 할머니 등 온 식구가 안방에 모였고 큰 잔칫상을 차리듯 교자상 위에 올려졌다.

어머니께서는 부엌에서 식칼을 갖고 들어 오셔서 그 케이크를 식구 수만큼 자르셨다. 그리고 온 식구들이 포크가 아닌 젓가락으로, 숟가락으로 먹기 시작했다. 그 시대에 포크라는 것은 우리 집에 있을 리 만무하였다. 그런데, 할아버지께서 갑자기 말씀하셨다.

"애미야! 이 케이크가 몹시 느끼하구나. 김치 좀 갖고 오거라!"

어머니는 김칫독에서 김치를 꺼내어 김치를 모두 먹으라는 듯이 큰 접시에 썰어서 갖고 오셨다. 할아버지께서는 그 케이크 위에 김치 한 점을 얹어 함께 드셨다. 모든 식구는 다 그렇게 먹는 줄 알고 모두 김치와 케이크를 함께 얹어서 먹었다. 그야말로 그 장면은 코미디 같은 한 장면이었다. 어찌 보면 비 문명권과 문명권의 충돌이었다. 지금도 케이크를 볼 때면 가끔은 생각나는 장면이다. 아직도 나의 기억 속에 남아 있는 그 모습 속에서 아버지께서 가장으로서 그 많은 가족을 향한 부양의 의무감과 사랑이 얼마나 극진하셨는지를 돌이켜 보게 된다.

그 당시에는 먹고 사는 문제가 모두에게 가장 큰 문제였을 것이다. 1960년대 일 인당 국민소득이 2~3백 달러였고, 대한민국은 필리핀이나 태국보다 못 살았다. 그 당시에 세계 나라가 모두 103개국이었던 것으로 기억되는데, 그 가운데서도 말째로 경제 빈국이었으니 가히 상상할 만하다. 그때 필리핀에서 구호 쌀을 한국에 지원하기도 했고, 지금의 장충체육관 설계와 시공을 필리핀 건설업자들이 지원하여 건설했다는 사실은 많은 사람이 아는 바다. 참으로 60년대는 잘살기 위해 모두가 고생했고 몸부림치던 시대였던 것 같다. 그 당시 가장들의 가족 부양이 매우 힘들었을 것이라 생각해 보게 된다. 아버님의 양어깨에 걸려 있는 열한 명의 식술의 무게는 크나큰 바윗덩어리보다 더 무거웠을 것이다.

나는 지금도 달걀에 대한 추억을 깊이 마음에 새기고 있다. 그 달걀 속에 우리 가족들의 가정사가 배어 있기 때문이다. 특히 그 달걀 때문에 닭 먹이용 사료를 사러 다녔고 그로 인해 빵떡을 먹게 되었으니 추억이 서려 있는 달걀과 빵이었다. 지금 생각해도 시장 갈 때 빵떡을 사 주신 어머니, 달걀찜을 남겨 주신 아버님을 생각하면 너무너무 감사하고 코끝이 시큰해진다. 그래서 나에게는 남들이 간직할 수 없는 시장 빵떡과 달걀에 대한 아름다운 추억이 앨범 사진처럼 남아 있다.

올해 91살이 되신 어머니는 요즘 나를 보시면 "석진아! 오늘은 왠지 뜨끈한 우동을 먹고 싶다."라고 하신다. 지난 50여 년 전에 나에게 뜨끈한 빵떡을 사 주셨던 어머니에게 지금은 60이 넘은 아들이 우동을 시켜 드린다.

"어머니 맛있게 드시고 오래 오래 사세요!"

나의 소원을 늘 들어주셨던
고마우신 아버지

우리 할아버지는 일제 강점기에 문산 군청에서 공무원이셨다. 해방되자 동네 사람들이 친일파라면서 손가락질하였고 심지어는 밤에 동네 청년들이 집에 돌팔매질하였기에 더 그 동네에서 살 수가 없었다. 여덟 명의 많은 자식을 데리고 야반도주하듯 무작정 서울 왕십리로 오셔서 연탄 공장의 공장장으로 일을 하셨다고 한다. 하지만 수입이 적었기에 가족들을 충분히 부양을 못 하셨고 세상을 탓하면서 그 울분을 술로 달래시면서 보내셨다고 한다. 나는 그 이야기를 아버님이 2012년에 돌아가셨을 때 큰고모님으로부터 아버지의 어린 시절 이야기를 문상 중에 들었기에 자세히 알게 되었다.

우리 아버님은 평소에 집에서 아무 말이 없으셨다. 집에 오시면 아침에 할아버지가 보시던 한국일보 조간신문을 이어받아 마치 신문을 샅샅

이 뒤지듯이 장시간에 걸쳐서 보셨다. 아버님은 어머니와도 우리 자식들과도 대화가 없으셨다. 내가 어른이 되어 생각해 보니, 그 당시 집에는 올망졸망한 초등생, 중고등생과 할아버지와 할머니를 합해서 모두 열두 명이 한 지붕 밑에 있었으니, 그 식솔들을 볼 때마다 가슴이 턱턱 막혔을 것이다.

나는 큰고모한테 아버님의 가족사를 상세히 듣고서야 아버님이 왜 그렇게 침묵하는 아버님이 되셨는지를 그 성장 과정을 듣고서야 알게 된 것이다. 나의 할아버님이 열일곱엔가 장가를 들었고, 할머니의 나이는 열다섯 살이었다고 한다. 지금 생각하면 까마득한 조선 시대 이야기 같다. 우리 아버님이 1925년생이셨으니, 그 시대에는 혼례 나이로 그 정도에 치렀던 것 같다.

아버님의 어린 시절 이야기 중에 나에게 가슴 아프게 들려지는 이야기가 있다. 할아버지는 그 부모님들이 그 당시에 일방적으로 결혼을 다 결정하였기에 그러했을 것이다. 그때 할아버님은 다른 친구들보다 좀 일찍 장가를 들었던지 첫아기가 태어나고 아장아장 걷게 된 우리 아버지가 할아버지에게 "아버지!"라고 부르면 혼을 내주었다고 한다. 그 이유는 다른 친구들 보기에 창피해서 자기 아들이 자신에게 아버지라고 부르지 못하게 한 것이었다는 것이다. 그 이야기를 듣고 나니 장례식장에 안치된 아버님의 영정 사진 속에 아버지의 모습이 매우 마음 아프게 느껴졌었다.

아버님이 성장 과정에서 어린 시절 자신의 아버지를 "아버지!"라고 맘대로 부르지 못하고 눈치를 보며 억눌려서 보냈을 거라는 생각을 하

가슴 속에 새겨진 나의 아버지와 어머니의 사랑 이야기 - 강석진

니 마음이 아려왔다. 꼬마 신랑 같은 철없는 아버지였기에 그럴 수도 있었겠다는 생각도 들었지만, 우리 아버님이 어린 시절에 얼마나 상처를 안고 자랐을까 하는 생각을 멈출 수 없었다. 물론 어느 정도 시간이 지나면서 아버지라고 불렀을 것이다.

그런 어린 시절을 겪은 나의 아버님은 초등학교는 "문산초등학교"를 다니셨지만, 해방이 되면서 온 가족들이 서울로 도망치듯 내려온 후에는 그때 어려운 가정 형편상 중학교에 다닐 수 없게 되자, 상점의 사환으로 일을 하면서 공부를 하셨다. 고등학교는 주간에 법원의 사무실에서 공무원들의 잔심부름을 하고 저녁에는 야간 고등학교에 다니시면서 공부를 하셨다. 그야말로 주경야독을 하셨다. 그 후 시험을 거쳐서 정식 법원 공무원이 되신 것이었다. 그리고 어린 동생들의 학업과 온 가족들을 거의 다 부양하셨으니 얼마나 힘이 드셨고 그 괴로움이 얼마나 크셨을까 생각하니 아버님이 존경스럽게 느껴진다.

내가 성년이 되어 1986년에 아버님 육순 회갑 잔치를 해드렸다. 그때 많은 회사 직원들과 친구들이며 교회에서 축하객들이 많이 와 주셔서 성대하게 그 잔치를 강남의 큰 중국 레스토랑에서 치렀다. 그 잔치 순서 중에 사회자가 아버님에게 노래를 시키자 아버님은 기분 좋게 마이크를 잡고 두 곡을 부르셨다. '바위고개'와 '에델바이스'였다. 그 노래는 아버님이 제일 좋아하시는 노래였고, 또 가끔은 혼자서 흥얼거리시면서 포스터의 "즐거운 나의 집"이라는 노래를 부르셨다. 그 세 곡 중에 '바위고개'의 가사가 곧 아버님의 인생이었다. 아버님의 인생은 대부분이 시대적으로나 가정적으로 바위고개라는 험하고 힘든 고비의 인생을 반세기

책 ● 꿈 ● 행복

이상 살아오셨던 것이다.

어린 시절의 가난과 힘든 주경야독의 학창시절, 태평양 전쟁 시 징병으로 끌려가서 해군 부대에서 잠수함을 타고 전쟁에 참여했고, 해방되어 공무원으로 계시다가 결혼한 몸으로 아내와 첫 딸을 두고 6·25 전쟁터에 다시 나가셨던 아버님, 전쟁이 끝난 후에는 열두 명의 식구를 힘겹게 부양해야 했던 아버님께서는 정말 힘에 부쳐 헉헉거리며 살아야 했던 아버님, 얼마나 힘드셨을까, 지금 생각해도 나의 가슴이 뭉클해진다. 하염없이 수많은 엄혹한 세월 속에 살아오셨고 살아남으신 것이다. 마치 험한 겨울 산에 핀 에델바이스처럼 말이다. 물론 그 당시의 아버님 세대들이 시대적으로 가장 불운하고 험한 세월을 보내셨을 것이다.

아버님이 두 번째로 즐겨 부르셨던 곡인 "사운드 오브 뮤직 Sound of Music" 영화의 주제곡인 '에델바이스'는 아버님이 레코드판을 사셔서 여러 번 듣곤 하셨다. 그 영화에 올망졸망한 많은 아이를 데리고 험한 알프스 산을 넘어 자유의 세계로 탈출하는 그 모습이 어쩌면 아버님이 그 억압받고 어두운 환경에서 벗어나고 싶어 하셨던 심정이 아니었을까 추론해 보게 된다.

그 외에도 좋아하셨던 곡인 '즐거운 나의 집'이었다. 아버님은 그 가사 속에 그려 있는 그런 단란하고 행복하고 기쁨과 희망이 있는 그런 가정을 늘 꿈꿔 오셨고 상상하셨던 것 같다.

즐거운 곳에서는 날 오라 하여도
내 쉴 곳은 작은 집 내 집뿐이리

가슴 속에 새겨진 나의 아버지와 어머니의 사랑 이야기 - 강석진

내 나라 내 기쁨 길이 쉴 곳도

꽃 피고 새 우는 집 내 집뿐이리

오, 사랑 나의 집

즐거운 나의 벗 내 집뿐이리

나의 아버님은 이런 가사 속의 단란한 행복한 가정을 이상향으로 그리셨지만, 현실은 너무도 고달픈 멍에를 걸머진 삶이었다. 아버님은 좀 낭만적이셨지만 각박했던 현실이 이를 뒷받침해 주지 못했다. 아버님은 덕수궁 옆에 있는 법원 청사에서 근무하시면서 그 당시 외국 영화라면 빼놓지 않고 어머니와 함께 보셨다고 한다. 우리 부모님은 같은 직장인 법원에서 근무하시다가 알게 되어 결혼하셨고, 두 분 다 영화와 음악을 좋아하셨다. 그런 취미가 어쩌면 힘든 삶에서 벗어나고 본인께서 원하는 다른 세계 속에서 자신의 꿈과 낭만을 찾으려 했던 것 같다.

아버님의 힘든 인생은 1970년쯤에 법원 공직을 사직하시고 법무사 사업소를 개업하시므로 경제적으로 많이 나아졌다. 그로 인해 부자들이 사는 신당동의 큰 일본식 집으로 이사를 왔다. 몇 년 후에는 세 명의 친동생에게 부모님 노릇을 오랫동안 하면서 그들을 다 공부시키고 결혼시키므로 그 무거운 멍에를 벗었다.

아버님의 인생은 50대 후반이 되어서야 여유를 갖게 되신 것이다. 그 회갑 잔치 때에 이 노래를 부르시면서 비로소 육십 평생의 고생의 멍에를 벗어버리신 것이 아닌가 생각이 든다. 그때 교회에서 축하선물로 행운목 화분을 선물하였는데 아직도 그 나무는 거실에서 자라나고 있다.

나의 기억 속에 또 다른 잊을 수 없는 추억이 있다. 아버님께서는 내가 초등학교 4학년 때에 최초로 「소년 한국」이라는 일간지 어린이 신문을 구독할 수 있도록 해 주셨다. 그 신문 구독으로 나는 문학과 과학과 예술과 한국과 세계역사 등 새로운 세계를 접하게 되었다. 그 후에는 동아 출판사에서 발간한 『동아대백과사전』을 사 주셔서 집안 대청마루에 마치 가보처럼 진열해 놓고 학교 갔다 오면 그걸 보는 것이 취미가 될 정도였다. 그런 영향으로 초등생이었지만 고등학교 학생 수준의 지식을 갖고 있었다. 그뿐만 아니라 어머니는 세계문학 전집을 월부 책 장사에게 사셔서 30권이 넘는 문학 전집을 어렸을 때부터 보았다. 어머니께서는 아마 그 당시 반찬값을 아끼시면서 그렇게 하신 것 같았다. 매월 책 장사가 돈을 받으러 집에 오면 수금 장부에 이름과 주소가 적혀 있는 명단에 빨간 조그만 붓도장을 찍어 갔다.

원래 어머니는 소녀 시절부터 문학을 즐겼기에 나와 누님은 그 영향을 받았다. 어머니께서는 소녀 시절에 일본어로 번역된 세계 문학 전집을 많이 보셨다고 한다. 그리고 그에 관한 이야기를 종종 들려주셨다. 그런 영향인지 나는 글짓기를 곧잘 하였다. 초등학교 5학년 때에는 세익스피어 전집을 읽었다. 그렇게 어린 시절에 신문과 책을 가까이하면서 지식을 쌓아갔지만, 학교 공부는 게을리하였다. 학교 공부 대신에 문학 책에 흥미를 빼앗겼던 것이다. 그때 내가 만일 공부도 우등생이었으면 부모님들이 더욱 좋아하셨을 것이다.

아버님께서 나에게 다른 자식보다 특혜를 주신 것 가운데에 가장 잊을 수 없는 외제 외투 선물 이야기가 있다. 우리 동네에 한 아주머니가 외아들과 둘이 살고 있었다. 소문에는 그 남편이 일본에 있는 것으로 알려졌다. 그런데 어느 날 그 아주머니가 보자기에 뭔가를 싸서 온 것이었다. 그 아주머니가 우리 어머니와 한참을 얘기한 후에 가셨는데, 어머니 방에 웬 고급 외투가 보였다. 어머니께서는 나에게 한번 입어보라며 입혀주셨다. 그런데 그 외투는 나에게 너무 컸다. 소매가 나의 손등을 가리었다. 어머니는 나에게 이 옷이 좋으냐고 물으셨다. 나는 어머니에게 지금은 이 옷이 크지만, 내년에 내가 자라면 입을 수 있다며 이 옷을 내가 입겠다고 우겨대었다.

나중에 안 일이지만, 그 고급 외투는 그 아주머니의 일본에 있는 남편이 그 아들 앞으로 선물을 보내 준 것이었다. 그 아주머니는 생활비가 절실하게 필요했기에 그 외투를 아들에게 입히지 않고 우리 어머니에게 그 옷을 사 달라고 온 것이었다. 그 당시 우리 집은 그 동네에서 잘 사는 집은 아니었다. 그런데 왜 그 아주머니가 그 옷을 어머니에게 갖고 왔는지는 모르겠으나 평소에 아마 어머니와 절친한 관계였기에 그렇게 한 것 같았다. 물론 그 아주머니는 일본의 남편이 보내준 그 고급 외투를 그 아들에게 얼마나 입히고 싶어 했을까. 어머니 말로는 그 아주머니는 많이 배운 지식인이었다고 얘기해 주신 적이 있었다.

그 옷을 입어 본 나는 이미 내 옷이 된 것 같이 생각했다. 어머니께서는 나에게 이 옷이 상당히 비싼 것이기 때문에 엄마는 그 옷을 나에게 사줄 수 없다는 것이었다. 그 말에도 이 외투를 사 달라고 조르자, 어머니께서는 저녁에 아버님이 오시면 네가 직접 아버지에게 사 달라고 해 보라는 것이었다. 나는 그렇게 하겠다고 자신 있게 말하였다. 그날 저녁에 아버지가 빨리 돌아오기만 기다렸다. 그런데 어머니께서는 아버지가 저녁 식사를 마치신 다음에 이 옷을 들고 아버지께 보여드리면서 부탁해 보라는 것이었다.

나는 다시 아버님이 저녁 식사를 다 마칠 때까지 기다렸다가 어머니께서 상을 부엌으로 내오자, 나는 어머니 눈치를 보고 그 옷을 들고 아버지 방으로 들어갔다. 그때 아버님은 평소처럼 신문을 집중해서 보시고 있었다. 나는 두근거리는 마음으로 "아버지!"라며 간곡한 어투로 그 외투에 대해 말씀을 드렸다.

"아버지 이 옷을 꼭 사 주세요."

그러자 아버님은 잠시 그 옷을 보시더니, 다시 내 얼굴을 응시하시며 진지하게 물으셨다.

"그래 이 옷을 꼭 입고 싶냐?"

"아버지! 이 옷이 너무 좋고 꼭 입고 싶어요."

아버지는 신문을 손에서 내려놓으시고 그 옷을 다시 보시더니, 낮은 목소리로 말씀하셨다.

"그래 알았다."

지금도 나는 그때 아버님이 나를 바라보시던 그 표정과 시선을 잊을 수 없다. 아버지께서도 그 옷이 매우 비싼 옷일 거라고 생각되었기에 아마 어머니와 상의하신 다음에 결정하려고 하신 거였다. 아마 그 당시 아버지 봉급으로 그 옷을 사기에는 큰 부담이 되었을 것이다. 아버님은 그 외투를 사 주겠다고 그 자리에서 말씀하시지 않았기에 나는 최종적인 아버님의 허락을 기다려야 했다.

가슴 속에 새겨진 나의 아버지와 어머니의 사랑 이야기 - 강석진

　그다음 날 아침에 아버님이 출근하신 후, 어머니께서는 나에게 아버지가 이 옷을 사 주라고 하셨다는 말씀을 해 주셨다. 그 말을 듣는 순간 너무도 기뻤고 세상에서 가장 좋고 비싼 옷을 입게 된 양 너무 좋아했다. 지금 생각하면 아버님이 그 옷을 아들에게 사 주겠다고 결정하신 다음 그 옷값을 어떻게 마련해야 하나를 분명히 고민하셨을 것이다. 아마 아버님 자신의 용돈과 밥값을 줄였을 것이다. 아버님이 그런 어려운 결정을 하신 것은 전적으로 나를 향한 아버님의 사랑이었다.

　지금 생각해 보면 본래 그 옷의 주인이 되어야 할 사람은 일본에 아버지를 둔 그 아이였는데 내가 주인이 된 것이었다. 같은 동네에서 내가 그 옷을 입고 다니는 것을 그 아이가 보았다면 마음이 아팠을 것이고, 어쩌면 내가 그 옷을 빼앗아갔다고 생각할 수도 있었을 것이다. 그 아이는 나보다 학년이 높았었다.

　나는 어머니께서 그 외투의 소매 길이를 줄여 주셔서 바로 입고 다녔다. 나는 친구들에게 자랑하고 싶어서 학교에 교복처럼 입고 다녔지만, 그 옷은 누가 보아도 큰 옷이었다. 내가 6학년이 되어서도 헐렁할 정도로 컸다. 나는 초등학교 졸업식 때에 그 옷을 입고 무게 잡으며 졸업기념 사진을 찍었다. 지금은 반세기가 된 빛바랜 사진으로 남아 있다. 그 사진 속에는 어머니와 누님과 한집에 같이 살았던 같은 나이의 고모님도 서 있다.

　이제는 세상의 무거운 모든 멍에를 다 벗어 버리시고 영원한 안식이 있는 천국에 계시지만, 아버님이 우리 모든 가족에게 베푸신 그 은혜와 그 헌신, 그 공덕이 너무도 감사할 뿐이다.

책 ● 꿈 ● 행복

　　2012년 10월 28일 새벽에 아버님께서 운명하시기 직전에 나는 아버님의 손을 잡고 이렇게 감사를 드렸다.

　　"아버님 감사합니다. 아버님 사랑합니다."

　　나는 평생에 아버님께 "감사합니다.", "사랑합니다."라고 아버님 앞에서 그같이 얘기한 적이 없었다. 사실 그날 밤에 아버님께서 그렇게 운명하실 줄 전혀 몰랐다. 그 시차가 4~5시간에 불과하였다.

　　그래도 아버님이 세상 떠나시기 전에 그같이 말씀드린 것이 얼마나 다행이었고 감사한 줄 모른다. 말일 그때 그 말을 못 하였다면 얼마나 후회를 하였을까 생각해 보게 된다. 이제는 그동안 아버님에 대해 내 가슴 속에 쌓인 여러 잔잔한 추억이 내 마음의 서랍 속에 보관되어 있고 가끔은 빛바랜 사진첩을 보듯 펼쳐본다.

가슴 속에 새겨진 나의 아버지와 어머니의 사랑 이야기 - 강석진

우리는 함께 책·꿈·행복을 노래한다

토마스 카알라일은 "우리 인간이 지상에서 이루어 놓은 것이나 만들어 낸 것 중에서 무엇보다 가장 중요하고 경이로우며 또한 가치가 있는 것은 바로 책이다."라고 했습니다. 광주 다독다독 작은도서관과 함께 아홉 명이 "책·꿈·행복"을 노래한 책이 세상에 나올 수 있어서 감사하고 행복합니다. 책은 인간이 만들어 낸 것 중에서 가장 중요하고 경이로우며 가치 있는 것이라고 했습니다. 이 놀라운 일에 참여한 귀한 분들의 글이 많은 독자에게 "책·꿈·행복"의 소망을 깊이 심어 줄 수 있기를 바랍니다.

이 책이 만들어질 수 있도록 수고해 주신 선하신 손길에 감사를 드립니다. 다독다독 작은도서관 직원 여러분께 감사를 드립니다. 특강과 책 쓰기 미션 강좌를 함께 듣고 책 쓰기 과정에 함께 참여해 주신 일곱 분의 다독다독 팀원 여러분께 축하의 말을 전하고 싶습니다. 이번 공저 출간을 계기로 더욱더 책을 보고, 책을 쓰면서 책과 함께 행복을 누려가는 삶이 되시길 바랍니다. 공저에 머물지 마시고 각자의 삶을 발전시켜서 모두 단행본을 출간하실 수 있기를 응원합니다.

　추천사를 써 주신 광주벧엘교회 리종빈 담임 목사님과 기도해 주신 모든 성도님에게 감사드립니다. 윤학렬 감독님의 추천사는 이 책을 더욱더 빛나게 해 주었습니다. 원고를 받고 출간하기까지 정성을 다해서 아름다운 명작으로 만들어 주신 예영커뮤니케이션의 원성삼 대표님과 모든 직원 여러분께 감사를 드립니다.

　마지막으로, 다독다독 작은도서관에서 글을 쓴 것이 책으로 출간되었듯이 이런 작은 시도가 희망의 씨앗이 되어서 앞으로 이 땅의 도서관마다 책과 함께 행복한 미래를 만들어 가는 "책·꿈·행복"의 공장이 될 수 있기를 소망합니다. 또 우리들의 작은 "책·꿈·행복"의 노래가 더 큰 희망의 노래로 울려 퍼져 나가길 소망합니다.

　하나님께 모든 영광을 올려 드립니다.

Soli Deo Gloria!

박성배 작가